KB149777

마한의 마을과 생활

마한연구원 총서 5

마한의 마을과 생활

2018년 6월 21일 초판 1쇄 인쇄
2018년 6월 26일 초판 1쇄 발행

지은이 이성주 · 이영철 · 김은정 · 한지선 · 王青 · 龜田修一 · 송만영 · 송공선 · 정일 · 임동중

펴낸이 권혁재

편집 조혜진
인쇄 동양인쇄

펴낸곳 학연문화사
등록 1988년 2월 26일 제2-501호
주소 서울시 금천구 가산동 371-28 우림라이온스밸리 B동 712호
전화 02-2026-0541~4
팩스 02-2026-0547
E-mail hak7891@chol.com

ISBN 978-89-5508-392-7 94910

마한의 마을과 생활

李盛周

李映澈

金垠井

韓志仙

王　靑

龜田修一

宋滿榮

宋恭善

鄭　一

林東中

학연문화사

책을 펴내며

　마한의 마을과 생활에 대한 문헌 기록은 중국의 삼국지나 후한서와 같은 사서에서 찾아볼 수 있습니다. 그러나 그 내용이 소략하기 때문에 구체적인 내용을 알기 어렵습니다. 발굴 조사를 통해 얻어진 고고학 자료들은 이를 보완할 수 있는 중요한 자료들입니다. 특히 최근에는 경기, 충청, 전라지역에서 마한의 마을들이 대규모로 발굴되어 나가면서 문헌에 기록되지 않은 새로운 사실들이 하나하나 밝혀지고 있습니다.

　마한연구원에서는 마한의 마을과 생활에 대한 고고학 자료들을 정리해 보고자 지역별로 마한의 주거지를 모아 비교, 검토하는 한편 2017년 8월에는 국제학술회의를 통해 보다 거시적인 시각에서 마한 주거지의 기원과 확산, 마을의 구조 등을 알아보고자 하였습니다.

　마한 주거지에 대한 지역별 비교, 검토는 해당 지역의 전문 연구자를 중심으로 진행되고 있고, 국제학술회의에서는 문헌에 기록되어 있는 내용과 발굴조사를 통해 얻어진 자료를 종합적으로 논의하는 한편 중국과 일본의 주거지나 마을과도 비교, 검토해 볼 수 있도록 하였습니다.

　국제학술회의에서는 특히 전라지역 고고학 자료에 대해 많은 논의가 이루어졌습니다만 이는 마한 사회가 가진 시간적, 공간적 특색 때문일 것입니다.

마한의 공간적 범위는 경기, 충청, 전라지역에 해당하지만 시간적으로는 마한 사회가 전라지역에서 가장 늦은 시기까지 지속되었던 만큼 경기, 충청지역 자료 보다는 전라지역의 자료가 많기 때문에 상대적으로 이 지역에 대한 논의가 중심 이 될 수 밖에 없었을 것입니다.

　국제학술회의에서 발표된 논문 가운데에는 보완을 거쳐 학술지에 발표된 것 도 있지만 그렇지 않은 것이 있고 토론 과정에서도 중요한 사실들이 논의된 바 있기 때문에 모두 함께 묶어 전문 연구자 뿐만 아니라 관심있는 일반인들도 참 고할 수 있도록 책자로 발간하게 되었습니다.

　충분하지 않은 기간에도 불구하고 좋은 논문들을 발표해 주시고 중요한 문제 들에 대해 깊이 있는 토론을 하여주신 여러 선생님들께 감사드립니다. 또한 전 남지역의 고대 역사에 대해 많은 관심을 가지고 국제학술회의를 지원하여 주신 정순주 관광문화체육국장님을 비롯한 전라남도 관계자 여러분께 감사드립니 다. 아울러 어려운 여건에서도 기꺼이 출판을 맡아주신 학연문화사 권혁재 사장 님과 복잡한 원고를 잘 편집하여 주신 조혜진 선생께도 감사 말씀을 드립니다.

2018. 6.

마한연구원장　임영진

목   차

韓國 先史・古代의 住居와 聚落

李盛周 慶北大學校 考古人類學科

I. 머리말

해방직후인 1950년 북한 학계에서 신석기시대 수혈주거지를 정식으로 발굴조사하면서부터[1] 한국에서의 고대 주거와 취락에 대한 연구가 시작되었다. 1960년대 후반에 접어들면서 남한에서도 선사시대 수혈주거지에 대한 조사가 시작되고[2], 각 시대에 따라 주거지의 형식을 파악하는 연구가 진행된다[3]. 이후 축적된 자료를 토대로 선사시대 움집의 변천에 대한 기본적 체계가 정리된다[4]. 1980년대까지의 분석과 연구는 개별 주거지에 그쳤기 때문에 주거와 취락에 대한 연구라 하기는 어렵고 차라리 주거지의 고고학이었다. 개별 주거지의 형식과 변천을 넘어 본격적인 취락고고학의 연구는 1990년대 들어와서 가능했다[5].

1990년대부터 전면 제토에 의한 대규모 발굴이 시작되었으며 이를 통해 마을 전체의 모습이 드러나기 시작하였다. 이로부터 일정 취락 내에 분포하는 주거지(군)과 분묘, 경작지, 환호, 기타 생산 시설 등이 노출되면서 취락의 구조나 기능에 대한 논의가 시작되었다. 아울러 일정 지역 범위 안에서 발굴 조사된 취락의 수가 늘어나게 됨으로써 지역연구가 가능해져 일정 지역권 내의 취락의 위계나 취락-간 관계에 대한 검토도 시작되었다[6].

---

1) 도유호·황기덕, 1957, 『궁산 원시 유적 발굴 보고』, 유적발굴보고 2집, 과학원출판사.
2) 金載元·尹武炳, 1967, 『韓國支石墓研究』, 國立中央博物館; 金元龍·任孝宰·崔夢龍, 1973, 『欣岩里住居址』, 서울大學校博物館·考古人類學科; 金鍾徹, 1974, 「서울 岩寺洞 先史聚落址」, 『韓國考古學年報』2, pp.21~23.
3) 金正基, 1968, 「韓國竪穴住居址考(一)」, 『考古學』1, pp.31-60; 金正基, 1974, 「韓國竪穴住居址考(二)」, 『考古學』3, pp.1~52.
4) 林永珍, 1985, 「움집의 分類와 變遷」, 『韓國考古學報』17·18, pp.107~162.
5) 李盛周, 2007, 「청동기시대의 취락」, 『한국고대사 연구의 새동향』(한국고대사학회편), 서경문화사, pp.347~372.
6) 安在晧, 1996, 「無文土器時代 聚落의 變遷」, 『碩晤尹容鎭教授停年退任紀念論叢』, 碩晤尹容鎭

그동안 주거유형의 연구라 할 만한 접근은 주로 청동기시대 취락자료를 중심으로 이루어졌는데, 2000년대에 들어 중서부지방의 신석기시대 취락에 대한 발굴조사가 증가되면서 신석기 취락의 연구가 새로운 국면을 맞이하게 되었다. 1990년대 후반부터는 임당토성과 풍납토성 유적이 발굴 조사되고 현대 신도시 조성지역인 충남 연기군, 광주 동림동, 대구 봉무동과 같은 곳에서 연이어 삼국시대 신도시들이 발굴되면서 원삼국·삼국시대의 국읍의 형성, 도성으로의 발전, 새로운 지방 거점읍락들에 대한 논의도 가능해졌다.

이글에서는 지금까지 취락연구에서 다루어 온 주제이지만 새로운 시각에서의 검토가 필요한 몇 가지를 뽑아 간략하게 의견을 제시해 보고자 한다. 첫째는 주거지의 문제이다. 과연 최초의 주거지는 어떤 사회문화적 조건에서 등장했으며 그것이 등장하면서 우리의 행동과 삶에는 어떤 변화가 나타났는지에 대해 살피고자 한다. 그리고 신석기시대 이래 주거의 기본 구조가 유지되었지만 커다란 변화를 가져온 시점이 있었다. 이글에서는 대형 장방형 주거지의 등장과 삼국시대까지 이어지는 구축된 환경이 나타났던 초기철기시대 주거지에 주목하고자 한다.

둘째 취락에 대한 검토인데 먼저 취락의 형성과 변동을 일정 경관 안에 인구의 배치와 재배치의 문제로 다루어 보고자 한다. 단기적으로는 계절적 변동일 수도 있지만 장기적으로는 수 백 년 지속된 인구 배치의 과정이기도 하다. 신석기시대 중서부지방의 일부 구릉성 취락에 주거가 집중된 현상이라든가 청동기시대 거

教授停年退任紀念論叢刊行會, pp. 43~90; 安在皓, 2006, 「靑銅器時代 聚落硏究」, 釜山校學校 大學院博士學位論文; 李亨源, 2009, 『청동기시대 취락 구조와 사회조직』, 서경문화사; 具滋振, 2011, 『新石器時代 住居와 聚落 硏究』, 서경; 송만영, 2013, 『중부지방 취락고고학 연구』, 서경 문화사; 이수홍, 2015, 『靑銅器時代 檢丹里類型의 硏究』, 蔚山:含春苑; 이종철, 2016, 『청동기시대 송국리문화의 전개와 취락체계』, 서울:진인진.

대취락의 등장, 그리고 역사기록에도 나오는 국읍의 형성 등이 분산되었던 주거를 한 장소에 집중시켰던 대표적인 과정이었다. 이와 같은 분산과 집주의 과정을 이끈 요인은 생업경제의 차원에서도 설명될 수 있지만 청동기시대나 원사시대의의 집주처럼 이념적·정치적 권력이란 배경을 고려하지 않으면 설명하기 어려운 사례도 있다. 이글에서 다루지는 않겠지만 도읍의 형성과 지방 거점의 형성 역시 인구 재배치의 문제이며 분산으로부터 새로운 집주로 나아간 사례의 하나라고 생각된다. 하지만 초기국가 형성과정을 거치면서 삼국이 전략적으로 추구했던 결과이기 때문에 삼국의 공통성도 있지만 차별성도 있었던 것으로 여겨진다.

Ⅱ. 家屋의 出現과 屋內生活方式

1. 定着과 家屋의 등장

가옥은 언제 등장했는가? 인류는 구석기시대가 끝날 때까지 동굴이나 바위그늘, 임시캠프에서 살아 왔지만 중석기시대와 신석기시대에 처음 가옥을 구축하는 것으로 알려져 있다. 물론 유라시아 대륙과 일본에서도 가옥에 버금가는 인간 거주의 구조물이 구석기시대의 문화층에서 발견된 사실이 보고되어 있다[7]. 하지만 이러한 사례들이 정형화된 주거의 구조를 갖추고 상당한 내구성을 가지고 유지되었던 것인지는 잘 알 수 없다

---

7) Soffer, O., 1985, *The Upper Paleolithic of the Central Russian Plain*, Orlando: Academic Press, pp. 39~113; Bosinski, G., 1995, Gönnersdorf, In Bosinski, G., M. Street, and M. Baales (eds), *The Paleolithic and the Mesolithic of the Rhineland*, Munich: F. Pfeil; 安蒜政雄, 2007, 「舊石器時代の住まい」, 『住まいの考古學』(安蒜政雄 外 編), 學生社, pp. 5~43.

중국의 경우 신석기시대 조기의 이른 단계로 알려진 유적들에서는 정형화된 주거 건축물을 볼 수 없다. 하북성 南庄頭, 강서의 仙人洞, 호남의 玉蟾岩을 비롯하여, 광서의 頂螄山과 甑皮岩유적에 이르기까지 대략 BP 9,000년 이전의 토기가 동반되는 유적들이 신석기 조기에 속한다. 이 시기는 농경단계로 진입하기 직전의 채집사회의 것으로 알려져 있는데 이 유적들의 성격은 동굴, 혹은 바위그늘과 같은 자연은신처나 유물포함층으로 알려져 있다[8]. 중국에서는 완전한 정착생활과 주거 구조물의 축조는 농경사회에서 시작된다고 알려져 있다.

그림 1. 독일 Gönnersdorf유적의 후기구석기시대의 주거 복원도[9]

---

8) 袁家榮, 2000,「湖南道縣玉蟾岩1萬年以前的稻谷和陶器」,『稻作陶器和都市的起源』(嚴文明 · 安田喜憲 編), 文物出版社, pp. 31~41; 張弛, 2000,「江西萬年早期陶器和稻屬植硅石遺存」,『稻作陶器和都市的起源』(嚴文明 · 安田喜憲 編), 文物出版社, pp. 43~49; 郭瑞海 · 李珺, 2000,「從南庄頭遺址看華北地區農業和陶器的起源」,『稻作陶器和都市的起源』(嚴文明 · 安田喜憲 編), 文物出版社, pp. 51~63.

9) www.http://donsmaps.com/gonnersdorf.html#reference

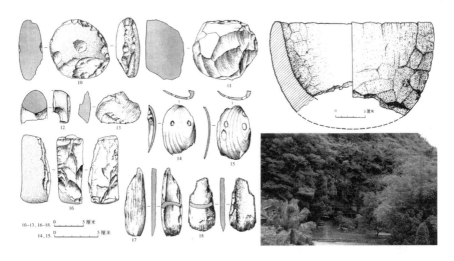

그림 2. 桂林 甑皮岩 유적과 하층 석기와 토기[10]

물론 농업사회는 대부분 주거 구조물과 보조시설들을 끼고 있는 주거지와 그것이 모인 소촌이나 촌락에서 사는 것이 보통이지만 동굴과 같은 데서 사는 농민도 있다고 한다[11]. 한편 채집민의 경우 민족지 자료를 통해 보면 이동생활을 하면서 주거 건축물에 의존하지 않는 삶을 살기도 하지만 완전한 정착촌락을 이루고 사는 사례들도 많은 것이다. 정착생활은 주거 건축물과 촌락 발생의 전제인 것은 사실이다. 즉 정착생활을 해야 주거 건축물이 축조되고 가재도구가 늘어난다. 주거 건축의 시작을 이해하려면 정착생활이 시작된 동기와 과정에 대해 아는 것이 중요할 것 같다. 농경생활은 필연적으로 정착생활을 유발했고 그에 따라 주

10) 中國社會科學院考古硏究所 外, 2003, 『桂林甑皮岩』, 文物出版社.
11) Barker, G., 2009, *The Agricultural Revolution in Prehistory: Why did Foragers become Farmers?* Oxford: Oxford University Press, p. 77.

거 건축물이 시작되는 계기가 된다. 하지만 세계 대부분 농경의 발생지역에서 그 과정을 살피면 오히려 정착생활을 거쳐 농경의 단계에 접어든 경우가 많다. 근동지방에서 잘 살펴지는 바와 같이 농경의 시발점은 주변 식물자원의 의존도가 높아지고 정착생활이 강화되는 것과 관련이 있다. 그럼으로써 특정 식물이나 동물 종과의 공생관계가 깊어지게 되고 결국 그것이 순화되면서 농업사회로 접어들게 된다. 농경 이전에 이동생활을 하는 수렵채집민을 주저앉힌 요인은 식량의 저장과 같은 생활의 기술이 아닌가 하는 의견도 있다. 가령 채집을 영위하는 이동집단이 식량채집, 저장, 토기제작, 소규모 작물관리 등의 기술을 가지게 되면 이동에 부담을 주게 되고 정착하게 된다는 식의 설명도 있는 것이다[12].

일본 繩文時代 초창기의 채집민은 바위그늘이나 동굴유적에서 살기도 했지만 열도 각처에서 수혈주거지와 저장혈 등을 남기기 시작했다. 일본 학계에서는 구석기시대에 집이 처음 등장했다고 보는 입장이 있다. 그런 관점에서 보면 승문시대의 주거에 나타난 변화는 과연 무엇이며, 그것은 구석기시대의 주거와 어떻게 다른가 하는 것이 궁금해진다. 이 질문에 대해 승문시대 연구자는 구석기시대와는 달리 마을이 형성된다고 대답하면서 마을이란 그저 "자고 일어나는 장소로서만이 아니라 한데 모여 살면서, 이를테면 식량저장시설을 병설한 보다 큰 규모"의 주거방식이라고 한다[13].

사실 그동안 대다수의 연구에서는 정착과 주거 건축물이 등장하게 된 요인, 혹은 배경에 대해서 설명하고자 했다. 하지만 역으로 가옥과 마을에서의 삶이 가져온 삶의 방식과 사고의 변화에 대해서는 문제 삼지 못했던 것 같다. 과연 선사시대

---

12) de Saulieu, G. and A. Testar, 2015, Innovation, food storage and the Origins of agriculture, *Environmental Archaeology* 20, pp. 314~320.
13) 小林達雄, 2007, 「繩文時代の住まい」, 『住まいの考古學』(安蒜政雄 外 編), 學生社, p. 45.

사람이 주거 건축물에서 살아가면서 가옥과 마을이 없었을 때와 비교하여 과연 그들의 사고와 관념에는 어떤 변화가 있었을까? 20세기 중반 이후 고고학자들은 정착생활과 주거건축물, 농경생활의 기원을 생태환경, 생업경제, 기술과 같은 요인으로 꾸준히 설명해왔다. 환경이나 물질적 조건에 적응하면서 정착과 농업사회로 전환한 것이라고 설명한 것이며 사람의 사고와는 관련지어 생각하지 않았다.

탈과정주의가 등장하면서 근본적으로 다른 설명의 방식을 찾은 이래 1990년대부터 새로운 해석이 나오기 시작했다. 생업경제나 생태환경과 같은 외적인 변화의 요인이 아니라 사람이 자신이 아닌 다른 어떤 것(사람, 동식물 종, 혹은 물질적 존재)과 분류되고, 연결되고, 범주화되는 관계의 변화로 설명하기 시작한 것이다. 가령 이안 호더와 같은 이는 신석기시대의 시작을 사람과 동물종의 순화라고 정의하고 그것을 길들여지지 않은 세계와의 분리라고 본 것이다[14]. 신석기시대가 시작되면서 시작되는 내구성 있는 가옥의 구축, 집주에 의한 마을의 형성, 죽은 사람에 대한 세심한 장례 행위 이 모든 것이 순화된 삶과 사고이며 그것은 야생으로부터 분리하는 것이라고 보았다[15].

가옥과 마을이 없는 사회에서 그것을 구축하고 그 안에서 살아가게 되는 변화는 사람들 사이의 사회적 관계와 세계관에도 큰 변화를 가져 왔을 것이다. 인간에 의해 구축된 환경은 그 안에서 살아가는 사람에 주어진 제도처럼 행동, 태도, 개념, 단어, 범주의 변화를 가져 왔을 것이다[16]. 가옥을 가진 사회로의 전환을 기

---

14) Hodder, I., 1990, Domestication of Europe: structure and contingency, Neolithic societies, Oxford: Blackwell.

15) Hodder, I., 1990, Domestication of Europe: structure and contingency, Neolithic societies, Oxford: Blackwell, p.53.

16) Borić, D., 2008, First household and 'house societies' in European Prehistory, In Jones, A. (ed), Prehistoric Europe, Chichester: Wiley-Blackwell, pp.107~142.

거(dwelling)에서 구축(building)으로의 변화라고 지적한 인류학자도 있지만[17], 가옥과 마을이란 물질적 조건, 물질적 현실이 사회적 현실을 만들어낸다고 주장하는 의견도 있다. 인지고고학의 생각이 그러한데 이 관점에서는 가옥의 출현이 정착민들에게 인지의 틀을 제공해 주었으며 이후 사람의 사고에 중요한 변화를 초래했다는 결론에 도달하게 된다[18].

한국에서 최초의 가옥은 이른바 고토기신석기시대에 속하는 제주 고산리유적에서 발견된 것이다. 깊이가 깊지 않은 원형 수혈주거지로 주혈의 규칙성으로 상부구조를 복원해 보기는 다소 어려운 편이다. 마을에 대해서도 현재로서는 주거의 배치가 어떤 것인지 잘 알 수 없고 그 규모에 대해서도 명확히 알려진 것은 없다. 그 다음 시기에 등장하는 주거지는 양양 오산리유적 최하층에서 발견된다. 역시 원형에 속하고 벽을 따라 기둥을 둥글게 배치한 구조이다. 발굴조사가 제한적이어서 하나의 마을을 이룬 주거지의 수는 알려져 있지 않지만 다른 중부 동해안 지역의 사구 입지 취락들과 비교해 보면 주거지 사이의 간격이 조밀하지는 않고 마을 안의 주거지 수는 많지 않을 것으로 보인다. 하지만 마을이 일상적으로 이용하는 공간은 비교적 넓은 편이며 그 안에 야외노지, 작업장, 저장혈, 격납시설 등이 배치되어 있다. 취락의 입지나 생산 및 기타 작업도구의 성격으로 보아 채집사회의 특징을 보여주지만 이 지역도 일정한 시간이 경과하면 소규모 농경을 했을 것으로 추측되며[19] 가옥과 마을의 구조적 변화도 예상된다.

17) Ingold, T. 2000, Building, dwelling, living: How animals and peopl make themselves at home in the world, In Ingold, T., *The Perception of the Environment*, London: Routledge, pp.172~188.

18) Renfrew, C., 2004, Towards a theory of material engagement, In DeMarrais, E., C. Gosden and C. Renfrew (eds), Rethinking materiality: The Engagement of Mind with the material World, Oxford: Oxbow, pp.23~31.

19) 송은숙, 2008, 「신석기시대 농경의 확산과정: 한국 남부지역을 중심으로」, 『선사 농경연구의

그림 3. 제주도 고산리유적 발굴전경 및 S3E3 1호주거지, 고산리유적 고토기[20]

새로운 동향』(안승모 · 이준정 편), 사회평론, pp.172~191; 조미순 · 강소희 · 신이슬 · 서민석 · 이경아, 2015, 「중부 동해안지역 신석기시대 식물자원 이용연구」, 『韓國新石器研究』30, pp.63~92.

20) 제주문화유산연구원, 2014, 『제주 고산리 유적 I 』; 제주문화유산연구원, 2017, 『제주 고산리 유적 III』.

2. 社會의 複合化와 家屋의 平面型

가옥의 평면형은 시기나 지역에 따라 달라진다. 이에 대해서는 그저 문화적 차이로만 이해하는 것이 보통이었다. 흔히 수혈주거지 분류할 때 주거지 평면형은 항상 제일 속성으로 고려되어 왔다. 그럼에도 평면형이 왜 달라지는가 하는 문제에 대해 적극적인 설명의 시도는 적은 편이다. 평면형에 따라 한국 신석기~삼국시대의 수혈주거지를 분류한다면 원형, 방형, 장방형, 세장방형, 타원형 등의 기본형으로 나뉜다. 다만 中島式住居址에서만 독특한 출입시설과 함께 지붕형태와 맞물린 벽체형태 때문에 凸자형, 呂자형, 오각형, 육각형 등의 평면형이 나타난다.

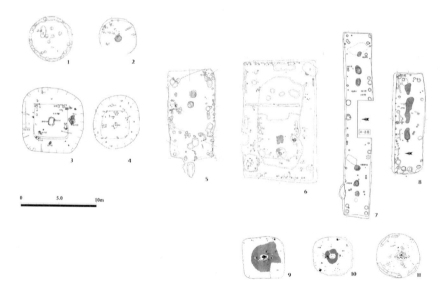

그림 4. 신석기시대 ~ 청동기시대의 주거지 평면형: 1. 제주 고산리 S3E3 1호, 2. 양양 오산리 조기문화층 1호, 3. 양양 지경리 4호, 4. 同 5호, 5. 옥천 대천리, 6. 진주 평거동 3-1지구 3호, 7. 천안 백석동 A-8호, 8. 同 B-8호, 9. 진주 평거동 3-1지구 13호, 10. 同 18호, 11. 同 19호.

한반도에 최초로 등장하는 수혈주거지의 평면형은 원형이다. 시간이 지나면서 암사동식에서부터 오산리식 주거지에 방형이 나타난다[21]. 방형과 원형은 노지와 기둥의 배치에서 구조적인 차이가 거의 없다. 면적에서 대소의 차이가 크지 않은 원형과 방형의 주거지는 신석기시대 거의 전 기간 동안 사용되며 다른 형태의 주거지는 보기 어렵다. 신석기시대 후기가 되어 흔히 대천리식이라 부르는 장방형주거지가 나타나면서 평면형에 커다란 변화가 나타난다. 대천리식 주거지는 내부의 시설이나 발견되는 유물도 일반 주거지와 다를 바는 없지만 입지와 분포가 독특하다. 여러 동의 주거지가 모여 마을을 이루는 방식이 아니라 능선 말단부에 1~2기가 고립되어 존재한다는 점은 이 주거지가 아주 특별한 의미를 지녔을 것으로 여겨지게 한다.

중국 신석기시대의 가옥의 평면형도 원형 아니면 방형이다. 물론 취락에 따라 주거의 면적에 대소의 차이가 큰 경우도 있지만 대다수의 주거지는 규모가 비교적 균일한 편이다. 신석기시대 만기에 특수 건물, 즉 여러 개의 방을 연결시켜 구축한 대형 장방형 건물이 구축되면서 주거 건축의 평면형에 커다란 전환이 이루어진다. 화북지방의 大河村 F1~4호, 下王崗遺蹟 排房房址遺構, 山東 大汶口文化地域의 尉遲寺 F19~23, 장강 중류역 屈家嶺文化의 橫棟樹유적의 連間排房遺構, 門板灣유적의 F1遺構 등은 대형 장방형 건물의 대표적 사례라고 할 수 있다. 이처럼 여러 개의 방을 연결해서 구축한 아주 긴 장방형 건축물을 핵가족 여럿이 공동 거주하는 건물로 보는데 비해 大地灣 F901호 같은 유구처럼 특수한 구조의 대형건물은 집회소와 같은 성격을 가진 것으로 파악하고 있다[22]. 일본 繩文時代에도 초창기나 조기에는 원형 혹은 방형의 균등한 주거지가 축조되었다. 그러나

---

21) 具滋振, 2011, 『新石器時代 住居와 聚落 研究』, 서경.
22) 嚴文明, 1989, 『仰韶文化研究』, 文物出版社, pp. 212~219.

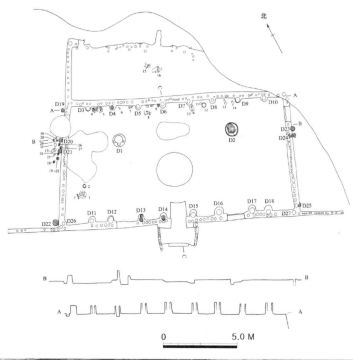

그림 5. 甘肅省 秦安 大地灣유적 F901 특수건물지[23]

전기의 어느 시점부터 대형의 장방형주거지가 등장하는데 이를 공동거주 집단이 형성되면서 복합거주 가옥으로 축조된 것이라는 해석이 있다.[24]

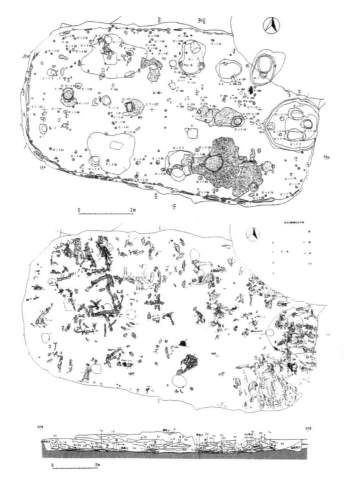

그림 6. 靑森縣 富ノ澤遺蹟 216호 주거지(武藤康弘 1997)

---

23) 甘肅省文物考古硏究所, 2006,『秦安大地灣』, 文物出版社.
24) 武藤康弘, 1997,「繩文時代前・中期の長方形大型住居の研究」,『住の考古學』(藤本强 編), 同成社, pp.13~35.

일찍이 수혈주거지의 변화가 원형계에서 장방형계로 전이하는 과정을 보편적 현상으로 착안하고 건물의 평면형이 사회구조의 변화와 긴밀하게 관련된다는 설명이 있었다. 이 설명에 따르면 처음에는 일정한 면적의 거주공간을 움막처럼 원형으로 만들지만 확대가족의 공동거주를 위해 주거의 평면형이 확장하기 쉬운 장방형계로 발전한다는 것이다[25]. 가령 근동지방의 나투피안기나 선토

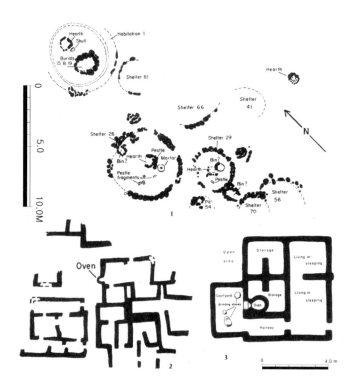

그림 7. 근동지방 주거 평면형: 1. Ain Mallaha유적: Natufian期, 9000~8,000 BC, 2. Tell Matarraha유적, 5,500 BC, 3. Jarmo유적 6,750~6,000 BC(Flannery 1972)

25) Flannery, k. V., 1972, The origins of the village as settlement type in Mesoamerica and the Near East: A comparative study, In Ucko, P. and R. Tringham, and G. W. Dimbleby (eds), Man, Settlement and Urbanism, London: Duckworth, pp. 23~53.

기 신석시대 A기(PPNA)에는 원형계의 움막과 같은 가옥형태가 이용되다가 그 이후 단계가 되면 여러 단위가족의 공동거주를 위한 주거가 마련되면서 장방형계로 변한다.

이와 같은 해석이 물론 다른 어느 지역에나 그대로 적용될 수 있다고 보기는 어렵겠지만 한국 선사시대 수혈주거지의 평면형이 변해가는 과정을 보면 원형에서 방형으로의 변화는 일단 인정된다. 그렇다고 평면형과 가옥구조의 변화가 여러 단위의 가족이 공동 거주하는 대형의 방형, 혹은 장방형으로 일률적으로 발전했다고 보기는 어렵다. 신석기 조기의 수혈주거지는 균등한 원형 아니면 방형이며 이는 신석기시대 거의 전 기간 동안 주거지 평면형의 대세를 이룬다. 이러한 평면형과 크게 차별화된 대형 장방형 주거지는 신석기 후기에 등장하여 청동기시대 조기와 전기에 주거 평면형의 주된 형식으로 자리를 잡는다. 이른바 각목돌대문토기 단계에 장방형 대형주거지가 등장한 것은 어찌 보면 자연스런 발전이라고 말할 수 있다. 하지만 주지하다시피 청동기시대 중기가 되면 다시 면적이 크게 줄어든 원형, 혹은 방형주거지 주거지로 평준화된다.

주거지의 평면형이 원형인가 방형인가에 따라 가옥의 입체적 구조도 달라진다. 그러나 같은 시기에 같은 규모임에도 왜 원형 혹은 방형으로 주거 평면형이 결정되는지에 대해서는 설명하기 어려운 것이 사실이고 하나의 스타일의 문제라고 해둘 수밖에 없다. 하지만 주거지가 발전하여 대형의 장방형 건축물이 등장하는 문제에 대해서는 몇 가지 설명의 시도가 있었다. 채집 혹은 농경사회의 발전에 따라 가족들이 부의 소유를 위해 경쟁하는 상황에서 공동소유와 저장을 위해[26] 혹은

---

26) Flannery, k. V., 1972, The origins of the village as settlement type in Mesoamerica and the Near East: A comparative study, In Ucko, P. and R. Tringham, and G. W. Dimbleby (eds), Man, Settlement and Urbanism, London: Duckworth, pp. 23~53; 嚴文明, 1989, 『仰韶文化研究』, 文物出版社.

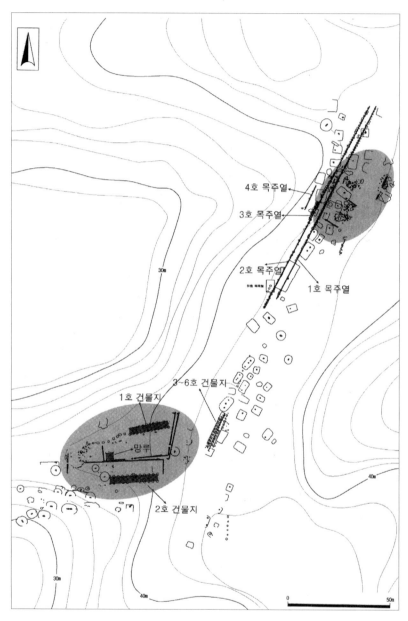

4호 목주열
3호 목주열
2호 목주열
1호 목주열

3~6호 건물지
1호 건물지
망루
2호 건물지

30m
40m
40m
30m

0   50m

그림 8. 부여 송국리유적 유구 분포도 특수건물지(1호, 2호, 3~6호 건물지)(김경택 외 2014)

대규모 일감에 의한 공동작업의 필요성 때문에[27] 장방형의 대형공동주거가 축조되어야 한다는 해석이 있다. 요컨대 장방형이 채택되는 까닭은 면적 확대에 용이하기 때문이라는 것이다. 생업경제의 발전과 사회의 복잡화에 따라 공동체의 주거에 무언가 변화 나타는 것은 사실이다. 중국 신석기시대의 일부 유적에서 특정 주거건축이 대형화 되는 현상을 보였고 일본 繩文時代에도 마찬가지이다.

한국의 청동기시대에는 조기와 전기에 대형의 장방형 주거지가 등장한다. 그러나 농업경제와 사회의 복합화가 진전된 중기 송국리 문화기가 되면 오히려 면적이 축소된 원형·방형으로 평면형으로 바뀐다. 이를 두고 확대된 대가족이 핵가족으로 분화한다고 보는 입장도 있지만[28] 세대공동체의 조직, 즉 가족관계가 변화되는 것이 아니라 住居單位가 변한 것뿐이라는 해석도 있다[29]. 어쨌든 한국 청동기시대 중기에는 일부가 아니라 전반적으로 주거생활을 공동으로 하는 단위가 축소되는 것은 사실인 듯하다.

그러나 청동기시대의 수혈주거지에서는 대형의 장방형으로 변해간 모습은 볼수 없지만 고상건물에서는 그러한 발전이 뚜렷하다. 공동체간의 협동을 위한 공동건물로서 사천 이금동유적의 60호 건물지[30], 의례용 건물로 추측되고 있는 부여 송국리 대형건물지[31]와 최근 성토대지 위에 건축된 건물지[32] 등은 대형의 장

27) 武藤康弘, 1997, 「繩文時代前·中期の長方形大型住居の研究」, 『住の考古學』(藤本強 編), 同成社, pp. 13~35.
28) 安在晧, 1996, 「無文土器時代 聚落의 變遷」, 『碩晤尹容鎭敎授停年退任紀念論叢』, 碩晤尹容鎭敎授停年退任紀念論叢刊行會, pp. 43~90; 安在晧, 2006, 「靑銅器時代 聚落硏究」, 釜山校學校大學院博士學位論文.
29) 金承玉 2006, 「청동기시대 주거지의 편년과 사회변천」, 『韓國考古學報』60, pp. 4~37.
30) 崔鍾圭, 2004, 「梨琴洞 集落의 構造」, 『泗川 梨琴洞遺蹟』, 慶南考古學硏究所, pp. 365~368.
31) 이동희, 2014, 「송국리 취락의 변화와 그 의미: 최근 발굴성과를 중심으로」, 『湖南考古學報』47, pp. 35~74.
32) 김경택·주동훈·박병훈, 2015, 「청동기시대 마을유적에서 확인된 대지조성의 흔적」, 『한국

방형이다. 이러한 청동기시대 중기의 장방형 대형건물들은 청도 진라리유적과 대구 동천동유적 등에서도 발견되는데 취락 내 배치로 보아도 식량창고이든 의례용 건물이든 집단의 리더를 중심으로 공동 관리된 건물이라고 본다[33].

3. 家屋內의 삶과 墳墓의 構築

가옥(house)은 단순히 은신처(shelter)가 아니라 그 이상이다. 그것은 집안에서 이루어지는 행위의 형태를 잡아주며 다른 건축물(building)들과 함께 공유되는 공간들을 만들어 내고 그 안에서 이루어지는 행위들을 만들어낸다[34]. 앞서 말한 것처럼 집과 취락을 가지고 있지 않았던 시기에는 가질 수 없었던 관념과 사회적 현실을 가옥을 축조하고 그 안에서 살면서 가지게 된다. 원형, 방형, 장방형과 같은 일정한 도안으로 구축된 주거지는 기하학적 형태에 대한 관념의 형성에 큰 영향을 주었을 것이다. 당시까지 없었던 주거지 이외의 구조물을 만들 때 그와 같은 아이디어를 적용했을 것이다. 특히 정착 농경사회의 취락에는 주거건축물만으로 구성된 것이 아니라 석기제작장, 토기가마, 경작유구 같은 생산유구나, 기념물, 분묘, 의례용 장소 등과 같은 유구들과 함께 마을을 이루고 있으며 특히 송국리문화 단계부터 그러한 양상은 심화된다[35].

주거 건축 이외에 기념 건축물, 환호, 의례적 공간 등이 구축됨으로써 문자를

고고학저널 2015』, 국립문화재연구소, pp. 32~37.

33) 이수홍, 2007, 「大形屈立柱建物의 出現과 그 意味」, 『考古廣場』1, pp. 101~123; 이수홍, 2014, 「청동기시대 주거생활 변화와 지역성의 사회적 의미」, 『한국고고학보』90, pp. 4~35.

34) Whittle, A., 1996, *Europe in the Neolithic-the creation of new worlds*: Cambridge, Cambridge University Press.

35) 李亨源, 2009, 『청동기시대 취락 구조와 사회조직, 서울:서경문화사; 이종철, 2016, 『청동기시대 송국리문화의 전개와 취락체계』, 서울:진인진.

그림 9. 울산지역 주구형 유구: 매곡동 신기유적 6호와 7호 (1),
연암동형 주거지: 중산동 약수 Ⅱ 7호 주거지[36]

사용하지 않는 사람들도 자신들의 주변에 경관을 구축하면서 시간과 공간의 관념을 표현하고 가치나 믿음에 대해서도 형태를 잡아나갈 수 있었을 것이다[37]. 주거 건축물을 가졌지만 당시까지는 가지지 못했던 기념건축물, 혹은 분묘구조물을 처음으로 구축하게 될 때 주거 건축물을 모방하는 것은 자연스런 현상이라고 생각된다.

청동기시대 전기 늦은 단계부터 등장하는 주구묘가 그 대표적인 사례라고 할 수 있다. 특히 천전리유형 취락의 한 쪽 공간에 배치되는 주구묘는 방형의 주구에서 세장방형의 주구로 발전했다고 한다[38]. 처음에는 자신들이 살고 있는 세장방형 주거지와 약간 다른 도안으로 구획을 시작했지만 점차 현실의 가옥과 동일한 평면형으로 기념물적 분묘를 구축했다는 설명이다[39]. 주구의 평면형을 세장방형으로 하고 석관은 위치와 크기로 보아 노지를 본뜬 것이다. 매장시설을 중심으로 보면 주구는 공간의 구획시설이기에 방형·장방형 도안보다 매장시설의 위치와 형태가 중요하다. 노지를 생각하고 석관을 만들었다는 것은 그들이 화장의 의례를 수행했을 가능성이 크다. 불이 사물을 변형시킨다는 생각은 토기제작이나 금속제련을 통해 경험적으로 가지게 되었을 것이고 노지형 석관은 죽음과 저승의 세계로 넘어갈 때 불을 거치게 된다는 관념을 구현한 것일 수도 있다.

현실의 주거와 사후세계의 주거를 동일시해 보는 관념은 울산 검단리유형의 문화에서도 볼 수 있다. 이 檢丹里類型의 청동기시대 취락에서는 가옥을 폐기하

---

36) 울산문화재연구원, 2010, 『울산 太和江文化』(개원10주년기념도록).

37) 李盛周, 2012, 「儀禮, 記念物, 그리고 個人墓의 발전」, 『湖西考古學』26, pp.26~109; 이종철, 2016, 『청동기시대 송국리문화의 전개와 취락체계』, 서울:진인진, pp.226~237.

38) 金權中, 2008, 「靑銅器時代 周溝墓의 發生과 變遷」, 『韓國靑銅器學報』3, pp.100~127.

39) 울산지역에서는 주거지가 세장방형일 때 주구묘도 세장방형이고 주거지 방형으로 바뀌면 주구묘도 방형에 가깝게 축조된다고 한다(李秀鴻 2015: 106-108).

고 장례를 지내는 가옥장이 발견되기도 한다. 울산의 청동기시대 취락 중에는 분묘로서 주구묘가 가옥과 일정한 방식으로 공존하는 경우가 꽤 많이 확인된다. 이 주구묘들은 세장방형과 방형 두 가지로 나뉘며 방형이 절대다수를 차지한다. 내부에 아무런 시설이 발견되지 않고 주구만 돌아가는 유구들이 취락 내부의 일정한 공간에 배치되는 경우가 있다. 이러한 방형의 주구를 주구묘로 추정하는데 설득력이 있는 해석이라고 생각된다.

한편 울산에서만 발견되는 주거의 형식으로 蓮岩洞型 住居址가 있다. 말각방형, 혹은 원형에 가까운 주구를 돌린 방형의 주거지인데 주거로서의 기능이 폐기된 이후에 주구를 돌린 경우도 있다고 한다. 이처럼 검단리 문화권에서는 죽음의 공간이 삶의 공간과 가까이 있고 현실세계의 도안과 구조물이 사후세계의 그것에 그대로 적용된다. 그래서 취락내의 주구묘를 사후세계를 현실세계인 취락 내에 구현하려 한 것이라고 의견을 내놓기도 한다[40].

3. 屋內生活方式과 土器의 器種構成

가옥은 일정한 면적을 가지고 있다. 가옥 안에는 일정한 시설물이 구축되어 있고 움직이기 어려운 가구나 생활용품도 배치되어 있다. 건축된 환경이라는 개념을 따르면 일정 면적을 지닌 가옥 안에 구축되고 설치된 시설과 물품에 따라 인간 활동은 유도되거나 장려되고 혹은 제한된다[41]. 또한 지붕의 높이와 형태에 따라 가옥 안에서 활동의 범위나 방식은 달라진다. 가령 지붕이 경사지고 벽이 낮

---

40) 이수홍, 2015, 『靑銅器時代 檢丹里類型의 硏究』, 蔚山:含春苑, p.101.
41) Rapoport, A., 1982, *The Meaning of the Built Environment: A Nonverbal Communication Approach*, University Arizona Press.

으면 자유스런 행동의 범위는 축소된다.

　주거의 내부공간과 설치된 시설, 배치된 물품과 함께 운반 가능한 물품들의 분포를 통해 옥내 인간 활동에 대해 추론해 볼 수 있다. 수혈주거지 내부의 면적은 흔히 그 안에 함께 사는 사람들의 수를 추산하는 지표로 활용되어 왔다. 가옥의 면적이 넓으면 그 안에 많은 사람이 함께 살았을 것이라는 전제가 틀리지는 않겠지만 가옥내부에서 더 많은 활동이 이루어졌거나 넓은 면적이 필요한 활동이 집안으로 끌어들여졌기 때문일 수도 있다. 따라서 가옥의 넓이나 그 안에서 이루지는 활동들은 집밖의 취락에서 이루어지는 인간 활동과 긴밀한 상호관련성을 가지고 정해진다[42].

　수혈주거지 안에는 폐기되기 전까지 집안에서 사용되던 토기가 출토된다. 토기 중에 용적이 큰 저장용 토기는 운반이 어려우므로 가옥 안에 한번 배치되면 놓인 그대로 폐기될 때까지 그 자리에 있게 된다. 용적이 크지 않더라도 저장용 토기는 배치된 상태로 잘 이동시키지 않으며 운반용이나 임시저장, 조리 및 식사용 그릇은 옥내시설과 활동구역에 따라 사용위치는 가변적일 것이다. 토기라는 물품은 일상생활의 여러 가지 활동에 사용되고 용도에 따라 토기의 기종을 구분한다. 토기의 기종에 따라 가옥 내에서 일상적으로 사용되는 것도 있지만 가옥 밖의 취락 내 일정공간에서 사용되던 것도 있을 수 있다. 수혈주거지 내부에서 출토되는 토기의 기종은 그 안에서 이루어진 일상적 활동과 긴밀한 관련이 있을 것이다. 가옥 안에서 이루어진 인간 활동과 토기의 기종구성, 그리고 가옥 내 배치된 시설물, 그리고 가옥의 면적 등은 서로 긴밀한 관계가 있을 것이며 옥내의

---

42) 공봉석, 2013, 「영남지방 원삼국·삼국시대 주거」, 『주거의 고고학』, 제37회 한국고고학 전국대회, pp. 129~146; 李盛周, 2014, 「저장용 대형단경호의 생산과 한성 백제기의 정치경제」, 『韓國上古史學報』86, pp. 53~82; 정지왕, 2018, 「북한강유역 중도식 주거지 내부공간 활용의 변천」, 경북대학교대학원석사학위논문.

활동은 옥외의 작업과 상호관련성을 가지며 정해질 것이다[43]. 여기서는 옥내 활동과 주거지 내부에서 출토되는 토기의 기종구성이 어떤 관계에 있는지 살펴보고자 한다. 가옥 내 시설물의 변화과정에서 커다란 전환기에 해당하는 초기철기시대 주거지의 구조와 토기 기종구성의 변화에 대해 간단한 의견을 첨부해 보도록 한다.

　신석기시대의 원형과 방형주거지는 대개 가운데 노지가 배치되고 노지를 중심으로 일상생활이 이루어졌을 것으로 볼 수 있다. 다만 대천리식 주거지는 원형 혹은 방형주거지와는 면적과 구조가 완전히 다르다. 그래서 대천리식 집자리의 주거지 내 공간은 생활공간과 부속공간으로 나뉜다고 한다. 즉 한쪽에 치우친 노지를 중심으로 생활공간이 설정되면 나머지 공간이 부속공간이 되는 셈이다. 이 때 생활공간은 작은 방형주거지 하나와 맞먹는 셈이 되며 이 공간에 사람이 기거한다. 부속공간에서는 보통 큰 토기와 갈판이 발견되므로 식량의 저장과 가공과 관련된 작업을 했을 것으로 추정되고 있다[44].

　청동기시대 중기 송국리 단계에는 노지가 없는 원형과 방형의 주거지가 사용된다. 그러나 이전 시기인 청동기시대 조기와 전기에는 대천리식 집자리처럼 노지가 한 쪽으로 치우쳐 자리 잡은 장방형 주거지와 노지가 2개 이상 설치된 세장방형 주거지가 유행하였다. 신석기시대의 주거지와 마찬가지로 주거의 공간은 노지를 중심으로 일정한 구역이 생활공간으로 설정된다[45]. 이 신석기와 청동기시대 수혈 주거지 내 생활공간, 즉 주거지 중앙의 노변공간에서는 일상적 기거,

---

43) 정지왕, 2018, 「북한강유역 중도식 주거지 내부공간 활용의 변천」, 경북대학교대학원석사학위논문.

44) 具滋振, 2011, 『新石器時代 住居와 聚落 硏究』, 서경.

45) 이수홍, 2013, 「청동기시대 주거고고학」, 『주거의 고고학』(제37회 한국고고학 전국대회), pp. 49~62.

취사와 식사, 간단한 도구제작 등 당시 일상생활의 여러 활동이 이루어진 것으로 추정되고 있다. 송국리 주거지도 노지는 없지만 가운데 작업공이라는 것을 중심으로 일정 구역이 생활공간으로 설정된다.

어째든 수혈주거지 내부공간에 노지를 중심으로 일정면적을 구획하면 나머지가 부속공간이 공간이 된다. 부속공간 중에 일차적으로 특성화하여 구분해 낼 수 있는 구역이 벽 둘레이다. 주거지의 벽에 가까운 둘레 공간은 지붕이 낮아지고 접근과 활동이 둔화될 수밖에 없는 공간이므로 저장과 격납의 구역으로 이용된다. 청동기시대 주거지에서 대형토기나 옥내저장혈 등 저장과 격납과 관련된 증거들은 벽 근처 주거지 가장자리에서 확인된다. 노지를 가운데 둔 원형과 방형의 주거지는 그 규모가 크지 않을 경우 벽 둘레를 제외한 주거지 전체가 생활공간이 된다. 그러나 노지가 수혈주거지 한쪽에 치우쳐 있거나 2개 이상 배치된 장방형 혹은 세장방형 주거지는 복수의 생활공간을 가지거나 상대적으로 넓은 부속공간을 갖게 된다.

이처럼 신석기시대부터 청동기시대까지 수혈주거지 내부의 활동구역을 정할 때 중심이 되는 시설은 노지였다. 이 양 시대를 걸쳐 노지는 원형과 방형의 주거지에서는 거의 예외 없이 주거지 중앙에 위치했고 (세)장방형주거지는 복수로 존재 했거나 한 쪽에 치우쳐 위치했고 그에 따라 생활공간과 부속공간이 구분되었다. 그러나 철기시대에 접어들면서 노지가 취사와 난방의 복합시설이 되어 주거지의 한쪽 벽에 배치되기 시작한다. 중도식주거지의 경우 원삼국시대까지는 여전히 대형의 장방형이고 노지(취사 난방의 복합시설)는 중심축을 따라 입구 반대쪽으로 치우친 위치에 설치된다. 하지만 한강유역을 제외하면 전 지역에서 원삼국시대 초기부터 주거지는 원형 혹은 방형, 혹은 타원형이었으며 취사난방시설은 한쪽 벽에 붙어 위치했다. 이러한 변화는 가옥 내 활동방식에도 큰 변화를 가져왔을 것이다.

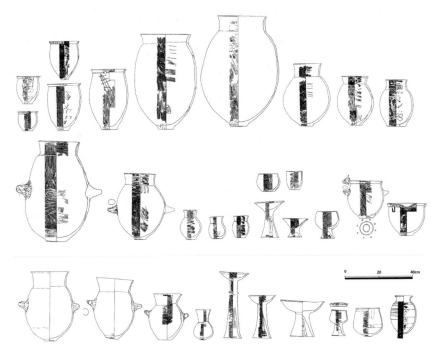

그림 10. 삼각형점토대토기 단계의 취락과 분묘의 토기유물군 기종구성:
(상) 사천 늑도유적, (하) 성주 예전동분묘군.

청동기시대의 취락에서 발견되는 土器遺物群의 기종구성은 송국리 단계에 이르기까지 큰 변화가 없었다. 다음 시기인 원형점토대토기 단계가 되면 기종구성에 파수부토기, 흑도장경호, 고배 등이 등장하기 때문에 이 시기의 변화는 혁신적이라고 볼 수 있다. 하지만 취락 내의 토기 사용에서 근본적인 변화가 나타나고 그 변화가 이후의 시기까지 지속적으로 이어간 것은 삼각형점토대토기 단계부터가 아닐까 한다. 집집마다 거의 빠짐없이 발견되는 조리용 甕과 시루, 그리고 발형토기의 조합이 이때부터 나타나며 이 시기부터 비로소 가구마다 기본 취사가 이루어졌다고 생각된다. 튼튼한 손잡이가 달린 파수부토기는 저장운반을 위해 폭넓게 사용되었고 특히 조리할 때 데워진 그릇을 운반하기 편했을 것이다. 중대형 저장용 호의 제작 빈도가 이 단계에 훨씬 증가한 점도 주목할 만한 변화이다. 이러한 점에서 초기철기시대는 저장, 운반, 임시저장, 조리 및 취사 등과 관련된 기종구성이 정돈 되었다는 점에서 이전 시기와 뚜렷이 구분되는 토기 사용이라고 말할 수 있다. 그밖에 소형의 식기와 같은 토기가 많이 제작되는 점도 이 시기의 변화 중 하나라고 할 수 있고 토제 그릇뚜껑이 사용되는 것도 일부지역에서는 오랜 전통으로 남는다.

삼각형점토대토기 단계의 토기의 제작과 사용은 삼국시대까지 한반도 주민의 일상생활로 이어진 것으로 보인다. 원삼국시대의 토기 사용과 비교해도 기종의 규격화가 좀 더 진행되었다는 점과 타날문단경호가 사용되었다는 것 말고는 그릇의 분화된 이용이라는 차원에서는 일관된 양상을 보였다. 삼각형점토대토기 단계에 분화가 이루어진 운반-임시저장 및 취사용 발, 옹, 시루 등의 무문토기 기종은 남한 전역에서 시차를 두고 타날문토기로 전화되어 가면서 형태는 바뀌지만 용도 그 자체는 이어갔던 것이다. 원삼국시대 이후에도 이미 정돈된 일상토기의 기종구성은 변한 것이 없으며 지역-간 차이도 크지 않다. 물론 중부, 중서부 서남부 영남 등 제 지역의 일상용 토기유물군을 비교해 보면 제작기술이나 기형은 서로 간에 뚜렷한 차이가 있다. 그러나 기종구성만큼은 상당한 공통점이 있다는 것을 알 수 있다. 옹, 발, 시루, 대형호 등 무문토기계열의 일상용토기는 기형과 제작기법에서는 분명한 차이를 보이지만[46] 기종의 조합에서는 광범위한 공통성이 인정된다는 것이다. 점토대토기 단계에 확립된 취락, 혹은 주거내 일상생활의 공통성이 일상토기 기종의 유사성으로 나타났을 가능성이 크다.

다음으로 저장의 방법과 주거지의 면적, 토기의 규격과 취락 내 저장시설의 양

---

46) 李盛周, 2012, 「都市와 마을(村落)에 대한 고고학적 논의」, 『考古學』, pp. 5~31.

상과 배치 등은 서로 긴밀한 관령성이 있음을 검토하고자 한다. 원삼국·삼국시대 한강유역과 영남지역의 주거지 면적을 비교하면 서로 큰 차이가 있음을 알 수 있다. 한강유역 즉 중도식 주거지가 분포하는 권역의 주거지는 동시대 타 지역 주거지의 면적과 비교하면 월등한 규모이다. 개별주거지의 면적이 넓은 편이며 취락 내 한 두 주거지는 면적이 상당한 규모를 보이기도 한다. 이를테면 포천 자작리 2호주거지[47]나 연천 강내리 60호 주거지[48]와 같은 경우는 시대와 지역을 불문하고 최대급의 수혈주거지이다. 이에 비해 영남지역의 주거지는 원삼국시대 원형 혹은 타원형의 주거지가 유행을 했고 3세기 무렵에 방형의 주거지 영남의 동남부지역에 확산된다. 국읍의 중심취락이라고 생각되는 경산 임당동I지구의 대형 주거지를 제외하면 면적이 그리 넓지 않고 주거지 사이의 대소 격차도 크지 않은 편이다.

집자리의 면적에 관한 청동기시대 주거지 연구의 전제를 따르면 함께 사는 구성원의 수가 많기 때문에 면적이 넓은 것으로 된다[49]. 그러나 역사시대 주거의 규모에서 차이가 큰 이유는 기거하는 구성원의 수가 많고 적기 때문이 아니라 생존을 위한 취락 내의 인간 활동(이를테면 貯藏) 중의 일부가 주거지 안으로 끌어 들여졌기 때문이라고 본다[50]. 특히 한강유역의 원삼국·삼국시대의 대형주거지는 이 지역 특유의 식량 저장방식 때문에 등장했다고 생각된다. 특히 일정 주거군 내에 1~2기의 주거 면적이 탁월하게 큰 편인데 이는 개별 주거의 저장물뿐

---

47) 京畿道博物館, 2004,『抱川 自作里遺蹟Ⅰ』, 京畿道博物館.

48) 高麗文化財研究院, 2012,『漣川 江內里遺蹟』.

49) 金正基, 1974,「韓國竪穴住居址考(二)」,『考古學』3, pp.1~52; 金範哲·金庚澤, 2017,「靑銅器時代 家口規模의 推算 試論」,『湖西考古學』36, pp.4~27.

50) 李盛周, 2014,「저장용 대형단경호의 생산과 한성 백제기의 정치경제」,『韓國上古史學報』86, pp.53~82.

만 아니라 취락 내 공동 저장물을 관리하는 대형의 주거지가 필요했기 때문에 축조되었을 가능성이 크다. 가령 포천 자작리 2호주거지의 경우 그릇 높이가 1m나 되는 대형의 저장토기가 3개체 이상 발견된 바 있다.

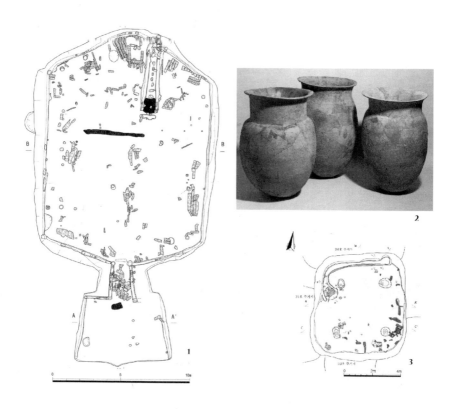

그림 11. 한강유역 초대형 중도식주거지와 출토 대형호(1, 2),
영남지역의 방형주거지(3): 1, 2. 포천자작리 2호 주거지와 출토유물, 3. 양산 명동 19호 주거지

한강유역의 취락과 영남지역의 취락 사이에는 주거지 이외의 취락 내 시설물에서 큰 차이가 있다. 한강유역의 원삼국·삼국시대 취락에는 呂자형, 凸자형 수혈주거지 외 수혈유구가 다수 발견된다. 원삼국시대에 속하는 가평 대성리유적

이나 삼국 초기의 남양주 장현리유적, 늦은 시기의 화천 원천리유적에서도 수혈식 저장시설 이외 고상창고는 일절 발견되지 않는다. 미사리유적에서는 고상건물지가 창고로 등장한 것 같지만 여전히 수혈식저장고가 일정 공간에 밀집되는 것을 볼 수 있다. 이에 비해 영남지방의 경우, 대다수의 원삼국·삼국시대 취락에는 일정한 배치구역이 설정되어 다수의 四柱式 혹은 六柱式 고상창고를 구축해 놓았다. 대구 봉무동유적과 기장 가동유적은 대체로 4세기 후반의 어느 시점부터 신라의 거점취락으로 등장하는 유적인데 지면식 주거지가 열상으로 배열됨과 함께 수십 기의 고상창고가 규칙적인 배치를 보이고 있다. 4세기 후엽의 중심연대를 보이는 가야지역의 취락인 진주 평거동유적도 고상창고가 군을 이루어 주거지군과는 별도의 공간에 배치되어 있다.

중도식 취락의 수혈 중에는 대형의 옹이나 대형단경호가 출토되고 주거지 안에서 출토되는 토기도 대형의 옹과 호가 많이 포함되어 있다. 전반적으로 중도식 취락에서 출토되는 토기는 그 규격 자체가 큰 편이다. 이에 비하면 영남지방의 경우 일반 취락에서 출토되는 토기의 기종 중에 대형의 저장토기는 보이지 않는다. 따라서 토기의 규격이 중부지방에 비하면 현저히 작은 편이고 대형 호의 파편은 거의 보기 어렵다. 말하자면 중도식 취락에서는 식량의 일종을 저장할 때[51] 대형의 호에 담아서 가옥내로 끌어들이거나 수혈식 저장시설에 두는 방식을 취했다. 이에 비해 영남지방에서는 식량을 담아서 집안으로 끌어들이는 비율이 극히 낮았거나 그와 같은 저장방법을 취하지 않았다고 본다. 대다수의 식량은 자루와 같은데 담아 고상창고에 저장했다고 보는 것이 타당할 것 같다. 영남지방의 주거지를 분석한 연구에서는 주거지가 소형화되면서 고상창고나 저장수혈이 급

---

51) 중도식 주거지의 토기 안에는 탄화곡물이 출토되는 사례가 많다고 한다.(송만영 2013)

중한다는 보고가 있다[52]. 옥내 저장이 외부로 빠져나가면서 주거지의 면적을 확대 유지할 필요성이 없어졌기 때문에 소형화 된 것이라는 지적이다. 이점을 염두에 둔다면 중도문화권 내의 취락에서는 옥외저장시설을 따로 두기보다 옥내저장이 많이 이루어졌고 그중 토기저장이 담당하는 비중도 상당했으리라 여겨진다. 그런 연유로 개별 가구에서 이용되는 식량이 토기에 담겨져 가옥 안으로 끌어들여졌고 그중 일부 주거지 안에는 공동체의 식량이 저장되었기 때문에 주거지의 면적 초대형으로 커지게 된 것으로 추정해 볼 수 있다.

Ⅲ. 分散과 集住

인류가 정착생활을 시작하면서 가옥을 건축하고 마을이 만들어진 이후 인구가 늘고 사회가 복잡해지면 도시가 형성되기에 이른다. 마을이 도시로 발전했다는 것은 일정 공간 안에 거주인구가 증가하고 그 내부의 사회조직이나 정치경제적 관계가 복잡해 진 것을 의미한다. 이 변화를 우리는 사회공동체의 점진적 진화의 결과이고 농업사회가 성립한 이래 단선적 발전과정이었다고 말 할 수도 있을 것이다. 하지만 이 과정을 좀 더 뜯어보면 다음 두 가지 측면을 염두에 두고 이해해야만 할 것 같다.

첫째로 이 과정은 결코 선형적인 발전이 아니라는 점이다. 인류사에 있었던 중심지 형성, 취락위계, 도시화 등도 일정한 시간적 범주와 지리적 범위 안에서 진행되었던 것이다. 인구집중과 공간적인 위계가 진행되었다면 그것이 해체되고

---

52) 공봉석, 2013, 「영남지방 원삼국·삼국시대 주거」, 『주거의 고고학』, 제37회 한국고고학 전국대회, pp. 129~146.

분산되는 과정이 반복된 것이다. 따라서 거대취락의 형성이나 도시화의 과정에 대한 설명이 필요한 것이 아니라 해체의 과정도 설명되어야 한다. 송국리 거대취락의 형성은 삼한 국읍의 형성과 연결되지 않으며 역사적 과정에서 거대취락의 형성배경이나 요인만큼이나 해체의 과정에 대한 설명도 중요하다. 둘째로 우리는 흔히 거대취락이나 도시의 형성을 이해할 때 그 과정이 집중된 좁은 지리적 범주만을 대상으로 검토한다. 혹은 그러한 중심지의 형성을 부각시키기 위해 주변을 분석과 관찰 대상으로 삼는다. 읍락과 도시의 형성은 그 자체의 인구가 증가하거나 독자적인 과정이 아니다. 보다 광범한 지리적 영역 안에 인구의 재배치가 진행되어 하나 이상의 장소에 집주가 이루어지고 나머지 지역에는 분산의 상태가 더욱 진행될 수도 있다. 한반도의 청동기시대 중기 거대취락의 형성이나 국읍의 형성, 삼국시대 도성과 지방거점취락의 성립도 생계, 경제, 정치, 이념적 요인에 의한 인구 재배치의 결과로 집주와 분산의 상태가 공간적으로 재조직된 상태일 것이다.

1. 新石器時代 聚落의 成長

한국 신석기시대 마을이라면 과연 몇 개의 주거지가 모여 형성되었을까? 신석기시대 조기로 편년되는 양양 오산리 사구유적의 최하층에 대한 발굴로부터 중부 서해안의 구릉지대에서 노출되는 대규모 취락들에 대한 조사를 통해 많은 자료가 확보되었고 최근 이에 대한 많은 연구가 이루어졌다[53]. 신석기시대 채집과

---

53) 具滋振, 2008, 「中部 西海岸地域 新石器時代 마을의 生計・住居方式 檢討」, 『韓國上古史學報』 60, pp. 21~40; 임상택, 2010, 「신석기시대 서해중부지역 상대편년과 취락구조의 특징」, 『韓國上古史學報』 70, pp. 21~40; 유지인, 2012, 「신석기시대 중・후기 중서부 해안 지역 취락 구조 연구」, 『한국고고학보』 85, pp. 4~41; 김재선, 2017, 「중부 서해안지역 신석기시대 주거와 취락

어로, 소규모 농경을 겸한 집단들이 과연 어떻게 모여 살고 주변자원을 획득했는가 하는 문제를 취락체계의 관점에서 해명한 연구가 있다. 취락체계란 "개별 취락 내 주거건축물과 생산시설, 저장시설 등의 배치와 같은 단위 유적의 내부 구조적 측면에 대한 용어로 사용한 것이 아니라, 생업 전략적 차원에서 단위집단들의 연중 내내 혹은 일정기간 운용했을 것으로 생각되는 여러 수준의 유적들 간의 유기적 관계망을 통합하여 일컫는 개념"[54] 이라고 한다. 취락체계의 관점에서 한국 신석기시대 유적을 6가지로 분류한 바 있는데 크게는 단위집단의 거주가 이루어진 대소의 주거유적과 '한정행위장소'라고 부르는 생업과 관련된 특수 기능 유적, 두 가지로 구분한 셈이다. 취락체계란 이와 같이 성격과 수준이 다른 유적들 사이의 관계망에 대한 설명을 위해 마련된 개념이다.

취락체계의 관점에서 보면 소규모로 구성된 정착집단들이 일정 영역에서 일정 장소들로 이동하여 임시 거주하면서 자원을 획득하는 모습이 그려진다. 신석기시대의 취락체계를 연구한다 함은 일정한 환경적 여건을 가진 경관 안에서 사회적 관계와 생계 전략, 그리고 자원의 분포에 따라 여러 성격과 수준의 입지를 정하고 교환망을 유지하고 농사를 짓고 했던 공동체를 파악하는 작업에 다름 아닐 것이다. 따라서 주거와 야외노지, 그리고 폐기장으로 구성된 주거유적은 한 공동체가 남긴 것은 사실이겠지만 이와 같은 고고학 유적으로 파악되는 것이 당시 유의미한 공동체와 그 정체성으로서 유일한 것은 아닐 것이다. 당시의 공동체는 하나의 유적 내부의 차원에서도 분석할 수 있겠지만 지역적 수준에서도 접근할 수 있다고 본다.

당시의 공동체는 여러 범위에서 파악될 수 있을 것이고 취락유적의 규모가 근

구조의 변화」,『韓國新石器研究』33, pp. 53~99.
54) (각주 55 같음)

거자료의 전부는 아니며 유물양식의 분포나 특정물품의 교환범위 등 여러 차원에서 접근할 수 있다고 본다. 공동체와 정체성의 문제는 앞으로의 논의를 기대해 보며 취락의 분석을 통해 집단의 규모에 접근한 연구 성과를 살펴볼 수 있다. 2000년대 이전까지만 해도 신석기시대 취락유적의 발굴은 부분적인 발굴에 그쳤고 전면 조사된 유적은 극히 한정적이었다. 2000년대 들어 중서부지역에서 전면제토에 의해 신석기시대 취락의 전모가 노출된 유적이 늘어나게 되었고 그 중에는 수십여 기의 주거지가 확인되기도 했다. 최근의 자료적 기반 위에서 취락을 분석한 연구는 대체로 두 가지 문제에 대해 해답을 얻고자 했다. 그 중 한 문제가 주거지의 배치구조와 주거군의 양상이라면, 또 하나는 각 시기별 주거의 분포 상태에 대한 것으로 특히 한 시기에 몇 개의 주거지가 공존했는가 하는 문제이다.

이제까지의 연구에서 뽑아볼 수 있는 몇 가지 공통된 결론을 소개하면 다음과 같다. 첫째, 취락 내 주거의 배치를 살펴보면 특히 대규모 취락에서는 거의 예외 없이 열상배치가 나온다는 것인데 동북아 초기 농경집단의 취락에서 흔히 볼 수 있는 분포패턴이라고 한다[55]. 둘째, 이 시기의 취락 안에서는 몇 개의 주거군이 결집되어 분포하는 것이 일반적이라는 것이다. 대형 주거지나, 야외노지 혹은 집석유구와 같은 특정 유구를 중심으로 군집을 구성하는 경우가 있다고 보며[56] 동시기의 한 취락에는 이러한 군집이 2~3에서 4~5개씩 있을 수 있다고 본다. 셋째, 동시대에 공존한 주거지가 과연 몇동 쯤 되는가 하는 문제에 대해서는 중서부지방 중·후기 대형취락의 경우 최소 20여기 이상 공존해 있었을 것이라는 결론이

---

55) 임상택, 2010, 「신석기시대 서해중부지역 상대편년과 취락구조의 특징」, 『韓國上古史學報』70, pp. 21~40.
56) 유지인, 2012, 「신석기시대 중·후기 중서부 해안 지역 취락 구조 연구」, 『한국고고학보』85, pp. 4~41; 김재선, 2017, 「중부 서해안지역 신석기시대 주거와 취락구조의 변화」, 『韓國新石器研究』33, pp. 53~99.

다[57]. 58기가 거의 거의 중복 없이 열상으로 배치된 운서동 유적과 같은 경우, 장기간에 걸쳐 주거지가 추가 누적된 것이 아니라 같은 기간에 공존했던 집단이 남긴 것이라면 그 규모는 상당히 컸을 것이다.

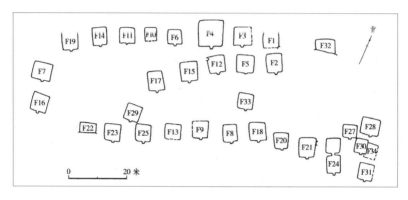

그림 12. 중국 신석기시대 중기 興隆洼文化期 南台子遺蹟 주거지 분포상

그림 13. 인천 운서동유적 주거지 분포상

---

57) 유지인, 2012, 「신석기시대 중·후기 중서부 해안 지역 취락 구조 연구」, 『한국고고학보』85, pp.4~41.

이와 같은 집주의 현상들을 어떻게 이해 할 것인가? 주변에 분산되었던 소규모 주거 공동체가 한 장소로 결집된 결과인가 아니면 일정 경관 안에 인구가 늘어나서 주변에 소촌 혹은 소규모 주거공동체의 분산된 상태에서도 특정 장소에 집주가 이루어졌는가. 대규모 마을에는 수혈이나 야외노지 외에 특별한 생업 관련 유구나 의례장소, 혹은 상위 신분자의 거처와 같은 집주 요인이 있었는가? 현재로서는 신석기시대 대촌락에서 집주의 요인이 될 만한 성격의 유구를 찾아 볼수 없으므로 자원의 분포, 생업 기술, 생계방식 등과 같은 요인이 양호한 지역에 집주를 허용했다고 볼 수 있다. 이러한 집주가 진행된 이유를 신석기시대 전기에 농경이 중서부지역으로 확산되면서 나타난 현상이라는 의견도 있다[58]. 그러나 이와 같은 집주의 과정은 점진적 해체와 분산을 불러온 것 같다. 이후 전국 어디에서도 20동 이상이 동시기에 집중된 신석기시대 마을은 찾아지지 않는다. 왜 해체되었는가? 해체와 분산은 집주에 대한 요인 설명만큼이나 고고학적으로 중요한 문제인 것이 분명한데 설명의 시도는 아직 볼 수 없다.

2. 靑銅器時代 巨大聚落의 形成과 都市論

청동기시대는 신석기시대와는 다른 요인과 양상으로 집주가 이루어진다. 청동기시대 조기 刻目突帶文土器 단계에 2-4동 대형주거지의 배열로 구성된 소규모 마을이 비슷한 경관의 하안대지를 (빠른) 속도로 점유해 나간다. 신석기시대의 오랜 세월동안 숲으로 뒤덮여 있던 충적대지를 벌목하면서 대등한 규모의 주거공동체들이 확산 점유하는 양상이다. 그러다 청동기시대 전기에 들어오면서

---

58) 임상택, 2010, 「신석기시대 서해중부지역 상대편년과 취락구조의 특징」, 『韓國上古史學報』70, pp. 21~40.

하안대지와 미고지, 그리고 구릉 정상부까지, 지리적 경관 전체로 마을의 입지가 확대된다. 하지만 전기 늦은 시기 이전까지는 대규모 집주가 이루어지지 않는다. 즉 청동기시대 전기까지는 상당한 규모로 집주를 이룬 취락이 존재하기도 하지만 작은 소촌이나 고립된 주거군 등이 분산 배치되어 있는 상태였다.

주거하던 시기 청동기시대 중기에 들어서면 취락의 수가 증가하고 일부 몇몇 주거가 밀집하여 거대화 된 취락이 등장한다. 특히 호서지역에서는 송국리 단계에 마을의 밀도가 크게 늘어나고 그중 일부 마을은 주거가 집중되어 거대화 되는 현상이 발생한다. 동검이 부장된 유력자 무덤이 공존하면서 목책으로 둘러싸인 거대취락인 부여 송국리유적의 등장[59]은 취락유형의 재조직화와 사회변동에 관해 시사하는 바가 많다. 최근 재발굴을 통해 대형건물지가 조사됨으로서 잉여의 저장과 의례와 같은 거점취락의 기능이 추론될만한 자료가 추가로 확인되고 있다[60]. 남부지방의 대규모 마을유적으로 사천 梨琴洞유적이나 진주 大坪里유적과 같은 경우도 송국리 단계에 대규모화 되며 기념물적 분묘군인 묘역식 지석묘군이 경관을 지배하는 것도 이 단계이다. 하지만 청동기시대 중기 이후에는 거대취락이 급격히 쇠퇴, 혹은 소멸하며 초기철기시대가 되면 마을과 분묘군을 연결하여 살펴지는 취락유형에 관하여 우리가 아는 지식은 거의 없을 정도이다.

이와 같은 송국리 취락유형의 등장, 확산 그리고 갑작스런 소멸에 대해서는 아직까지 설득력이 있는 설명이 주어지지 않고 있다. 다만 충청지역의 송국리 취락이 밀도가 증가하고 대규모화되는 현상에 대해 김장석은 인구의 증가와 재배치

---

59) 金吉植, 1994, 「扶餘 松菊里遺蹟의 發掘調査 槪要와 成果」, 『마을의 考古學』(第18回 韓國考古學全國大會), pp. 177~193.

60) 鄭治泳, 2009, 「송국리취락 '특수공간'의 구조와 성격」, 『韓國靑銅器學報』4, pp. 50~74; 孫晙鎬, 2007, 「松菊里遺蹟再考」, 『古文化』70, pp. 35~62; 이동희, 2014, 「송국리 취락의 변화와 그 의미: 최근 발굴성과를 중심으로」, 『湖南考古學報』47, pp. 35~74..

로 설명한 적이 있으며 그는 인구 증가의 궁극적인 요인으로 수도작 농경의 본격화를 생각하고 있는 것 같다[61]. 물론 정치체의 형성과 도작 생산성은 지리적으로 일치하지는 않는다고 하는 견해도 있지만[62] 농업 생산의 확대와 인구의 문제는 불가분의 관계가 있을 것으로 여겨진다. 특히 외부로부터 인구 유입을 가정하지 않는다면 인구의 증가는 농업생산성의 확대로부터 기인하고 식량생산의 확대가 인구 증가를 감당해 냈을 것으로 보인다. 또한 인구증가는 경제적, 정치적, 혹은 의례적 이유에서 일정 장소에 인구집중을 가져왔을 것으로 생각해 볼 여지가 있다.

松菊里形 거대취락의 등장과 확산은 세부적 양상이 약간 상이하더라도 弥生時代 中期와 後期의 巨大環濠集落의 등장과 유사한 점을 찾아볼 필요가 있다. 弥生時代의 巨大環濠集落의 성립을 인구의 증가와 그에 따른 이합집산으로 설명한 사례가 있는데 弥生文化의 변두리라고 할 수 있는 지역에서 중심지의 인구가 증가하면서 나타난 현상으로 보는 견해이다. 弥生時代 中期 南關東地域에는 대등규모의 촌락 및 환호취락이 분포하다가 후기가 되면 취락의 밀도가 증가되고 그중 일부 (환호)취락의 규모가 주거역만 2ha가 넘을 만큼 대규모화 된다고 한다. 이와 같이 인구의 지리적 분포가 급격히 변하는 요인을 주민의 이주에 있다고 보았으며[63] 이주의 요인은 타 지역의 인구증가가 아니면 설명되기 어려울 듯하다. 이처럼 인구의 증가와 재배치로 거대취락이 등장했다고 보는 설명은 송국리형 거대취락의 등장을 이해하는데 참고가 된다.

61) 김장석, 2003, 「충청지역 송국리유형 형성과정」, 『韓國考古學報』51, pp. 33~55.
62) 金範哲, 2006, 「중서부지역 靑銅器時代 手稻生産의 政治經濟」, 『韓國考古學報』58, pp. 40~65.
63) 安藤廣道, 2008, 「移住·移動と社會の變化」, 『集落からよむ弥生社會』(弥生時代の考古學8), 同成社, pp. 53~73; 安藤廣道, 2011, 「集落構成と社會」, 『講座日本の考古學』6(弥生時代下)(甲元眞之·寺澤薫 編), 青木書店, pp. 347~384.

송국리형 거대취락의 갑작스런 소멸[64] 역시 적절히 설명되지 못한 중대한 문제지만 이 또한 시차는 있지만 弥生時代 後期 末 거대환호집락의 갑작스런 몰락과 비교해 볼 필요가 있다. 오래전 로버트 카네이로는 집단의 인구 규모와 사회조직의 복잡성 수준에는 분명한 함수관계가 있다고 흥미로운 주장을 한 적이 있다[65]. 이 관계, 즉 독립 촌락의 인구 규모와 그 사회조직적 특성 지수와의 상관관계로 풀어보았는데 독립촌락의 인구 규모가 늘어나고 그에 대응할 수 있는 사회의 조직적 체계가 발달되지 못한다면 그 촌락은 불안정해지게 된다고 결론 내렸다. 이러한 불안정한 상태의 타개책으로 마을의 分解(village fission)이 이루어질 수 있으며[66] 이를 통해 인구가 늘어나면서 생기는 스트레스를 견딜 수 있는 수준으로까지 낮출 수 있다는 것이다.

청동기시대 중기에서 후기로의 전환, 즉 송국리단계에서 점토대토기단계로의 전이는 요령지방의 물질문화가 주민과 함께 파급됨으로써 시작된 것이라고 이해하는 경향이 지배적이다. 물론 송국리형 토기가 소멸하면서 점토대토기가 등장하는 것은 사실이다. 그러나 송국리 거대취락의 와해를 점토대토기인의 유입을 설명할 수 있을까? 사실 이 단계의 물질적양상의 변화만이 아니라 사회문화체계의 전환 혹은 재조직에 대한 설명도 점토대토기 주민이 요동으로부터 유입되었기 때문이라는 주장이 강력하기 때문에 송국리형 대형촌락의 소멸에 대해서는

64) 이희진, 2016, 「환위계적 적응순환 모델로 본 송국리문화의 성쇠」, 『韓國靑銅器學報』18, pp. 24~53.

65) Carneiro, R., 1967, On the relationship between size of population and complexity of social organization, *Southwestern Journal of Anthropology* 23: pp. 234~243.

66) Bandy, M. S., 2004, Fissioning, scalar stress, and social evolution in early village societies, *American Anthropologist* 106(2): pp. 322~333; Bandy, M. S., 2010, Population Growth, village fissioning, and alternative early village trajectories, In Bandy, M. S. and J. R. Fox (eds) *Becoming Vilaagers: Comparative Early Village Societies*, Tuson: The University of Arizona Press.

거의 논의된 바가 없는 것 같다. 카네이로의 주장처럼 송국리 대형취락이 분해되었는지 어떤지는 문제의 복잡성만큼이나 정교한 설명모델이 앞으로 마련되어야 하겠지만 아직 이에 대한 논의는 없다.

모젠스 한센은 여러 도시국가들을 비교문화적으로 검토한 편집서에서 도시국가의 영토란 보통 도시중심으로부터 걸어서 한나절도 안 걸려 돌아 나올 수 있는 정도라도 하면서 규모도 중요하지만 도시의 요건으로서 '그 시민의 기능적 전문화와 노동의 분화'를 중요하다고 꼽았다[67]. 초기국가의 도시에는 직업, 기예, 신분, 계급 등으로 분화된 시민들이 거주하며 경우에 따라서는 신전, 궁전, 관청, 시장 등으로 쓰이는 거대한 건물, 밀집된 인구, 도시기획 등을 볼 수 있지만 절대적인 어떤 수준을 기준으로 삼기는 어려운 듯하다.

엄밀한 기준을 정하여 어떠한 것이 도시인지의 여부를 판단하기는 사실 어렵다면 어떤 대규모 취락이 과연 도시인지, 아닌지를 어떻게 판정할 것인가? 이런 측면에서 보면 일본의 취락고고학 연구에서 弥生時代 都市發生論은 매우 특별한 의미를 가진다. 노먼 요피는 도시-국가의 면적은 보통 100㎢ 정도 이상, 초기국가의 도시는 면적이 16ha 남짓, 인구는 1만에서 10만 이내 라는 등의 수치를 대면서 국가형성기에 이러한 도시 혹은 도시국가는 농촌 촌락들 사이에서 폭발적으로 등장했음을 강조한다[68]. 따라서 弥生時代 都市라고 주장되는 것도 도시인지의 판단 여부에 앞서 특수한 문화지역에서 상대적인 다양성과 복잡성을 가지고 등장한 장소라는 점에서 검토의 여지는 있다.

남한에서 청동기시대 도시론이 나온 것은 弥生都市論 논의와 유사한 맥락에

---

67) Hansen, M. H., 2000, Analyzing cities, In Marcus, J. and J. A. Sabloff (eds), *The Ancient City: new pespectives on Urbanism in the Old and New World*, Santa Fe: SAR Press, p. 19.

68) Yoffee, N., 2005 *Myths of the Archaic State: Evolution of the Earliest Cities, States, and Civilizations*, Cambridge: Cambridge University Press, p. 62.

서 제안되었다. 진주 大坪里유적의 발굴조사 성과를 평가하면서 이상길은 당 유적의 송국리1단계를 광범한 농경지를 바탕으로 성립된 대규모 雙體 環濠聚落, 300여기의 수혈주거지, 옥제작 공방, 토기와 석기의 대량제작, 분묘조성 등이 이루어졌다는 점에 아직 마을의 중심부는 확인되지 않았다는 사실을 더해 청동기시대 도시로 보아도 좋지 않을까 하는 의견을 피력했다[69].

주지하다시피 佐賀의 吉野ヶ里遺蹟의 발굴과 아울러 大阪의 池上曾根遺蹟에서 신전으로 주장되는 대형건물지가 발견된 것을 계기로 '弥生都市論'이 등장한다. 정치적 통합에 따라 수장을 중심으로 대규모 集住가 이루어진 결과로 보면서 池上曾根遺蹟을 중심으로 廣瀬和雄[70]는 상징적 건조물, 거대취락의 기능적 구성, 물품생산의 중심지로 볼 수 있는 원재료와 제품의 집중, 사회적 네트워크를 통한 일정범위의 중심지 역할 등을 들어서 巨大環濠都市임을 주장하였다. 그러나 이러한 주장에 대해 이른 바 환호도시 안에는 대부분 농민이 거주한다는 점, 그리고 도시론을 주장하는 대부분의 논거들이 고고학적으로 아직 발견되지 않은 것이란 점에서 반론[71]이 설득력을 얻는 것이 사실이다.

都出比呂志는 도시에 대한 비교문화적 일반론의 차원에서도 야요이 도시론은 인정되기 어렵다고 한다[72]. 한센이 강조했던 바와 같이 집주에 의한 규모의 확대보다는 분화와 전문화가 충분히 인정될 수 있어야 하지만 남한의 청동기시대와 일본 弥生時代 거대취락은 그러한 점에서 도시의 조건이 검증되지 못했다. 그리고 도시는 국가라는 지역적인 시스템의 일부이고 그 중핵이며 잘 정비되고 조직

---

69) 李相吉, 2002, 「우리는 왜 남강유적에 주목하는가」, 『청동기시대의 大坪, 大坪人』, 국립진주박물관, pp.141~151.

70) 廣瀬和雄, 1998, 「弥生都市の成立」, 『考古學研究』44~2, pp.34~56.

71) 武末純一, 1998, 「弥生環濠集落と都市」, 『古代史の論點』, 小學館, pp.81~108.

72) 都出比呂志, 1989, 「國家形成の比較考古學の提案」, 『考古學研究』44~4, pp.41~57.

되어야 한다. 청동기시대와 야요이시대 대규모 취락은 집주를 통해 거대화되었
지만 초기국가의 도시로 발전하지 못하고 시스템의 조직이 더 이상의 규모 확대
를 지탱해 주기 어려워 붕괴했을 가능성이 크다고 생각된다.

3. 國邑의 形成

마한지역에서는 "국"의 중심지가 분명하게 알려진 경우가 많지 않은데 진변한
지역에서는 국읍의 중심지로 추론해 볼 만한 유적의 존재도 여러 곳에서 알려져
있다. 그러나 아직 그 시기와 변천, 그리고 전반적 성격에 대해서는 명확히 밝혀
지지 않았다. 대구의 달성토성, 경산의 임당유적, 그리고 김해의 봉황토성 등을
국의 중심지, 즉 국읍의 소재지로 파악하는데 문제는 없다고 생각된다. 다만 集
住의 樣相, 중심지의 기능, 토성의 축조시기 등에 대해 우리가 명확히 알고 있는
것이 많지 않을 뿐이다.

지금까지 발굴된 자료를 통해 국읍의 특성을 살핀다면 1차적으로 주목해야 할
양상이 큰 방어취락과 중심고분군이 가깝게 조성된다는 사실이다. 물론 특별한
구조의 대형주거지가 배치된다든가 다른 유적에서는 볼 수 없는 유물들이 출토
되는 특징도 있다. 또한 동시대 어느 취락에 비해서도 장기 지속적으로 점유된다
는 점 역시 중요하게 고려해야 할 특징이다. 이러한 모든 현상에 앞서 지배집단
의 주거군과 분묘군이 공존하는 현상은 중요하게 받아들여진다. 김해 봉황대 환
호취락 · 토성과 대성동고분군, 경산 임당동 환호취락 · 토성과 임당고분군의 공
존현상은 발굴조사를 통해 확인되었다. 대구 달성토성과 달서고분군의 공존도
발굴조사가 이루어진다면 입증될 가능성이 크다. 이러한 공존은 진변한의 국읍
에서만 확인되는 현상은 아니다. 흥미로운 것은 유럽내륙에 교역로를 따라 발달
한 켈트國의 거점취락, 특히 할슈타트기의 타운유적에서도 비슷한 양상이 확인

그림 14. 경산 임당유적 I지구 대형 지면식 주거[74]

된다는 점이다.

최근까지 조사된 자료를 종합하면 임당유적에서 국읍이 어떻게 성장하는지에 대한 개략적인 흐름을 파악할 수 있는 정도이고 김해 봉황동유적도 비슷한 시기에 유사한 변화를 밟았다고 여겨진다. 임당유적과 봉황동유적에는 약 서기전 2세기에 환호취락이 들어서는데 임당유적에 목관묘가 들어서는 것도 대략 시기적으로 맞물리고 있어 집주의 시작이라고 생각할 수 있다[74]. AD 2-3세기의 임당유적의 엘리트 주거는 다른 주거의 면적보다 크게는 3배 정도의 규모로 커지고 목탄을 연료로 사용했던 것 같다. 그리고 다른 유적에서 볼 수 없는 용기를 사용

---

73) 嶺南埋藏文化財研究院, 2008,『慶山 林堂洞 마을遺蹟』I · II.

74) 張容碩, 2002,「林堂遺蹟의 空間構成과 그 變化」,『韓國上古史學報』37, pp.53~85; 李熙濬, 2004,「경산 지역 고대 정치체의 성립과 변천」,『嶺南考古學』34, pp.5~34; 하진호, 2012,「林堂 遺蹟 聚落의 形成과 展開」,『嶺南文化財研究』25, 嶺南文化財研究院, pp.103~131.

그림 15. 김해 구야국-금관가야의 국읍: 거점취락인 봉황동유적과 수장묘군인 대성동고분군
(경남고고학연구소 2007)[75]

하는 등 다른 취락과는 뚜렷이 구분된다. 결국 이 지역에 토성이 언제 축조되는
가 하는 문제가 해명되어야 하는데 현재로서는 4세기 중반 이후로 보는 것이 적
절하다[76].

임당유적과 봉황동유적은 물론 경주 월성유적도 중심지 형성과정에서 엘리트
가 거주했던 것으로 보이는 중심취락과 중심고분군이 지근거리를 두고 동시에
조성된다는 점에 주목할 필요가 있다. 이러한 중심지 형성과정은 진·변한에 국
한된 것이 아니라 철기시대 유럽 내륙의 교통로에 형성된 정치체의 중심지도 극
히 유사한 양상을 보인다는[77] 사실을 생각하면 광범위한 지역적 비교를 해 볼 필
요성을 느끼게 된다.

임당토성의 축조시기에 대해서는 4세기경이라는 설이 일반적으로 받아들여
지고 있고 발굴조사를 통해 봉황토성은 5세기 후반에 축조되었다고 한다. 그러
나 문제는 월성의 축조와 경주 시내 중심고분군, 즉 월성 북고분군의 형성시기이
다. 이제까지 수집된 자료를 종합하여 보면 그 시기는 4세기 후반을 상회하기 어
렵다. 월성이 지배집단의 거점으로 정해지고 중심고분군이 형성되는 것은 분명
사로국의 내부 통합[78], 국읍의 부상으로 보아야 하지만 그 시작을 그렇게 늦게 볼

75) 慶南考古學研究所, 2007, 『金海 鳳凰洞遺蹟』.

76) 張容碩, 2008, 「4世紀 新羅의 土城築造 背景~達成과 林堂土城의 例를 통하여~」, 『嶺南考古學』
46, pp. 5~31; 李在興, 2009, 「경주와 경산지역의 중심지구 유적으로 본 4~5세기 신라의 변모」,
『韓國考古學報』70, pp. 156~191.

77) Fernandez~Götz, M., H. Wendling and K. Winger (eds), 2014, *Paths to Complexity:
Centralization and Urbanization in Iron Age Europe*, Oxford: Oxbow, pp. 2~14;
Fernandez~Götz, M., 2014, Understanding the Heuneburg: A biographical Approach,
In Fernandez~Götz, M., H. Wendling and K. Winger (eds), *Paths to Complexity:
Centralization and Urbanization in Iron Age Europe*, Oxford: Oxbow, pp. 24~34.

78) 崔秉鉉, 2015, 「신라 조기 경주지역 목곽묘의 전개와 사로국 내부의 통합과정」, 『韓國考古
學報』95, pp. 102~159; 金龍星, 2016, 「영남지방 목관묘와 사로국」, 『韓國古代史研究』82,
pp. 7~44.

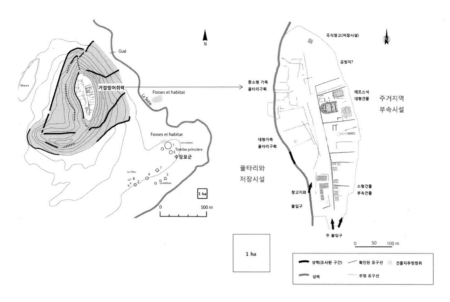

그림 16. 할슈타트기 거점취락의 구조: Vix의 Mont Lassois유적[80]

수는 없다는 의견이 많다. 그런 연유로 왕궁의 위치가 옮겨졌다거나[80], 월성북고 분군의 형성시기를 이르게 보는 입장도 있다[81]. 김해나 경산 등에서는 적어도 원 삼국 초기부터 정치체의 중심지가 인식되기 시작하는 것에 비교하여 사로국의 중심지 경주에서는 중심지 형성이 그렇게 늦어질 수 없다는 의견인 셈이다.

79) Milcent, P.~Y., 2014, Hallstatt Urban Experience before the CelticOppida in Central and Eastern Gaul. Two cases~studies: Bourges and Vix, In Fernandez~Götz, M., H. Wendling and K. Winger (eds), *Paths to Complexity: Centralization and Urbanization in Iron Age Europe*, Oxford: Oxbow, pp. 2~14.

80) 황보은숙, 2009, 「경주분지 내 원삼국시대 유적의 이해: 황성동유적과 월성 주변유적을 중심 으로」, 『慶州史學』30, pp. 1~30.

81) 崔秉鉉, 2015, 「신라 조기 경주지역 목곽묘의 전개와 사로국 내부의 통합과정」, 『韓國考古學 報』95, pp. 102~159.

필자는 이것이 연대의 문제가 아니라 통합의 방식과 과정의 차이에 기인한 것이라고 본다. 사로국은 주변의 목관·목곽묘군의 분포로 보아도 辰弁韓 여타의 '國'과는 통합의 범위를 달리하여 출발한 정치체일 가능성이 크다고 본다. 경주분지 중앙을 가상의 중심지로 하여 주변의 여러 집단들이 일찍부터 상대적으로 느슨한 통합을 이루었지만 그 범위는 제일 컸던 것으로 보인다. 통합이 더욱 긴전되면 최고의 지배자를 낼 수 있는 집단들이 정해지고 그들이 하나의 중심고분군과 지배집단의 거점취락을 실질적인 중심지에 건설하게 되었을 것이다. 영남 동남부의 좁은 범위 안에서도 여러 '國'들은 그들의 지리·지형적 입지, 관계망에서의 위치, 자원의 분포와 생산체계[82], 주변집단들과의 관계 등에서 서로 다른 배경을 지니고 있었다고 여겨진다.

IV. 맺음말

이 글을 통해 한국의 주거와 취락의 변화를 신석기시대로부터 삼국 초까지 개관해 보았다. 변화의 구체적인 양상을 서술하기 보다는 중요한 역사적 전환이라고 여겨지는 변화에 초점을 맞추어 의미를 부여하고자 하였으며 논의의 편이에 따라 주거와 취락으로 나누어 검토하였다. 동북아 일원의 다른 지역과 마찬가지로 정착생활이 시작되면서 한반도에도 가옥이 출현한다. 신석기시대 시작과 함께 등장하는 최초의 가옥은 원형주거지이고 대소의 차이가 크지 않은 원형과 방

---

82) 金大煥, 2016,「진한 '國'의 형성과 발전」,『辰·弁韓 國의 形成과 發展』(제25회 영남고고학회 정기학술발표회), pp.43~60; 李在賢, 2016,「진·변한사회의 계층분화 과정과 양상」,『辰·弁韓 '國'의 形成과 發展』(제25회 영남고고학회정기학술대회), pp.87~107.

형의 주거지가 사용되었다. 중요한 전환은 장방형 주거지의 등장이고 이로부터 부속공간이 새로이 설정되면서 일상적 옥내생활의 방식에도 변화가 나타난다.

장방형주거지는 분묘의 축조에도 적용되고 중기의 대형건물지가 등장하는 것으로도 연결된다. 점토대토기 단계에 등장하는 주거형식과 옥내 일상생활에 필요한 토기의 기종구성이 새롭게 등장하여 삼국시대까지 그 기본형은 이어진다. 특히 삼국시대의 옥내-옥외 생활에서 큰 지역차를 보이는 것은 저장이다. 저장의 방식에 따라 주거지의 면적, 저장시설의 형식 등이 크게 달라진다. 취락의 변화에 대해 이 글에서는 선형적이고 진화적인 발전이 아니라 지리적, 역사적으로 반복되어 온 분산과 집주의 과정으로 설명해야 된다고 보았다. 신석기시대에도 제한된 수준에서 집주가 이루어지는데 이는 생계경제의 변화에서 비롯된다고 보았다. 청동기시대의 거대취락의 등장과 존속 그리고 해체의 과정을 지나 원삼국시대 직전단계부터 국읍의 형성이 시작된다고 보았다. 국읍의 형성은 중심취락과 중심고분군의 등장과 함께 지역-간의 공통성도 보이지만 성장의 궤적과 통합의 수준 이후의 발전과정은 서로 상당히 달랐음을 지적하였다.

마한의 마을 구조

이영철 대한문화재연구원

I. 머리말

마한은 기원전 3~2세기 한반도 중부이남 지역을 무대로 자리 잡은 삼한의 맹주로 출현하였는데, 지금의 서울·경기, 충청, 전라도 일대가 중심 무대였다. 50여국 이상의 소국으로 구성된 마한 사회 속에 자리하였던 마을의 구조를 살필 수 있는 문헌 기록은 기원후 3세기에 작성된 『三國志』 위서동이전과 『後漢書』 동이전 한조 등이 있다.

〈韓〉在〈帶方〉之南, 東西以海爲限, … 〈馬韓〉在西. 其民土著, 種植, 知蠶桑, 作綿布. 各有長帥, 大者自名爲臣智, 其次爲邑借, 散在山海間, 無城郭.

'한'은 '대방'의 남쪽에 있다. 동쪽과 서쪽으로 바다를 한계로 한다. … '마한'은 서쪽에 있는데, 백성들은 토착을 하며 씨를 뿌리며 양잠을 알고, 면포를 짓는다. 각각 장사가 있는데 큰 자는 스스로를 '신지'라 하고, 그 다음은 '읍차'라 한다. 산과 바다 사이에 흩어져 있는데, 성곽은 없다.

其俗少綱紀, 國邑雖有主帥, 邑落雜居, 不能善相制御. 無 拜之禮. 居處作草屋土室, 形如 , 其戶在上, 擧家共在中, 無長幼男女之別.

그 풍속은 기강이 적어, 나라의 읍에 비록 주인이 있지만, 읍락에 섞여 살고, 능히 제도하거나 다스림에 능하지 못하다. 꿇어 앉아 엎드려 절하는 예의도 없다. 거처는 흙으로 만든 집에 풀로 지붕을 올리는데, 형태가 무덤과 같다. 그 문은 위로 내고, 가족이 함께 그 가운데 있다. 어른과 아이와 남녀의 구별이 없다.

國邑各立一人主祭天神, 名之天君. 又諸國各有別邑, 名之爲蘇塗. 立大木, 縣鈴鼓, 事鬼神. 諸亡逃至其中, 皆不還之, 好作賊. 其立蘇塗之義, 有似浮屠, 而所行善惡有異. 其北方近郡諸國差曉禮俗, 其遠處直如囚徒奴婢相聚. … 乘船往來, 市買〈韓〉中.

나라에서 각각 천신에 제사지내는 주인이 하나 있는데, 이름하여 '천군'이라고 한다. 또한 여러 나라 각지에는 특별한 읍이 하나 있는데, 이를 '소도'라고 한다. 큰 나무를 세우고, 방울과 북을 메달고, 귀신을 부린다. 여럿이서 그 가운데로 도 망하면 이에 돌아오지 못한다. 도둑이 일어나기에 좋다. '소도'의 뜻은 '부도'와 비슷한데 선악을 행하는 것에는 다름이 있다. 그 북방 군과 가까운 나라들은 예의 풍속이 조금 있고, 먼 곳은 죄인과 더불어 노비들도 서로 섞여 산다. ... 배를 타고 왕래하며, '한'과 교역을 한다.

凡七十八國, 伯濟是其一國焉. 大者萬餘戶, 小者數千家, 各在山海閒, 地合方四千餘里, 東西以海爲限, 皆古之辰國也. 馬韓最大, 共立其種爲辰王, 都目支國, 盡王三韓之地. 其諸國王先皆是馬韓種人焉.(『後漢書』東夷傳 韓條)

무릇 78국이며, 백제(伯濟)는 곧 그 중의 한 나라이다. 큰 나라는 1만여 호에 달하며, 작은 나라는 수천 가로, 각기 산과 바다 사이에 있으며, 땅을 합치면 둘레난 4천여 리 정도로, 동서쪽으로는 바다를 경계[限]를 삼으니, 모두 옛 진국(辰國)이다. 마한이 가장 크며, 그 종(種)을 함께 세워 진왕(辰王)으로 삼았는데, 목지국(目支國)을 도읍으로 하여, 한 땅의 왕으로 행세하였다. 그 모든 나라들의 선대[先]는 모두 곧 마한의 종인(種人)이었다.

이 기록을 참고하면, 마한 제국은 4천여 리의 영역을 가지고 있었으며 큰 나라는 1만호에 가까운 수가, 작은 나라는 수천 호의 가옥들이 어우러져 있음을 알 수 있다. 소국 안의 마을들은 산과 바다 사이에 흩어져 자리하였으며, 땅을 일구어 농사를 짓고 양잠을 하였다. 나라의 중심인 읍락에는 신지나 읍차로 불리는 우두머리가 있었지만 통치 정도는 강하지 못하였다. 주거 구조는 흙으로 만든 집에 풀로 지붕을 올렸는데, 무덤의 형태와 같다고 기록한 것으로 보아 수혈식 구조임을 알 수 있다.

이상의 문헌기록 내용은 고고학 발굴조사를 통해 드러난 수많은 취락유적 자료 속에 담겨져 있을 것이다. 따라서 발표 주제인 마한의 마을 구조와 관련해서도 문헌 기록의 근거가 되었던 경관의 복원은 일정 부분 가능하다고 예상된다. 따라서 그간 조사 보고된 마한 시기의 취락유적을 검토하여 마을 경관과 구조를 유형별로 구분하고 이를 문헌에 기록된 국읍, 읍락, 별읍, 촌락(촌·락)과의 관계 정황을 가설적으로 언급해보고자 한다.

Ⅱ. 마을의 정의와 개념

마을은 연구자의 사용 의미에 따라 취락, 취락, 촌락 등의 용어와 혼용되고 있다. 마을의 사전적 의미는 주로 시골에서 여러 집이 모여 사는 곳을 뜻하는 한글 표기이지만, 고고학에서는 취락이란 용어를 대신하여 사용하는 것이 일반적이다.[1] 취락은 규모와 성격에 따라 구분하고 있는데, 일찍이 이희준은 취락 분포 정형에 대한 연구를 통해 촌, 소촌, 대촌으로 나누어 설명한 바 있다[2]. 취락의 기초 단위인 촌이 모여 소촌을 이루며, 그 규모가 점차 커져 문헌에 기록된 읍락과 국읍의 중심촌이 된 대촌으로 취락을 구분하였다.

취락은 한 개인이나 특정 그룹의 의지와 결정에 따라 생활 기반에 필요한 경관이 갖추어진다. 따라서 경관은 지리적 여건과 집단 규모, 구성원들의 생업 종류

---

1) 발표의 주제가 마을 구조이기는 하나 사회적 성격을 주로 다루고자 하는 목적에서 '촌(村)'이라는 역사성을 고려한 '마을' 대신 '취락' 용어를 사용코자 한다. 이와 관련해 권오영(1997) 논지를 참고하였다.
2) 이희준, 2000, 「삼한 소국 형성 과정에 대한 고고학적 접근의 틀-취락 분포 정형을 중심으로」, 『한국고고학보』43, 한국고고학회.

등을 기초로 개별 주거의 축조로부터 주거군의 형태, 생산과 소비활동에 필요한 주거단위들이 함께 고려된 최종 모습으로 완성된다. 때문에 취락 경관 속에는 삶을 지속했던 구성원들의 생활양식이 고스란히 남게 된다[3].

취락을 구성하는 최소 기초단위는 개별 주거 혹은 세대로 정의할 수 있다. 이 개별 주거는 무작위적으로 존재하는 것이 아니라 몇 개의 작은 단위(주거군)을 이루면서 단일 취락을 이룬다. 주거군은 '세대 복합체', '세대 공동체' 등과 같은 개념으로도 사용되고 있는데, 특히 선사시대 취락 단위에서 주로 논의되고 있다. 친족적으로 가까운 개별 세대들이 공간적 군집을 이룬 형태[4], 소형주거지 수기로 구성된 것으로 거주는 세대별로 하고 생산과 소비는 공동으로 행하던 경제적 기본단위[5]로 이해하였다. 발표자 또한 주거군의 개념을 "생산과 소비 활동이 각각 독립된 주거가 동일 시점에 복수로 모여 하나의 무리를 이루는 단위로 개념 지은 바 있다. 더불어 복수의 주거군이 모여 완성된 취락 경관 속에는 구성원들의 생산소비 활동과 직접적으로 관련된 저장혈, 창고, 가마, 공방(작업장), 생산기반 등의 부동산 관련 부속시설(주거단위)가 갖추어 진다고 보았다[6].

때문에서 취락 구조 연구는 자연·지리적 경관 속에서의 인간의 터전 유형을 확인하는 것뿐만 아니라, 해당 집단이 갖는 사회적 위치와 성격까지를 확인하는 데 목적을 두어야 한다.

마한 시기에 형성·유지·소멸된 취락유적을 검토해 보면, 규모의 대소 차

---

3) 이영철, 2013, 「거점취락 변이를 통해 본 영산강유역의 고대사회」, 『한일취락연구』, 서경문화사.
4) 김승옥, 2006, 「청동기시대 주거지의 편년과 사회변천」, 『한국고고학보』60, 한국고고학회.
　　이기성, 2013, 「한일 선사고고학에 있어서 '집단'연구에 대한 검토」, 『한일취락연구』, 서경문화사.
5) 권오영, 1997, 「한국 고대의 취락과 주거」, 『한국고대사연구』12, 한국고대사학회.
6) 이영철, 2013, 「호남지역 원삼국~삼국시대의 주거·주거군·취락구조」, 『주거의 고고학』제37회한국고고학전국대회, 한국고고학회.

이가 확연히 다르거나 공간적 위치, 구조적 차이 등이 달리 드러나는 현상을 쉽게 확인할 수 있다. 그렇다면 이 같은 정황들이 왜 드러났던 것일까? 그에 대한 답 중의 하나는 국읍(國邑), 읍락(邑落), 별읍(別邑), 소도(蘇塗), 촌락(村落), 락(落), 촌(村), 가(家) 등과 같은 문헌 기록의 내용과 상관되는 것으로 본다.

III. 취락유적의 유형별 검토

취락유적은 문헌에 기록된 국의 구성단위, 즉 국읍과 읍락, 별읍, 촌락(촌·락) 등 지금의 행정단위와 같은 유형으로 구분할 수도 있다.

마한 시기 취락을 연구하여 대촌, 중심취락, 거점취락, 중심촌 등의 용어를 사용하는 것은 국읍이나 읍락과 같은 기록의 실체를 염두 한다고 볼 수 있다. 그러나 국읍, 읍락, 별읍과 같은 국이나 일반 읍락의 중심지를 설정하려는 관점에서는 생업종류에 따른 구분(농촌, 어촌, 산지촌)은 별다른 관심의 대상이 되지 못한다. 때문에 농촌, 어촌, 산지촌은 읍락의 하위단위인 촌이나 락의 생업 유형을 설명하는 정도에 머무르고 있다.

그렇지만 생업 활동에 따른 유형 구분 또한 살필 필요가 있다고 본다. 그 이유는 정착의 결과로 탄생한 취락은 모두 자연 취락 단계에서 진화했다고 보기 때문이다. 비슷한 수준에서 출발한 자연 취락들은 변화되는 사회적 환경에 따라 그 규모와 사회적 위치가 달리 전개되었다. 국읍과 읍락 수준의 취락으로 확대 성장하는 경우도 있는 반면, 여전히 자연 취락 수준에 머무른 경우도 있었을 것이다.

강안의 충적대지나 곡간 평지에 주로 형성되는 농촌, 도서나 연안에 끼고 형성된 어촌, 산으로 둘러싸인 고지대에 형성되는 산지촌은 자연환경에 절대적 영향을 받아 형성된 자연취락이다. 자연취락에서 생산된 생업활동 산물은 사회적 소비환경 변화에 따라 생산기술의 변화 정도를 결정된다. 밭농사나 산나물 채취, 땔감 연료 확보가 주업인 산지촌에 비해, 어패류를 채취하거나 논농사를 주업으로 하는 어촌과 농촌의 생산물은 상대적으로 소비성이 높게 요구된다. 따라서 관련 산물의 생산증대와 축적은 산지촌보다 농촌과 어촌 유형의 자연취락에서 보다 활발해지며, 더욱이 강이나 바닷길을 이용한 교통로 발달이 두드러진 고대사회에서는 취락 성장에 유리한 여건을 제공받게 된다.

그 때문인지 읍락이나 국읍 수준으로 변모한 취락들의 입지를 보면 농촌, 어촌 유형의 자연취락에서 출발한 사례들이 많아 보인다. 취락 연구자들에 의해 대촌, 중심취락, 거점취락, 중심촌 등으로 분류된 유적들 대부분이 강안 충적지나 단독 구릉지 혹은 해안가에 위치한 이유가 거기에 있다.

한편, 취락의 사회적 성격이나 지위를 뒷받침해주는 근거 가운데 하나는 인구 규모를 들 수 있는데, 상대적으로 인구 수가 많고 유지 기간이 장기적으로 확인되는 현상이 농촌이나 어촌에서 성장한 거점취락(중심취락, 중심촌, 대촌)에서 주로 드러나는 것도 참고할 필요가 있다.

1. 거점취락

거점취락(據點聚落)은 국읍이나 읍락, 별읍과 같은 마한 소국의 중심지 역할을 수행하는 취락이라 할 수 있다. 따라서 소국 내에서 전개된 정치적 활동은 물론이고 경제·사회적 활동의 주요 무대가 되었다. 최근 학계의 주목을 받고 있는 '소도(蘇塗)' 또한

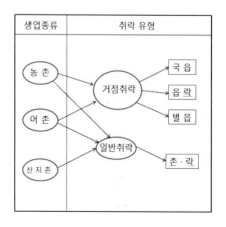

그림 1. 마한 취락의 유형 구분 모식도

거점취락의 범주 속에서 다루어 볼 수 있을 것이다.

거점취락 경관과 구조는 구성원들의 생산·소비활동과 직접적으로 관련된 저장혈, 창고, 가마, 공방(작업장), 경작지 등의 부동산 관련 부속시설은 물론이고 이동이나 유통체계의 프레임이 되는 도

그림 2. 마한·백제 취락 유형별 위계 구도

로망 등을 갖추고 완성되었다. 그렇다면 마한 시기의 거점취락으로 비정할 수 있는 취락유적 중 이와 같은 경관과 구조를 확인할 수 있는지를 몇몇 유적을 통해 살펴보도록 하겠다.

1) 대전 용계동유적

대전 용계동 유적은 갑천으로 유입되는 화산천과 진잠천의 합수 지점에 자리한 단독 구릉성 산지에 위치한다. 취락은 남-북 능선의 정상부에 집중되어 형성되었는데, 주거지 443동을 비롯하여 토기가마, 환호, 옹관묘, 수혈 등이 조사되었다. 능선 정상부라는 한정된 공간에 주거지 443동이 반복적으로 축조된 것으로 보아 수세기(3~5세기전반) 동안에 걸쳐 유지된 장기성 취락임을 확인할 수 있다. 대규모 취락유적 임에도 불구하고 주거단위의 종류가 내용이 비교적 단순하게 드러나고 있다.

주거지 평면형태는 방형, 타원형, 원형 등으로 다양하나, 크게 원형계와 방형계로 구분된다. 중첩관계를 통해 평면형태의 변화를 추적한 결과, 원형계와 방형계의 선후관계는 일정한 변화를 가늠하기 어려웠다. 주거지 규모는 한 변의 길이가 4~6m인 경우가 일반적이나, 7~9m 내외의 대형급인 경우도 19동이 확인되었

다. 대형급 주거지는 (그림 3)에 제시한 바와 같이 주거군마다 고른 분포를 보이고 있는데, 밀집도가 가장 높은 북쪽 능선 주거군들의 경우 8m 이상급의 대형 주거지가 모두 확인되고 있다.

이러한 대형급 주거지의 분포 정황은 주거군마다 대형급 주거지가 존재한다는 사체민으로도 내진 용세동 취덕유식 구소를 이해아는데 둥요한 난서가 아닌가 싶다. 즉 공간적 위치나 규모 면에서 용계동 유적 전체를 관장하는 주거지의 상정을 어렵더라도 일정 공간을 단위로 형성된 주거군을 대표하는 자의 존재는 분명히 드러난다는 점이다. 최소 7개 그룹으로 나뉘어 단일 취락을 형성한 용계동 유적 조성 집단은 최소 7명의 주거군 대표자로 구성된 모임에서 공히 동등한 사회적 위치를 가지고 주요한 운영 사항을 결정하였다고 추정된다.

이러한 취락의 사회구조가 최초 출현기부터 형성되었는지는 단정하기 어려우나, 취락이 가장 번성한 4세기 전후부터는 가능하다고 본다. 구릉의 7,8부 능선을 감싸고 둘러진 다중(2~3)환호는 최초 출현한 취락의 구조와 관련된 것으로 볼 수 있으나, 일정 주거군을 형성한 시기와는 무관한 방어시설로 판단된다. 아무튼 다중환호를 갖추고 출현한 용계동 유적은 현재까지 갑천을 끼고 형성된 대전 일원의 취락유적 가운데에는 가장 규모가 큰 것으로 거점취락으로 비정할 수 있다. 마한 시기에 존재한 소국의 일반 읍락의 중심지로 비정할 수 있을 것이다.

수세기 동안 운영된 거점취락에서 확인된 443동의 주거지에서 소비된 일상토기는 구릉 사면에 구축된 6기의 토기가마에서 제작 생산된 것으로 취락 내의 자가 생산소비 시스템을 복원시켜 주었다. 한편, 분묘와 관련된 유구가 옹관묘 1기에 불과하다는 점에서 구릉 하단의 충적대지에 별도의 묘역을 조성하였을 가능성도 시사된다. 이와 유사한 거점취락의 사례는 영산강유역의 함평 표산 유적, 보성강유역의 보성 석평 유적 그리고 남해연안의 순천 덕암동 유적 등이 있다.

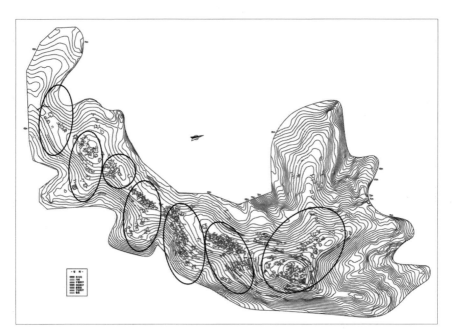

그림 3. 대전 용계동 유적 주거군 분포도

2) 담양 태목리 유적

담양 태목리 유적은 영산강 본류의 하천 범람원 지대를 무대로 965동[7]의 주거지가 확인된 대규모 취락유적이다(그림 4). 취락 주거구역에는 10동 이내의 주거지로 구성된 주거군이 일정한 공지를 사이에 두고 10개소 이상 배치된 대규모

---

7) 이와 관련해 2016(이영철) 발표된 논고를 참고하면, 태목리 유적과 연접해 이어지는 응용리 태암 유적에서도 1,000여동의 주거지 흔적이 확인되어 적어도 2,000여동의 주거지가 존재함을 제기한 바 있다.

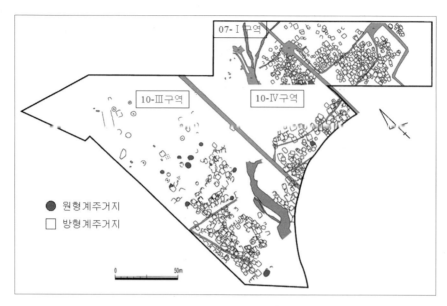

그림 4. 담양 태목리 유적 주거지 배치도(강귀형 2013)

취락 경관을 갖추었다. 주거지의 중첩이 5중 이상으로 확인되는 예가 상당히 많다는 점은 오랜 기간 동안 운영된 장기성 취락임을 방증하는 것으로, 유적의 편년이 2세기부터 5세기 전반까지라는 보고 결과가 입증해주고 있다. 주거지 평면형태는 방형계가 절대 다수를 차지하지만, 42동의 말각방형과 11동의 원형(타원형)계 주거지가 병존한다. 이러한 현상은 영산강유역에서 사례가 드물다 할 수 있는데, 광주 용곡A 유적 정도가 알려져 있다.

특히 원형(타원형)계 주거지 경우는 담양-순창으로 이어지는 지리적 조건과 결부되는 것으로 원형(타원형)계 주거지가 섬진강 수계에서 유행하는 주거유형이라는 점에서 영산강과 섬진강 양대 문화가 교차되는 점이지대에 자리한 거점취락으로 상정된다. 이러한 지정학적 위치는 집단 성장의 원동력이었던 문물 교역의 집산지로 거듭나게 작용하였으며, 인구의 증가를 가속화시켜 소국의 국읍으로 변모하게 하였다. 마한 시기의 도시 수준으로 성장한 거점취락의 위상을 제시[8]한 이유가 여기에 있다.

965동의 주거지 내용을 검토한 결과, 주거지의 평균 면적이 14.62㎡로 산출되었으나, 대체적으로 10~20㎡ 범위에 집중된다. 주거 내부구조는 무주공식이 96%로 거의 절대적인 수치를 보이는 반면 사주식은 6% 정도에 불과하여[9], 마한계 주거지의 대표적 유형인 사주식의 축조가 비약했음을 알 수 있다. 4세기에 영산강유역으로 사주식 구조가 전파 확산되는 일반적 현상과는 다른 모습이다.

노 시설은 대체로 점토를 이용해 구축한 부뚜막Ⅰ·Ⅱ식 구조가 확인되는데, 이 또한 직선형(부뚜막Ⅰ식)이 81%인데 반해 굴절형(부뚜막Ⅱ식)이 6%로 현격한 차이를 보인다. 벽구시설은 일부 확인되나 대부분 배수보다는 부뚜막Ⅱ식에 부가된 연도(배연로)로 이용하였다.

취락 내 주거단위 요소를 살펴보면 토기 가마, 수공업품 제작 공방, 창고건물, 수혈, 우물, 주거와 묘역을 구분 짓는 경계구(境界溝), 의례 공간, 분묘 등이다. 한 두개소의 토기 가마를 조영하여 구성원들이 소비하는 일상토기류를 자체 생산한 시스템을 갖추고 있으며, 옥을 제작하거나 단야공정 수준의 농·공구류 철제품을 제작하기도 하였다. 또한 주거 공간 주변으로 별도의 묘역을 조성하여 장례와 제사를 행하는데, 분구를 갖춘 제형고분은 주거군과 동일하게 일정 공간 단위로 그룹을 이루며 조성되었다. 주거 지역에는 단수 혹은 복수의 주거군 단위로 공동창고를 설치하였는데, 이는 그룹화 되는 묘역에서도 알 수 있듯이 동일한 가계에 속한 혈연공동체적 성격이 유지된 사회임을 보여주는 내용으로 이해된다.

---

8) 이영철, 2016, 「담양 태목리·응용리 태암유적의 성격과 가치」, 『담양 태목리·응용리 태암유적 국가사적 지정추진 국제학술세미나』, 담양군·대한문화재연구원.
9) 강귀형, 2013, 『담양 태목리취락의 변천 연구』, 목포대학교 석사학위논문.

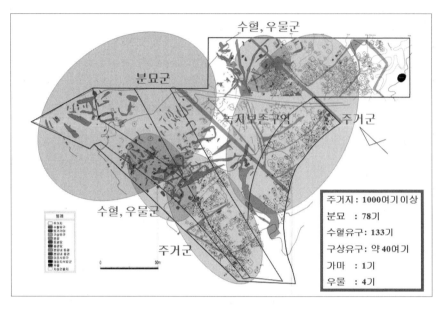

수혈, 우물군

분묘군

녹지보존구역

주거군

수혈, 우물군

주거군

| 주거지 : 1000여기 이상 |
| 분묘 : 78기 |
| 수혈유구: 133기 |
| 구상유구: 약 40여기 |
| 가마 : 1기 |
| 우물 : 4기 |

그림 5. 담양 태목리 유적 유구 현황도(강귀형 2013)

한편 주거지별 규모나 구조의 차이를 검토한 결과, 구성원간의 차별화 현상은 좀처럼 드러나지 않았다. 주거군마다 면적이 큰 주거지의 존재를 추출할 수도 있지만, 취락 전체를 대표할만한 주거지나 건물지의 존재는 설정이 어려웠다. 이로 보아 태목리 거점취락을 운영한 집단은 특정 1인의 우두머리를 대표자로 선정하기보다는 주거군을 대표하는 이들이 복수로 집단을 운영했던 사회구조를 띤 것으로 이해된다. 묘역에 조성된 제형고분 간에도 규모의 차이가 미약하고 매장시설의 규모와 부장유물에서도 대동소이하다는 점이 이런 추정을 뒷받침해 주었다. 특정 1인에게 집단의 운영권을 부여한 수준의 운영 체제는 유지되지 못한 사회 구조를 띤 거점취락이다.

취락의 성장 배경 가운데 하나는 강안 충적대지라는 자연 환경 조건에서 찾아진다. 주거역과 묘역 외곽에 조성된 경작지에서는 식자원이 수확되었는데, 상당수의 주거지에서 출토된 곡물류가 밀에 한정된다는 점에서 특정 곡물의 생산이 집중적으로 이루어졌음을 알 수 있다.

경작지에서 생산된 풍부한 식량 자원은 취락의 점유면적 확장과 집단의 사회적 성장을 유도하였으며, 관련된 노동력의 공급은 취락 인구의 증가를 가속화시켰을 것이다. 유적에서 출토된 철기류가 생산 활동과 유관한 철겸, 철도자, 철부 등 농·공구류 중심이라는 점 또한 이를 뒷받침해주고 있다. 결국, 잉여 식량자원의 확보와 인구 과밀화, 농·공구류 중심의 철기 제작과 소비와 같은 출토자료의 정황은 소국의 국읍 수준으로 성장한 거점취락의 일례로 이해된다.

이제까지 살펴 본 담양 태목리 유적의 경관과 구조 내용은 영산강유역의 여타 취락유적에서는 좀처럼 찾아보기 어려웠지만, 최근 장성 장산리 유적[10]에서 이와 유사한 경관과 구조가 확인됨으로써 소국 혹은 소국 내에 중심이 되었던 거점 취락이 존재했을 가능성을 시사해주었다. 두 유적 모두 강안 충적대지에 자리하고 있는 점도 농촌 유형에서 거점취락의 성장 사례가 두드러지는 경향과 일치된다. 이는 비단 영산강유역에 국한된 현상은 아닌 것 같다. 전주천이 흐르는 전북 전주 동산동 유적에서도 유사한 거점취락이 조사된 바 있어 마한 고토지역에서의 일반적 상황이 아닌가 싶다.

3) 순천 덕암동 유적

순천 덕암동 유적은 순천만으로 유입되는 동천(東川) 수계가 조망되는 봉화산 줄기의 독립성 구릉에 위치한다. 유적에서는 원삼국~삼국시대 주거지 238동과 환호, 토기 가마, 분묘 등의 주거단위가 조사되었다. 이와 같은 주거단위는 대전 용계동 유적과 닮아있다.

---

10) (재)호남문화재연구원, 2013, 『장성 장산리1유적』.

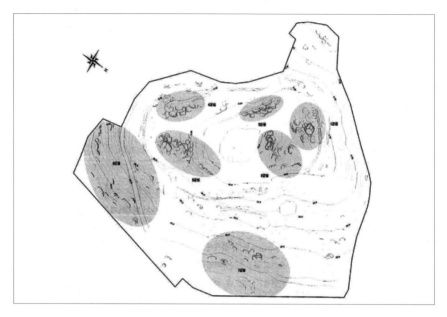

그림 6. 순천 덕암동 유적 주거군 배치도

주거지는 구릉 정상부를 제외한 완만한 경사면을 무대로 집중 조성되었는데 중첩율이 높게 드러나 장기성 취락임을 알 수 있다. 주거 구역은 구릉 북쪽에서 남동쪽으로 시기 변화가 확인된다. 취락은 기원전후로부터 5세기까지 지속되었지만, 3~4세기가 가장 중심을 이룬다.

주거지는 공지를 경계로 크게 7개의 그룹으로 구분되는데(그림 6), 단계마다 크게 5개소 정도의 주거군을 상정할 수 있다[11]. 주거지는 7, 8부 능선 위쪽으로는 중첩이 심한 반면, 그 아래쪽의 그룹들은 열상으로 주거지가 배치된 양상이다.

---

11) 이영철, 2014, 「백제의 지방지배-영산강유역 취락자료를 중심으로」, 『2014백제사연구쟁점대해부』2014-8월백제학회정기발표회, 백제학회.

최초 취락은 기원전후로부터 2세기에 걸쳐 형성되었는데 환호를 구축하고 안쪽 공간에 주거 구역을 갖춘 경관을 보인다. 주거지 평면형태는 원형계가 거의 절대적이며 무시설식의 노지를 갖추었다. 이후 3~4세기에 걸쳐 가장 번성한 시기를 맞은 취락은 주거구역 공간의 확장에 따른 주거군 그룹이 복수로 확대됨에 따라 환호의 기능이 점차 상실되었다.

주거지 평면형태는 원형계가 여전히 주류를 차지하지만 방형계의 비율이 늘어나는 추세이다. 4세기 후반 가야계토기의 유입이 시작되면서 환호는 완전히 폐기되어 기능이 소멸된다. 5세기에는 주거구역이 북쪽을 제외한 남·동쪽 사면에 집중 조성되기 시작하는데, 사주식을 포함한 방형계의 비율이 높게 드러난다. 주거지 출토유물은 가야계토기와 더불어 백제계토기의 비중이 높아져감으로써 대외관계의 변화가 가중됨을 알 수 있다. 취락은 5세기말 옹관묘, 석곽옹관묘, 6호 석곽묘 등의 분묘들이 조성되면서 주거 공간으로써의 기능이 완전히 상실되었다.

순천 덕암동 유적에 대한 검토를 통해 구성원간의 사회적 구조를 언급한 바 있다[12]. 즉 취락 출현 이후 정점을 이룬 4세기까지는 7개의 주거군을 대표하는 인물은 상정되지만, 이를 통괄하는 취락 전체의 우두머리의 존재는 확인되지 않았다. 이는 하천 범람원 지대에 자리하였던 담양 태목리 유적과 전주 동산동 유적 분석 결과와도 일치한다. 순천 덕암동 유적은 2·3중의 환호시설을 갖춘 고지성 취락으로 출범한 이후, 가야계토기가 유입되기 이전인 3~4세기에 정점을 이룬 전남 동부지역의 일반 읍락과 관련된 것으로 보인다.

순천만에 인접한 단독 구릉을 배경으로 형성된 순천 덕암동 거점취락은 남해안 연안 항로를 배경으로 성장한 소국의 읍락 규모와 구조를 이해할 수 있는 유

---

12) 이영철, 2014, 「백제의 지방지배-영산강유역 취락자료를 중심으로」, 『2014백제사연구쟁점대해부』 2014-8월백제학회정기발표회, 백제학회.

적으로, 득량만을 배경으로 성장한 보성 조성리유적[13] 또한 동일한 성격으로 볼수 있다.

2. 일반취락

일반취락(一般聚落)은 마한 소국의 구성단위 중에 가장 하위에 속하는 촌락(촌·락) 수준의 취락 유형이라 할 수 있다. 일반취락은 보통 주거지 수가 20동 내외로 구성되는데, 5동 이내로 어우러진 주거군이 4개소 정도로 어우러진 경관을 갖춘다. 주거지간 중첩 현상이 미약하며, 묘역 또한 단독묘 내지는 저분구 2~3기 정도로 조성되는 수준이다. 주거단위는 매우 단순하게 확인된다. 저장시설은 소형 수혈이 주를 이루고 공동으로 사용하는 창고는 단수로 시설된다. 일반취락은 자연취락으로써 농촌, 어촌, 산지촌 등으로 유형을 세분할 수도 있다.

이로 인해 일반취락 구성원들은 주로 일차적 생산 활동에 주력하였는데, 일부는 토기 제작과 생산을 전담하는 요업적 경제 유형을 갖추기도 하였다.

일반취락의 주거단위는 매우 단순하게 확인된다. 그 원인 중 하나는 생산·소비 활동의 범위가 취락 내부에 한정된 결과에서 찾을 수 있다. 이 같은 한계는 인구 증가를 유도하지 못하는 원인이 되기도 하였다. 거점취락 내용과 비교할 때 가장 큰 차이다.

거점취락 주변에서 조사된 취락유적을 살피면, 다수의 일반취락들이 지근거리에 자리함을 볼 수 있는데, 이러한 분포 정황은 촌과 락으로 기록된 하위단위의

---

13) 보성 조성리유적 일원은 백제 동로현(冬老縣)이 비정되는 곳으로 기원전 1세기에 출현한 이래 기원후 3세기까지 번성했던 남해안 일대의 핵심취락에 해당된다. 환호와 목관묘, 패총, 주거구역, 생산시설 등을 갖춘 읍락의 중심지로 알려져 있다(이동희, 2011, 「보성 조성리유적의 성격」, 『고대 동북아시아의 수리와 제사』, 학연문화사).

마을과 읍락이라는 중심지 간의 관계를 입증해주는 것으로 볼 수 있다. 다음은 마한 시기 일반취락의 사례를 살펴보겠다.

1) 영광 마전 유적

영광 마전 유적은 9동의 주거지가 어우러진 취락으로 구릉 사면을 무대로 자리하고 있다. 주거지의 중복 현상이 거의 없어 단기성 취락이다. 3세기 중엽에서 4세기를 전후까지 유지되었다. 1호와 2호 주거지의 간격이 매우 좁게 드러난 점에서 두 세대 정도의 시간성을 알 수 있다.

최초 무주공식 구조를 갖는 2호가 취락 형성기에 축조되었는데, 4·6·8호에서도 확인된다. 5동 내외의 주거지가 일정 공지를 두고 개별적으로 이격된 경관은 이전 시대(청동기시대)의 취락유적에서 확인되는 경관과 흡사하다. 뒤이어 출현한 사주식 주거지는 5동으로 확인되는데, 이 또한 앞 세대와 동일하게 일정 간격을 두고 주거지가 배치된 경관으로, 세대의 교체에도 불구하고 경관과 구조의 변화가 일어나지 않고 있다.

결국 마전 유적은 복수 주거군의 설정이 어렵고, 관련 주거단위 또한 전무한 일반취락의 한 유형으로 분류할 수 있다. 취락 유형은 농촌에 가까운 자연 취락이다. 와탄천 수계의 거점취락인 군동 유적에 딸린 일반취락으로 판단된다. 와탄천 수계의 일반 취락 가운데에는 토기 제작과 생산을 전담한 전업취락도 확인되었다.

2) 장성 야은리 유적

장성 야은리 유적은 3동의 주거지가 확인된 일반취락이다. 황룡강이 내려다보이는 산 사면에 자리한 주거지는 모두 이격되어 있어 단일 세대가 살았던 취락으로 볼 수 있다. 시기는 4세기 전후에 해당된다. 무주공식의 방형계 주거구조를 띠며, 노는 점토로 구축한 부뚜막 구조를 시설하였다. 복수 주거군의 형성이 이루어지지 않는 단기성 취락이며, 산지촌의 대표적 사례로 들 수 있다. 취락은 소멸 이후 묘역으로 이용되었다.

3) 광주 오룡동 유저

광주 오룡동 유적은 24동의 주거지가 확인된 일반취락으로 영산강이 내려다 보이는 구릉 사면에 자리한다. 농촌 유형을 띤 일반취락은 주거지의 중첩이 3중 내외로 확인되어 두 세대 정도가 지속된 것으로 판단되며, 시기는 3세기 후반부터 4세기 중엽까지 이어졌다.

주거지 평면형태는 방형계 일색이며, 무주공식이 주를 이룬다. 점토 부뚜막식 노와 벽구시설 등을 갖추었다. 비교적 넓은 면적의 범위가 발굴조사 되었음에도 불구하고 여타의 주거단위는 확인되지 않아 거점취락 수준에는 미치지 못한 일반취락으로 볼 수 있다. 4개소 내외의 주거군이 일정한 공지를 두고 형성되었으며, 주거군마다 5동 이내의 주거지로 구성된 구조이다.

구릉 정상부 가까이에서 단독으로 확인된 14호 주거지의 규모가 우월하다는 점과 주거군의 수가 많다는 점에서 거점취락 유형으로도 분류할 수 있겠지만, 출토유물의 내용과 주거단위의 내용에서 볼 때 일반취락의 범주를 벗어나지는 못하였다고 판단된다. 영산강 본류가 조망되는 단독 구릉성 산지에 조성됨에도 불구하고 일반취락 수준을 벗어나지 못한 원인은 지근거리에 형성된 거점취락(담양 태목리 유적)과 상관된 것으로 보인다.

4) 장흥 신월리 유적

장흥 신월리 유적은 20동의 주거지가 어우러진 일반취락으로 탐진강 내륙 산간지를 무대로 형성된 산지촌 유형에 속한다. 주거지의 중첩율이 낮아 한 두세대

걸쳐 유지된 단기성 취락으로 볼 수 있다. 3세기 중엽에서 4세기 전엽까지 유지되었다.

　주거지 평면형태는 방형계 일색이며, 모두가 무주공식이다. 점토 부뚜막식 노를 갖추고 있으며, 벽구시설을 갖추기도 한다. 이 유적 또한 일정 단위의 주거군 그룹 상정이 어렵다는 점에서 여타 일반취락에서 드러난 양상과 일치된다. 주거단위 가운데 확인된 묘역 또한 단독으로 조성된 옹관묘와 토광묘만이 확인되어 탐진강 유역에 자리한 일반취락의 일례로 볼 수 있다. 신월리 유적과 관련된 거점취락은 동일한 수계에 자리한 상방촌 유적을 들 수 있다.

표 1. 영산강유역 마한 · 백제 취락 유형별 주거단위 비교표

주거단위 / 취락유형	生産	鍛冶		土器窯		倉庫		墳墓					祭儀		其他
		單獨	集團	單獨	集團	單獨	集團	單獨墓	梯形古墳	圓形古墳	方形高塚古墳	前方後圓形古墳	單獨	集團	
일반취락	■ ● ▲		▲	■ ●▲		■ ●		■ ● ▲	▲ ●		▲		●		
거점취락	● ▲	● ▲	▲	● ▲		● ▲		● ▲	● ▲	▲	▲	▲	● ▲	▲	▲
시기 구분	3~4세기 중엽(■), 4세기중엽~5세기 중엽(●), 5세기중엽 이후(▲)														

Ⅳ. 마한 취락의 경관과 구조

　마한 시기의 사회 구조를 이해하기 위한 방안 중 하나는 취락유적의 경관을 통해 가능하다고 볼 수 있다. 취락 경관은 정착이라는 해당 집단의 합의를 통해 완

성되는데, 그 과정에서 집단이 지닌 경제활동 유형에 적합한 자연 · 지리적 입지를 선택하게 된다.

수십 개의 소국으로 결성된 마한사회 또한 예외는 아니었을 것이다. 마한사회는 문헌에 기록된 바와 같이 국의 수도를 국읍(혹은 중심 읍락)이라 하였고 그 주변의 중심지를 읍락(별읍), 그 하위 단위를 촌락(촌과 락)으로 구분된 취락 편제를 갖추고 있다. 그러나 기록의 실체를 확정할 수 있는 경우는 거의 불가능한 관계로 고고학에서는 중심취락, 거점취락, 대촌, 중심촌, 일반취락, 하위취락 등의 용어를 통해 가정적 접근을 진행하고 있다.

이렇듯 다양한 개념으로 설명되고 있는 취락(settlement)의 유형별 구분은 주거단위의 종류 정도와 규모의 차이 등을 통해 시도된다. 주거단위의 종류는 구성원들의 의식주 활동이 직접적으로 이루어지는 주거지, 생산 소비활동과 관련된 저장혈, 창고, 가마, 공방, 경작지(논, 밭), 수리시설, 그리고 분묘 등으로 나눌 수 있다. 국읍이나 읍락(별읍) 수준으로 비정되는 취락은 주거단위 종류가 대부분 확인됨은 물론이고 수나 규모 또한 크게 드러나 중심취락, 거점취락, 대촌, 중심촌 등으로 유형을 구분하고 있다. 이에 반해 일반(하위)취락은 주거단위의 종류도 다양하지 못하고 규모 또한 상대적으로 빈약하여 촌과 락으로 기록된 실체로 볼 수 있다. 발표문에서 거점취락과 일반취락으로 구분한 기준도 이와 같다.

거점취락 유형으로 검토한 대전 용계동, 담양 태목리, 순천 덕암동 유적은 취락의 지속 기간이 최소 3~4세기 정도가 확인되는 장기성 취락이란 공통점이 있다. 이는 수 백동에 이르는 주거지의 존재가 입증하고 있다.

그런데 앞의 세 유적을 놓고 보면, 입지나 주거단위 구성에서 차이가 있음을 확인할 수 있다. 즉, 담양 태목리 유적과 같은 거점취락은 최소 2,000동에 가까운 주거지가 충적대지의 일정 공간에서 지속적으로 반복 · 축조된 반면 대전 용계동 유적은 443동, 순천 덕암동 유적은 238동의 주거지가 단독 구릉성 산지 정상에 반복·축조되었다. 주거지 수의 차이는 취락 운영 시기의 차이에 기인할 수도 있으나, 세 유적 공히 3·4세기 정도로 보고도 것을 참고하면, 해당 소국 내에서 차별화되었던 취락별 위상을 반영한 것으로 보아야 할 것이다.

1. 일반 읍락 수준의 거점취락 경관과 구조

이와 관련해 주목되는 것은 대전 용계동 유적과 순천 덕암동 유적에서 모두 확인된 다중 환호이다. 단독 구릉성 산지의 7,8부 능선을 따라 위 아래로 공간을 구분한 환호는 일차적으로는 내부에 자리한 취락의 방어적 기능을 가지고 있다. 반면, 충적대지에 자리한 담양 태목리 유적은 취락의 규모가 보다 큼에도 불구하고 환호와 같은 방어시설은 확인되지 않았다. 거점취락으로 분류된 세 유적이 모두 소국의 국읍 혹은 읍락 수준으로 비정 가능한 지정학적 위치를 점한다는 점에서 상이한 현상이다.

대전 용계동, 순천 덕암동 유적과 같이 환호를 두른 거점취락은 별읍[14]이 아닌 소국의 일반 거주지역인 읍락의 한 유형으로 볼 수 있다. 이와 유사한 사례는 홍성 석택리, 양산 평산리 유적 등이 있다.

다중 환호를 두른 일반 읍락 수준의 거점취락은 관할 일반(하위)취락을 조망할 수 있는 지정학적 위치를 차지해 경관을 갖추었다. 거점취락 내부 경관을 살펴보면, 7개소 내외로 그룹화된 주거군 사이마다 일정한 공지를 형성하였다. 공지에는 아마도 작은 밭과 같은 작물 재배 공간이 마련되었을 것이다. 또한 각 주거군을 연결하는 소로와 같은 로드가 이어져 취락 구성원들의 동선이 형성되었다. 주거지 주변에는 저장용 구덩이를 굴토하여 생활의 편의를 더하였고, 주거구

---

14) 삼한 시기 다중 환구(環溝)를 갖춘 유적은 삼한 소도 내지는 의례공간과의 관련 가능성이 제기되었는데, 삼한 시기에 이르러 소도로 기록된 별읍으로 이해하고 있다(이형원 2017).

역 바깥쪽에는 토기 가마를 시설하여 일상용기류를 생산하기도 하였다. 최소 수십 동의 주거지가 공존했던 거점취락에서 소비되는 일상용기류를 자체 생산·소비하는 시스템을 갖춘 것이다.

더불어 취락 구성원들이 모두 참여하는 집회나 의례를 행하기 위한 일종의 광장과 같은 공간도 마련되었다. 광장은 순천 덕암동 유식과 같이 구릉 정상부에 마련되거나, 대전 용계동 유적처럼 외곽의 낮은 능선 정상부를 선택하기도 했다. 다중 환호를 갖춘 거점취락은 방어시설로 인해 생활 면적이 한정되었는데, 그로 인해 분묘와 같은 주검의 공간은 환호 바깥 구역에 조성될 수밖에 없었다. 즉, 환호 내부는 생활공간으로만 활용된 주거단위를 갖춘 것이다.

이와 같은 거점취락 경관 속에서 구성원들 간에 형성된 사회 구조를 복원해 보겠다. 주거군이 그룹화된 이유는 동일한 혈연을 기초한 공동체 사회의 일면을 보여주는 것이다. 그리고 대전 용계동과 순천 덕암동 유적에서 드러났듯이 주거군마다 비교적 규모가 큰 주거지가 자리한다는 점은 주거군을 대표하는 자의 존재를 암시한다고 볼 수 있다. 두 거점취락의 경우 7명 내외의 주거군 대표자가 상정된다. 그렇다면 주거군 대표자들을 총괄하는 우두머리의 존재는 어떻게 추출할 수 있을까?

이와 관련해서는 몇 차례 논고[15]를 통해 언급한 바 있다. 취락 전체를 관장하는 우두머리는 취락 내의 특정 공간을 점유하고 주거군 대표자 보다 큰 규모의 주거지를 갖추었을 것이나 그와 같은 존재는 확인할 수 없었다. 반면, 주거군을 각기 대표한 보이는 이들의 주거지 규모는 대동소이함이 드러났다. 결국 이와 같

---

15) 이영철, 2013, 「거점취락 변이를 통해 본 영산강유역의 고대사회」, 『한일취락연구』 서경문화사.
이영철, 2014, 「백제의 지방지배-영산강유역 취락자료를 중심으로」, 『2014백제사 연구쟁점대해부』 2014-8월백제학회정기발표회, 백제학회; 이영철, 2016, 「담양 태목리·응용리 태암유적의 성격과 가치」, 『담양 태목리·응용리 태암유적 국가사적 지정추진 국제학술세미나』, 담양군·대한문화재연구원.

은 현상에서 마한 시기 거점취락 구성원들의 사회적 관계를 정리해 보자면, 주거군을 대표하는 자들이 동등한 사회적 위치를 가지고 취락 운영에 참여하였으며, 중요 결정사항을 논의 결정하는 방식으로 운영되었다고 볼 수 있다.

한편, 주거군 대표자 중에는 신지(臣智)나 읍차(邑借)와 같은 지위를 갖는 장사도 존재했을 것이다. 그러나 취락 자료에서 이를 찾아내기가 쉽지 않다. 그 이유와 관련해서는 다음과 같은 기록이 참고 된다. "주사가 있지만 읍락에 섞여 살고 능히 제도하거나 다스림에 능하지 못했다(其俗少綱紀, 國邑雖有主帥, 邑落雜居, 不能善相制御.)."고 기록하였듯이 우두머리는 존재하였지만 구별은 미약하다는 내용이다. 고총고분이 축조되기 이전의 분묘 자료에서도 우월적 지위의 특정인을 추출하기 어려운 점은 취락 자료 분석 결과와도 일맥상통하다.

2. 국읍 수준의 거점취락 경관과 구조

그렇다면, 보다 큰 규모를 갖춘 소국의 국읍 수준으로 비견할 수 있는 거점취락 상황은 어떠했을까? 마한 소국의 중심지인 국읍으로 주장[16]된 바 있는 담양 태목리 유적을 통해 확인해 보겠다.

영산강이 맞닿는 충적대지를 무대로 거점취락으로 성장한 담양 태목리 유적에서는 2,000여동에 가까운 주거지와 79기의 고분, 83기의 수혈, 7동의 창고, 토기가마, 광장, 우물 등의 주거단위가 확인되었다. 주거단위 가운데 수혈과 창고의 수가 앞서 살펴본 거점취락 주거단위와는 확연히 차이난다.

취락에 상주하는 인구수는 점유면적과 연동된다. 대전 용계동, 순천 덕암동 유

---

16) 이영철, 2016, 「담양 태목리 · 응용리 태암유적의 성격과 가치」, 『담양 태목리 · 응용리 태암유적 국가사적 지정추진 국제학술세미나』, 담양군 · 대한문화재연구원.

적과 같은 거점취락은 수용 인구수를 감안하여 단독 구릉성 산지를 선택하였지만, 상대적으로 많은 인구수를 보유한 담양 태목리 유적은 보다 넓은 충적대지를 선택할 수밖에 없음이 당연한 것이다. 물론 지정학적 위치도 함께 고려되었을 것이다.

담양 태목리 유적과 동일한 유적군에 포함된 응용리 태암 유적 구간의 주거지 한 동 규모가 대개 30㎡(9평) 내외인데, 공유 면적을 감안한 두 동 산출 면적을 계산하면 80㎡(24평)이다. (그림 7)의 주거지 밀집 지점은 2,500㎡(756평) 면적에 해당하는데, 앞의 산출치 결과를 적용할 시 31동 정도의 주거지가 동시에 공존함을 알 수 있다. 2,000여동의 주거지가 점유한 면적이 유적(156,365㎡) 가운데 약 80,000㎡ 정도에 불과한 점을 감안해 유적 전체 면적에 적용해 보면 1,000동 정도의 주거지가 공존했다는 가정이 성립된다. 발굴조사가 진행되지 않은 나머지 구역에도 주거지가 자리한다는 점을 염두 하자면, 1,000동의 산출 결과는 최대가 아닌 최소 수치일 가능성이 크다.

기원후 3세기에 기록된 『三國志』 위서동이전에 "마한의 대국은 나라의 호구수가 만여 호(戶)에 이르고, 소국은 수천 호(戶)로써 총 10만 호(戶)이다."라고 기록한 실체와도 가깝다. 담양 태목리 유적이 위치한 지금의 담양에 마한 54개국 중 하나가 자리했을 가능성을 시사한다. 담양이 자리한 영산강 상류지역에서 그동안 조사된 취락유적은 상당 수 있지만, 3~4세기에 이 정도 규모를 갖춘 예는 아직 보고되지 않았다. 따라서 담양 일원에 마한 소국 비정이 가능하다면, 태목리 유적은 소국의 중심 읍락이 자리했을 가능성이 매우 크다.

다음은 마한 소국 중심 읍락으로 비정된 태목리 유적의 내부 경관을 살펴보겠다. 태목리 유적 경관은 영산강 본류에 맞닿는 남동쪽의 주거 공간과 대전천에 접한 북서쪽의 묘역 공간으로 크게 구분된다. 주거공간이 강변을 따라 자리한 이유는 식수의 확보와 세탁과 같은 일상생활의 편의성을 고려함과 동시에 수로를

그림 7. 담양 태목리 유적 공존 주거지 분석 추출도(50m×50m 설정)

이용한 물자의 입출이 편리한 교통로에 접해 있다는 점에서 찾아지며, 주거구역 외곽인 북서쪽에 묘역을 마련한 이유는 죽은 이들이 마을을 지켜보면서 후손들의 안녕을 보호해준다는 사상적 배경에서 경관의 큰 구도가 완성되었다고 본다.

주거군 사이로는 길이 연결되고 작은 광장과 같은 공백지에 솟대나 대목(大木)을 세워 마을 공동행사나 축제 등을 진행하였다. 그리고 구슬이나 철제품을 제작 생산하는 공방지와 함께 일상토기를 생산한 토기가마도 취락 경관 속에 맞춤하였으며, 농사에 필요한 종곡(種穀)을 보관하는 마을 공동창고도 시설하였다. 취락에 상주한 인구수를 감안하면, 종곡의 보관 관리는 매우 중요한 일상이었을 것이다.

한편, (그림 4)에서 알 수 있듯이 국읍 수준의 취락에는 외지로부터 유입된 이주민들도 상정된다. 섬진강 문화권의 주거 유형인 원형계 주거지가 주거구역 북서쪽에 집중된 정황이 그러하다. 국읍 내의 생활공간에서도 현지인과 외지인의 거주구역이 구분된 경관을 갖춘 것이다. 이 같은 현상은 일반 읍락에서도 확인된다. 장흥 상방촌 유적이 한 사례이다.

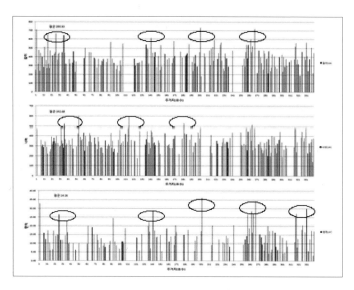

그림 8. 담양 태목리 유적 주거별 규모 비교

다음은 이러한 취락 경관을 토대로 구성원간의 사회구조를 살펴보도록 하겠다. 태목리 유적에서 조사된 주거지들은 규모나 구조에서 별반 차이가 드러나지 않았다. 주거군마다 면적이 큰 주거지가 확인되기도 하지만, 주거군을 상호 비교해보았을 때 취락 전체를 아우르는 우월적 규모의 주거지는 없었다(그림 8). 이는 앞서 분석한 대전 용계동, 순천 덕암동 유적과 일치하는 부분이다. 결국 소국의 중심 읍락 가능성이 높은 거점취락에서도 취락 전체를 대표한 1인 우두머리의 상정이 어렵다는 것을 알 수 있다.

이러한 주거지 분석 결과는 묘역에 조성된 제형고분 간에도 규모의 차별화가 없다는 점에서 뒷받침 해준다. 유적 북서쪽 구역에서 조사된 79기의 고분은 태목리 유적의 성장과 번성이 가속화되었던 기원후 3~4세기에 집중 조영되었다. 고분은 평면형태가 모두 제형으로 완성되었다. 영산강유역에서 조사된 마한 시기의 고분이 모두 제형이라는 점과 상통된다. 고분군은 공지를 두고 그룹화 되었는데, 장축방향에 기준할 때 최소 7개 이상이 군집된 것을 알 수 있다.

이와 같은 현상은 북서쪽의 미조사된 구역을 감안할 때, 10개소 이상의 주거군이 어우러진 주거구역의 그룹화 현상과 유사하다. 일부 고분의 길이가 30~40m 규모로 대형인 것이 확인되지만, 수평 확장이 진행된 결과임을 감안할 때 최초 축조된 고분 간 규모는 대동소이하며, 그룹 간 비교에서도 별반 차이가 없다.

영산강유역 고분 연구에서도 분구가 고총화되는 단계 이전에는 집단 내 혹은 지역 공동체 사이에서 우월적 존재를 갖는 개인이나 특정 집단의 상정이 어렵다[17]는 내용과 일치한다.

3. 촌·락 수준의 일반 취락 경관과 구조

그렇다면 거점취락과는 달리 가장 많은 수의 취락 유형을 점유한 일반(하위) 취락의 경관과 구조는 어떻게 복원되는지를 살펴보겠다.

일반취락은 정착에 따른 집주가 시작되면서 형성된 가장 자연적인 취락 유형이다. 최소한의 동일한 혈연관계에 바탕을 두고 형성된 일반취락은 주로 생계유지를 위한 경제활동에 종사하였는데, 이로 인해 농촌, 어촌, 산지촌 등과 같은 취락 유형으로 세분된다. 일반취락은 적게는 10동 내외에서 많게는 20동 내외의 주거지가 어우러져 경관 프레임을 형성한다. 취락 주거단위는 저장용 수혈이나 공동창고 정도로 단순하다.

수가 많지 않은 주거지는 그룹화되는 현상이 드러나기도 하는데, 많게는 4개소 정도까지도 확인된다. 동일 주거군에 속한 주거지는 규모의 차이가 거의 없지

---

17) 김낙중, 2012, 「영산강유역 고대사회의 성장과 변동과정-3~6세기 고분자료를 중심으로」, 『백제와 영산강』, 학연문화사.

만, 간혹 상대적으로 큰 주거지가 1동씩 확인되기도 한다. 거점취락에서 확인되는 주거군의 일부가 단일 취락을 이룬 형태라 할 수 있다.

취락 구성원들의 사회적 구조 역시 거점취락의 정황과 차이가 없다. 취락은 주거지 수가 많지 않다는 점에서 거점취락보다는 적은 면적을 점유하게 되며, 묘역 또한 2~3기의 저분구를 조성하는 정도이거나 주변의 일반취락과 함께 공동묘역을 공유하는 경우가 있다.

이렇듯 결과적으로 적은 인구수를 보유한 일반취락은 생산과 소비활동 또한 지극히 제한적으로 이루어지며, 자체 생산이 불가피한 물품은 주변 일반취락이나 거점취락과의 관계 속에서 교환하거나 구입하는 방식으로 유입되었을 것이다. 일반취락 주변으로는 반드시 거점취락이 확인된다는 점에서 마한 시기 취락 간의 사회적 관계를 보여주는 일면이기도 하다.

V. 맺음말

마한의 마을은 농촌, 어촌, 산지촌과 같은 자연 촌락 수준으로부터 점차 변해가는 사회적 환경변화에 따라 정체·소멸되거나 성장해갔다.

이 글에서는 자료가 비교적 풍부한 기원후 3~4세기의 취락유적을 분석하여 마한의 취락 경관과 구조를 살펴보았다. 마한 고토 지역에서 국가의 성립이 가시화되는 격변기에 운영되었던 취락 가운데에는 마한 소국의 중심 읍락이나 일반 읍락의 경관과 사회구조를 복원할 수 있는 거점취락도 존재하였으며, 그 하위에 속한 촌락(촌·락) 규모의 일반취락도 상정되었다. 이들 취락 유형에 대한 검토 결과, 주거지나 주거단위의 종류와 수의 차이는 거듭 확인되었다. 적게는 십 여동의 주거지로부터 많게는 수천동의 주거지가 하나의 취락을 형성하기도 하였다.

이러한 정도의 차이를 토대로 문헌에 기록된 소국의 국읍, 읍락, 별읍, 촌락(촌·락)의 실체와 관련짓는 것은 큰 무리가 없어 보였다. 물론 "읍락이 이거다," "별읍이 이거다."고 단정할 수는 없을 것이다. 우리가 조사하는 고분의 주인공이 누구인지를 모르는 것처럼 말이다. 고분 피장자의 사회적 위치가 절대적인 환경이었다면, 분명 생활구역에 마련된 수많은 주거단위 가운데 이를 입증할 만한 증거들이 확인되어야 할 것이다. 그러나 기원후 3~4세기 취락유적에서는 이를 추적하기 어려웠다. 마한 시기의 취락 경관 속에서 특정한 공간에 차별화된 외관을 갖춘 주인공의 거주지는 확인되지 않고 있다. 이러한 현상이 무엇을 말하고 있는지는 논의되어야 한다.

마한 시기의 취락 연구 목적 중 하나는 당시 사회구조를 이해하는데 있다. 이 글에서 정리한 결론 가운데에는 고분 자료 중심의 연구 결과와 다소 상이한 부분이 있다. 이 점도 추후 양측 연구자간 논쟁을 통한 합의가 필요할 것이다.

이 논고에서 주로 분석한 취락자료들은 마한 사회의 정치·문화적 색체가 가장 안정적으로 유지된 기원후 3~4세기 것이다. 5세기 이후의 자료를 함께 논하지 않는 이유는 국가로 성장한 백제의 영역 확장과 주변 국가들의 지역사회 통합화가 본격적으로 진행되는 시기임에 따라, 마한사회의 정체성이 가장 안정된 시기의 자료로 한정하였다.

마한 주거 구조의 지역성

- 호남지역을 중심으로 -

김은정 전북대학교

I. 머리말

마한은 호남을 포함하여 충청, 서울과 경기, 강원 영서지역의 옛 고지로 알려져 있다. 문헌기록에 의하면 이 지역에서는 마한의 54개국이 榮枯盛衰를 거듭하였다고 한다. 하지만 그 始末이 명확하지 않고 문화적 정체성도 뚜렷하게 밝혀지지 못하고 있는 실정이다. 또한 마한의 공간적 범위가 백제와 거의 동일하고, 시간적으로도 겹치는 부분이 상당하여 마한, 그 자체로서 인식되기보다는 백제 국가의 성장과 관련하여 공존했다가 소멸된 실체 정도로 거론되고 있다[1]. 그럼에도 불구하고 선학과 동료들의 지속된 연구를 통해 문헌으로 남아 있지 않은 마한의 다양한 면모를 그려볼 수 있게 되었다. 아직도 많은 부분이 베일에 가려져 있지만 이 점이 오늘의 연구를 시작하게 된 동력이 아닌가 한다.

본 연구에서는 마한의 옛 고지 중 호남지역에서 발견된 주거 구조를 통해 당시 사회를 이해하고자 한다. 호남은 공간적으로 서부와 동부로 대별할 수 있는데, 서부 일대는 4주식주거지와 분구묘처럼 마한의 물질문화상이 비교적 뚜렷하면서 응축되어 있고, 고창을 포함한 영산강유역에서는 6세기 전후까지 마한의 전형적인 문화가 존속하게 된다. 이에 비해 호남의 동부 일대는 마한의 邊境으로서 마한의 주거지와 분묘가 발견되기도 하지만 가야 문화가 시공간적으로 교차하는 지역이기도 하다. 이처럼 복잡다양한 문화 속에서 권역별 마한 주거 구조의 해상도를 높이기 위하여 세부 지역권 설정 후 자료를 검토하고자 한다.

마한의 시작에 대해서는 연구자간에 다양한 견해가 존재하지만 대체로 기원전 3세기경을 그 시점으로 보고 있다[2]. 기원전 3세기경 마한의 물질문화는 점토

---

1) 金垠井, 2017, 「湖南地域의 馬韓土器」, 全北大學校 博士學位論文.
2) 林永珍, 1995, 「馬韓의 形成과 變遷에 대한 考古學的 考察」, 『삼한의 사회와문화』韓國古代史硏

대토기, 단조철기 등으로 볼 수 있지만 호남지역은 이후에 등장하는 경질무문토
기와 적갈색연질토기의 선후 관계 및 문화적 연속성이 불분명하고, 실제로 학계
에서는 서로간의 관계에 대한 논쟁이 진행 중이다. 예컨대, 호남 서부지역에서는
서・남해안 일부 지역의 패총유적이나 광주 신창동유적을 제외하고는 기원후 1
・2세기대의 물질문화가 빈약으로 부족한편이다. 이에 근거에 대부분의 연구
자는 이 시기를 마한 문화의 공백기로 인식하고 그 이유에 대한 설명을 제시하기
도 한다. 그러나 2세기 중후반에 이르면 경질무문토기와 적갈색연질토기가 이
지역에 등장하기 시작하고 3세기대에 이르면 전형적인 마한 토기들이 폭발적으
로 유행하게 된다. 또한 마한사회의 해체는 지역마다 조금씩 다른데 역사학계에
서는 대체적으로 근초고왕의 南征과 관련하여 4세기 후반으로 보는 견해3)가 우
세하다. 그러나 고고학계에서는 영산강유역에서 5세기 말까지 대형옹관고분이
잔존하기 때문에 마한의 하한은 5세기 말까지 내려 봐야 한다는 견해4)가 제시되
었고, 취락자료를 통해 보더라도 4세기 후반 이후까지 마한의 문화양상이 이어지
고 있다5). 이를 종합해보면 마한의 존속 시기는 대략 기원전 3~2세기경부터 기
원후 5~6세기경까지로 볼 수 있다. 이 시간은 한국고고학 편년 상 초기철기시대,
원삼국시대, 삼국시대에 해당하며 상당부분은 백제와 시간이 공존하고 있다.

마한의 실체에 대한 문제는 앞으로 더욱 검토되어야 하고 고고학 자료를 근거
로 그 성격을 명확히 규명해 나가야하는 등 과제가 산적해 있다. 더욱이 광범위

究10, 신서원.

3) 盧重國, 1987, 「馬韓의 成立과 變遷」, 『馬韓・百濟文化』10, 圓光大學校 馬韓・百濟研究所.

4) 林永珍, 1995, 「馬韓의 形成과 變遷에 대한 考古學的 考察」, 『삼한의 사회와 문화』韓國古代史研
究10, 신서원; 林永珍, 1997, 「나주지역 마한문화의 발전」, 『나주 마한 문화의 형성과 발전』, 全
南大學校博物館・羅州市.

5) 金承玉, 2004, 「全北地域 1~7世紀 聚落의 分布와 性格」, 『韓國上古史學報』44, 韓國上古史學會.

한 시간의 폭은 마한의 성격을 밝히는데 있어 자칫 숲만을 보고 나무는 보지 못하는 상황을 연출하게 할 수 있다. 물론 전체를 아우르는 시각으로 연구를 진행하는 것은 분명히 필요하다. 하지만 그러한 안목으로 마한을 연구하는 것은 아직 필자의 능력 밖의 일이다[6]. 이러한 이유로 이 글에서는 한국고고학의 편년 상 초기철기시대로 구분되는 문화양상은 연구 대상에서 제외하며, 마한 주거지 등이 분명하게 보이는 2세기 중반부터 5세기 말·6세기 초까지로 한정하여 주거 구조를 다루고자 한다.

Ⅱ. 권역별 주거 자료의 검토

현재까지 호남지역에서는 300여 지점에서 7,000여기 이상의 마한 주거지가 조사되었다(그림 1). 2000년대 초반까지 확인된 마한 주거지 수가 천 여기가 채 되지 않는 상황이었다는 점을 감안하면[7] 15여년의 세월동안 발굴조사 된 주거지의 수가 다섯 배 이상 급증한 셈이다. 이러한 결과는 그 동안 다수 연구자의 노고에서 비롯되었으며, 더 나아가 충적지에서의 대규모 발굴 등 조사의 지평확대라는 결과라고 할 수 있다.

호남 서부권은 만경강·동진강·영산강이 흘러 넓은 평야가 발달되어 있는 반면 동부권은 높은 산지로 둘려 싸여있거나 좁은 분지를 이루는 금강 상류 및 섬진강 수계에 해당된다. 호남의 마한 취락유적은 이와 같이 크고 작은 수계를 따라 형성된 충적대지와 저평한 구릉지에 분포하며, 동시기 고분의 분포와도 거의

---

6) 金根井, 2017, 「湖南地域의 馬韓土器」, 全北大學校 博士學位論文.
7) 金承玉, 2000, 「호남지역 마한 주거지의 편년」, 『湖南考古學報』11, 湖南考古學會.

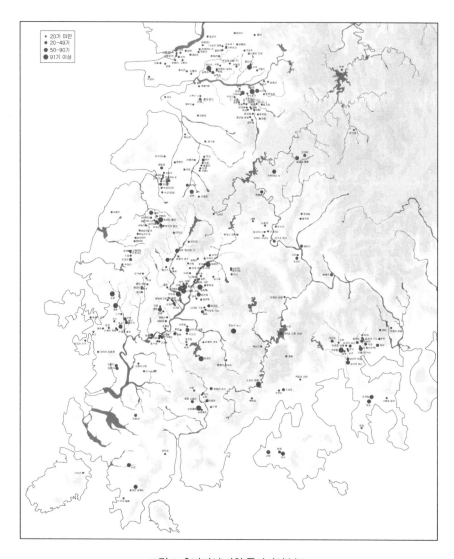

그림 1. 호남지역 마한 주거지의 분포

일치하는 양상이다[8]. 이처럼 다채로운 환경 속에서 마한의 주거지는 造營과 破家를 거듭하였고, 凡마한문화권이나 서로간의 상이성이 관찰되기도 한다. 따라서 마한의 주거 문화를 보다 면밀히 살피기 위해서는 지역을 세분하여 자료를 분석할 필요가 있다.

1. 지역권의 설정

지역권은 자연경계와 문헌자료 및 기존의 연구 성과, 주거유적의 분포 및 현황을 통해 나눌 수 있다[9]. 서부는 만경강북부권, 만경강남부권, 동진강권, 주진천권, 함평만권, 영산강권, 도암만권, 백포만권으로, 동부는 금강상류권, 섬진강상류권, 섬진강중류권, 보성강권, 여자만·고흥반도권, 순천만·광양만권으로 구분된다(표 1). 영산강권은 취락의 분포 및 규모에 따라 다시 황룡강권, 영산강상류권, 극락강권, 영산강중하류권, 지석천권으로 세분할 수 있다. 결과적으로 호남지역의 지역권은 총 18개소로 설정할 수 있으며, 본 연구에서는 이러한 지역권에 따라 마한 주거 구조를 검토하였다.

한편, 본 연구에서는 이와 같이 18개의 지역권을 설정했지만 향후 조사 성과에 따라 더욱 세분된 지역권의 설정이 가능하리라 예상된다. 예를 들어 현재는 하나의 지역권으로 설정했지만 면적이나 유적의 분포로 볼 때 동진강권, 주진천권, 함평만권, 영상강중하류권은 향후 조사에 따라 더욱 많은 지역권 설정을 할 수 있을 것이다. 그리고 향후 발굴조사의 결과에 따라 본 연구의 지역권은 수정·보

---

8) 임영진, 2013, 「고고학 자료로 본 전남지역 마한 소국의 수와 위치 시론」, 『百濟學報』9, 百濟學會.

9) 지역권은 金垠井(2017) 호남 서부지역 권역설정에 기반하고, 동부의 주거 자료를 추가하여 동일한 방식으로 권역설정을 시도하였다.

완될 필요가 있다.

표 1. 지역권의 설정

권역		지역	주요 주거 유적
호남서부	만경강북부권	군산, 익산	사덕, 잠신리
	만경강남부권	김제, 전주, 완주	동산동, 송천동, 장동
	동진강권	고창 북부, 부안, 정읍	신면
	주진천권	고창 남부, 영광	남산리6, 봉덕, 봉산리 황산
	함평만권	무안 일부, 함평	와촌, 소명, 중랑
	영산강권 황룡강권	장성	장산리, 환교
	영산강상류권	담양	태목리
	극락강권	광주	동림동II, 산정동, 선암동, 쌍촌동
	영산강중하류권	나주, 영암, 무안 일부	신도리 신평I, 장등, 양장리
	지석천권	화순	용강리
	도암만권	강진, 장흥	상방촌A
	백포만권	진도, 해남	황산리 분토II, 신금
호남동부	금강상류권	장수, 진안	와정
	섬진강상류권	임실, 순창	석두리, 대가리 향가
	섬진강중류권	곡성, 구례, 남원	오지리, 봉북리
	보성강권	보성 북부, 순천 서부	대곡리 도롱·한실, 죽산리
	여자만·고흥반도권	보성 남부, 고흥	조성리, 방사
	순천만·광양만권	순천 동부, 광양, 여수	덕암동, 도월리

2. 자료의 검토

1) 호남 서부지역

만경강북부권은 대부분 야트막한 야산이고 나머지는 저평한 구릉지와 평지가 형성되어 있다. 또한 북쪽으로는 금강이, 남쪽으로는 만경강이 흐르고 있어 이들

강 주변으로는 충적평야가 오래 전부터 발달하였다. 이처럼 인간이 거주하기에 좋은 환경을 갖춘 만경강북부권에서 수많은 마한 단계의 유적이 발견되는 이유도 여기서 찾을 수 있다. 익산 사덕유적에서는 100여기 이상의 방형계 주거지가 능선부와 계곡부를 따라 확인되었다. 내부시설로는 취사시설, 벽구, 주공 등이 발견되었으며, 유물은 발류와 시루, 주구토기 등이 출토되었다. 사덕유적은 원삼국~삼국시대의 대규모 복합취락유적으로 이 지역 토착집단에 백제문화가 유입되는 과정을 잘 보여주고 있는 유적이라고 할 수 있다.

만경강남부권은 서해연안에서부터 호남정맥 산기슭에 이르기까지 강의 본류와 지류에 넓은 평야가 형성되어 있다. 주거 유적은 주로 강의 중상류지역에 해당되는 전주·완주 지역에 집중되는 반면 하류의 충적대지에서는 중소형의 유적만이 산발적으로 분포한다. 주요 유적으로는 전주 동산동·송천동·장동이 있고, 이를 중심으로 수많은 취락이 지류 인근의 구릉에서 발견되고 있다. 동산동 유적에서는 방형계 주거지 130여기가 확인되었다. 내부시설은 부뚜막과 연도, 장타원형수혈, 주공 등이며, 주변 유적에서 대체적으로 등장하는 벽구나 4주식은 발견되지 않았다. 21호에서는 함안계 승문 단경호와 이중구연호 등 외래기종이 공반되고 있어 당시 가야지역과의 교류 관계를 염두에 둘 수 있고, 128호에서는 경질무문토기의 저부를 이용하여 시설한 솥받침과 비교적 이른 시기로 편년되는 시루가 출토되었다. 인근의 송천동유적에서는 60여기의 방형계 주거지가 조사되었으며, 4주식과 비사주식 주거지가 혼재하는 양상이다. 이 외에도 주거지 내부에서는 벽구, 배수구, 장타원형수혈이 확인되었다.

동진강권은 고창 북부지역과 부안, 정읍 등이 이에 포함된다. 부안 일대에는 넓은 평야가 분포하고 있지만 주거 유적의 빈도수와 밀도는 상당히 낮은 편이다. 이 지역의 주거 유적은 주로 내장산과 인접한 동진강 상류와 줄포만 인접 지역에 주로 분포하고 있다. 고창 교운리·석교리 유적, 부안 백산성·부곡리 유적, 정

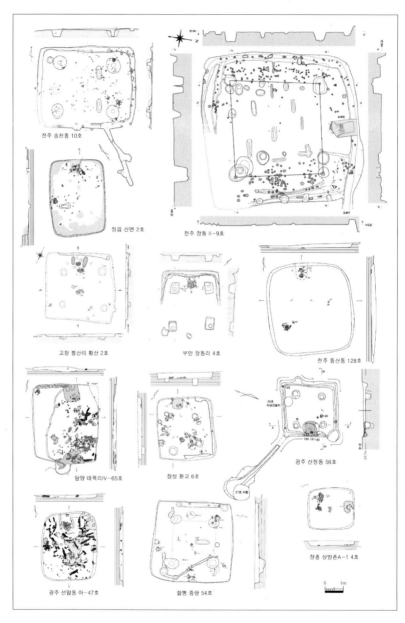

전주 송천동 10호

정읍 신면 2호

전주 장동 II-9호

고창 봉산리 황산 2호

부안 장동리 4호

전주 동산동 128호

담양 태목리IV-65호

장성 환교 6호

광주 산정동 56호

광주 선암동 아-47호

함평 중랑 54호

장흥 상방촌A-1 4호

0   1m

그림 2. 호남 서부지역의 주거지

읍 남산·신면·남산리·오정 유적 등이 대표적이다. 백산성유적은 백산(해발 47.4m)의 정상부에 위치한다. 주거지는 모두 18기가 확인되었으며, 평면 원형과 방형계 주거지가 함께 발견되었다. 유물은 경질무문토기로 보이는 장동옹, 시루 (말각평저), 심발(종방향의 기면조정 흔) 등이 발견되었으며, 공반된 타날문토기로는 원저단경호, 심발, 장란형토기, 완, 주구토기 등이 있다. 종자의 탄소연대와 출토유물을 통해 볼 때 상한연대는 2세기 중엽~2세기 후엽으로 추정된다.

주진천권은 서해연안과 접하여 있는 전북 서남부와 전남 서부의 일부지역을 포함한다. 주거 유적은 저평한 구릉지와 충적대지에 대·중·소의 규모로 밀집 분포 하며, 고창 봉산리 황산·남산리·봉덕 유적이 대표적이다. 봉덕유적에서 확인된 주거지는 방형계 일색으로 대부분 4주식 주공을 갖추고 있으며, 벽구가 확인되는 것이 일반적이다. 유물은 심발을 비롯하여 호, 장란형토기, 이중구연호, 옹형토기, 양이부호, 광구호 등이 출토되었다. 봉산리 황산유적은 대규모 복합취락지로 주거시설, 도로 및 구획시설, 분묘시설 등이 함께 조사되었다.

함평만권은 함평천과 고막원천이 북에서 남으로 흘러가 영산강 본류와 합수되는데 이들 강 주변으로 다수의 주거 유적이 조성되어 있다. 주요 유적으로는 함평 소명·중랑·반암 유적 등이 있다. 소명유적에서는 방형계 주거지 180여기가 조사되었으며, 4주식주거지는 120여기 가량된다. 내부시설은 부뚜막, 벽구, 배수구, 장타원형수혈 등이 확인되었다. 유물은 경질무문토기와 심발, 완, 주구토기, 원저단경호, 이중구연호, 양이부호가 출토되었다.

황룡강권은 전남 서부에 위치하지만 북쪽이 다소 높은 산으로 둘러싸여 있으며, 사이사이에는 곡간평지가 황룡강 줄기를 따라 펼쳐져 있다. 주거 유적은 황룡강을 따라 주변 평지와 구릉지에 분포하며, 환교와 장산리 유적이 대형 취락에 속한다. 이들 주거지는 대부분 4세기대에 집중되며, 5세기대에도 지속적으로 조성된다. 특히 환교유적에서는 65기 정도의 주거지가 조사되었는데, 주거지의 평면형태는 모두 방형계이며, 내부시설로는 부뚜막, 장타원형수혈, 벽구, 배수구 등이 조사된 바 있다.

영산강상류권은 영산강 본류의 발원지에 해당하는 최상류지역으로 본류와 지류의 주변에는 다수의 주거군과 고분군이 조성되어 있다. 주요 유적으로는 담양 대치리·삼지천·성산리·태목리 유적을 들 수 있다. 태목리유적 주거지는 원형계와 방형계가 공존하며, 이른 시기의 주거지에서는 경질무문토기가 공반되기도 한다. 태목리는 지정학적으로 섬진강과 영산강을 연결 짓는 중요한 지점에 위치한 다는 점에서 영산강상류의 사회문화를 엿볼 수 있는 중요한 유적이라 할 수 있다.

극락강권은 영상강중상류부에 해당되며 광주가 이 권역 내에 위치한다. 상류 지역과 마찬가지로 저평한 구릉지와 충적대지에 대규모 취락뿐만 아니라 중소규모의 취락도 다수 발견되었다. 주거 유적으로는 광주 동림동·산정동·산정 동 지실·선암동·쌍촌동·하남동 유적이 있다. 동림동 유적은 광주천이 인접하여 흐르는 충적대지상에 위치한다. 주거지는 방형계일색이며, 내부에서는 부뚜막과 기둥구멍 등의 시설이 발견되었다. 특히 이 유적은 주거공간, 창고공간, 생산·수리공간 등의 계획적인 배치를 보이며, 유물은 생활용기를 비롯하여 백제계, 가야계, 왜계 토기가 출토되었다. 산정동유적은 66기의 주거지가 조사되었으며, 평면형태는 방형계로 4주식과 비사주식이 모두 확인되었다. 유물은 장란형 토기, 호, 옹, 주구토기, 심발, 완, 고배, 개배, 기대, 아궁이장식 등이 출토되었다.

영산강중하류권은 영산강 본류를 중심으로 옹관이라는 매장문화를 오랫동안 유지하면서 발전시킨 지역이다. 고분의 최대 밀집지역인 삼포천 일대에서는 현재까지 분묘유적에 비해 생활유적들에 대한 조사가 활발히 진행되지 않고 있다. 확인된 주거지의 양상은 평면 방형이 주류를 이루며, 4주식이 높은 비율로 확인된다. 양장리유적이 대표적이며, 발견된 주거지는 모두 방형계로 규모는 4~5m 정도가 일반적이나 일부는 7~8m에 이르는 경우도 있다. 주거지 내부에서는 취사시설과, 벽구, 주공 등이 조사되었다. 유물은 장란형토기, 심발, 완, 호형토기를 비롯하여 대부분 연질이나 시기적으로 늦은 단계의 주거지에서는 삼족기, 고배 등이 출토되었다.

지석천권은 화순과 나주를 거쳐 북서쪽과 서쪽 방향으로 흐르다가 영산강 본류와 합수되는 지역으로, 주거 유적은 화순 용강리와 운월리 운포 유적이 있다. 용강리유적에서 주거는 160기가 조사되었고 주로 방형계가 확인되었다. 내부시설로는 기둥구멍, 저장수혈, 출입시설, 선반 시설, 부뚜막 등이 발견되었다.

도암만권에서는 조사된 유적수가 많지 않지만 대규모 주거 유적이 일부 조사됨으로서 이 지역의 주거문화를 이해할 수 있는 계기가 마련되었다. 유적은 탐진강과 유지천, 옴천천에 의해 형성된 충적대지상에서 확인된다. 주거 양상은 평면형태가 모두 방형으로 내부에는 취사시설을 기본적으로 갖추고 있다. 주요 주거유적으로는 강진 양유동과 장흥 상방촌A · 지천리 유적 등이 있다. 상방촌A유적 주거지 평면형태는 모두 방형계이다. 내부시설은 부뚜막, 기둥, 벽구, 출입 시설 등이 있고, 유물은 심발, 완, 호, 장란형토기, 시루, 주구토기, 컵형토기, 기대, 개배, 고배, 아궁이장식 등이 출토되었다.

백포만권은 진도와 해남 일대로 도암만권처럼 발굴된 주거 유적 수가 많지 않지만 대규모 주거 유적이 다소 조사된 지역이다. 진도 오산리, 해남 황산리 분토 · 신금 유적이 대표적이다. 황산리 분토유적에서는 50여기의 방형계 주거지가 조사되었으며, 내부시설로는 벽구, 배출구, 기둥구멍, 부뚜막 등이 확인되었다.

2) 호남 동부지역

호남동부는 높은 산지로 이루어진 산악지대이다. 하지만 산맥들 사이에는 넓은 고원분지와 충적지가 발달해있고, 특히 금강과 섬진강이 전북의 장수에서 발원한 후 큰 물줄기를 형성하여 흐른다.

금강상류권에는 장수·진안 등의 지역이 포함되며, 주거 유적으로는 장수 침곡리와 진안 와정 유적이 있다. 이 지역에서는 다른 지역에 비해 상대적으로 발굴조사가 부진하여 알려진 취락이 별로 없다. 확인된 주거지들은 3세기 이후~백제에 해당되며, 장수 침곡리 주거지가 가장 빠른 것으로 판단된다. 침곡리의 사주식 방형계주거지 1기를 제외하고 대부분 비사주식 방형계주거지가 발견되었다. 침곡리 9호 주거지 옆에서는 독립된 장방형의 취사공간이 발견되어 흥미롭다.

섬진강상류권에는 순창·임실이, 중류권에는 남원·구례·곡성 등이 위치한다. 상류권에서는 임실 석두리유적과 순창 대가리 향가유적 등이 발견되었고, 중류권에는 곡성 오지리, 구례 봉북리, 남원 세전리 유적 등이 위치한다. 세전리유적은 충적대지 위에 형성된 대규모 취락으로 원형계와 방형계 주거지가 공존한다. 유물은 심발, 장란형토기 이외에 하지키(土師器) 長頸甁, 가야계 뚜껑 등 외래계 유물이 함께 출토되었다.

보성강권의 유적들은 대부분 충적대지에 입지하나 순천 낙수리유적의 경우는 구릉에 형성된 취락으로 주거지 평면형태는 모두 방형계이다. 순천 대곡리 도롱·한실 유적은 보성강이 크게 곡류하며 만든 충적대지에 위치하며, 평면 방형계와 원형계가 공존한다. 한실지구에서는 스에키로 추정되는 개배, 가야 기대 등이 출토되었다. 보성 도안리 석평유적은 보성강이 유적을 감싸고 곡류하여 환호와 같은 자연적인 방어시설을 갖춘 지역에 위치한다. 주거구조는 호남동부와 서부지역의 문화가 복합되는 양상을 보여주고 있다.

여자만·고흥반도권에 위치하는 취락들은 독립된 구릉에 위치하거나 낮은 구릉사면에 분포하며, 방형계가 다수를 차지한다. 고흥반도에는 길두리 안동고분을 비롯한 여러 기의 고분이 분포하는 곳이기도 하다. 보성 조성리유적은 득량만을 조감하는 나지막한 독립구릉 위에 입지한 취락이다. 평면형태는 방형계가 우세하며 출토유물은 삼각형점토대토기, 경질무문토기에서부터 타날문토기, 고배

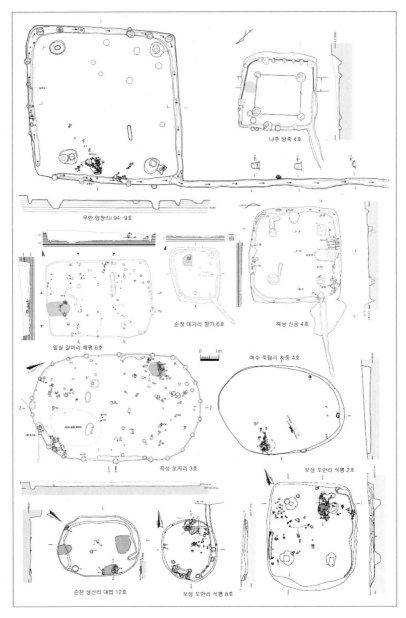

그림 3. 호남 서부와 동부 지역의 주거지

까지 확인되므로 취락의 존속기간이 길었음을 알 수 있다. 고흥 한동유적 주거지
는 호남서부의 주거구조와 상통하는 측면이 강하고, 가야·영산강유역·일본 등
과의 관계를 보여주는 유물이 출토되었다.

순천만·광양만권에서는 가야고분, 백제고분, 백제산성 등 다양한 유적이 발
견되며 비교적 많은 수의 취락이 조사되었다. 주거지 평면형태는 원형계가 주를
이루고 일부 유적에서는 방형계로 전환되는 양상이 관찰되기도 한다. 순천 덕암
동유적은 순천만으로 유입되는 동천 주변에 형성된 평야를 조망하는 고지성 취
락이다. 주거지 평면형태는 원형과 방형이 공존하는데 원형이 주류이다. 광양 칠
성리유적에서는 원삼국시대에 원형계 주거지가 주로 사용되다가 삼국시대가 되
면 방형계가 축조된다. 삼국시대 방형 주거지 중에는 4주식에 취사시설을 갖춘
것이 있다. 칠성리 취락은 장기간 지속되는 점, 굴립주건물의 존재, 늦은 시기까
지 취락이 유지된 점, 부뚜막과 쪽구들의 존재, 외래계 유물이 많은 점 등이 주목
된다.

Ⅲ. 주거 구조의 속성 분석

주거의 속성은 연구자 마다 조금씩 다르긴 하지만 기본적으로 평면형태, 면적,
취사시설, 기둥구멍, 벽구, 장타원형수혈, 출입구, 배출구, 선반시설 등 다양하게
검토되고 있다[10]. 이 글에서는 주거지의 여러 가지 속성 중 시기적 변화상과 지

---

10) 吳世蓮, 1995,「中部地方 原三國時代 文化에 대한 硏究-住居樣相을 중심으로」,『한국상고사학
보』19, 한국상고사학회; 김나영, 2007,「嶺南地域 三韓時代 住居址의 變遷과 地域性」, 부산대
학교 석사학위논문; 김은정, 2007,「全北地域 原三國時代 住居址 硏究」,『호남고고학보』26, 호
남고고학회; 이은정, 2007,「한반도 서남부 3~6세기 주거지 연구」,『호남고고학보』26, 호남고

역성, 기능의 추정이 가능한 몇 가지를 분석하여 호남지역 마한 주거지를 살피고자 한다.

1. 평면형태

주거지의 평면형태는 지역적 차이와 시간성을 반영하는 것으로 인식되고 있다[11]. 또한 상부구조를 결정짓는 중요한 요소임과 동시에 주거 내 구조와 생활방식에도 크게 영향을 미치는 속성이다. 이러한 이유로 다수의 연구자들은 주거의 평면형태에 주목하였고 이를 통해 주거 양상의 변화뿐만 아니라 지역별 계통연구도 지속적으로 진행해오고 있다[12].

마한의 주거지 평면형태는 크게 원형계와 방형계로 대별할 수 있는데[13], 호남정맥을 중심으로 전주·고창·광주·나주 등 서부지역은 방형계 주거지가 주를 이루는 반면 남원·순천·광양 등 동부와 남해안 지역은 방형계와 원형계가 혼재하는 모습이다[14]. 즉 호남정맥이라는 자연지형을 기준으로 호남 서부와 동부 주거 문화는 사회 문화적으로 다른 발전과정을 거쳤다고 본다[15].

고학회; 朴美羅, 2008,「全南 東部地域 1~5世紀 住居址의 變遷樣相」,『湖南考古學報』30, 湖南考古學會; 강귀영, 2013,「담양 태목리 취락의 변천 연구」, 목포대학교 석사학위논문.

11) 金承玉, 2004,「全北地域 1~7世紀 聚落의 分布와 性格」,『韓國上古史學報』44, 韓國上古史學會.

12) 吳世蓮, 1995,「中部地方 原三國時代 文化에 대한 硏究-住居樣相을 중심으로」,『한국상고사학보』19, 한국상고사학회; 김나영, 2007,「嶺南地域 三韓時代 住居址의 變遷과 地域性」, 부산대학교 석사학위논문; 김은정, 2007,「全北地域 原三國時代 住居址 硏究」,『호남고고학보』26, 호남고고학회; 이은정, 2007,「한반도 서남부 3~6세기 주거지 연구」,『호남고고학보』26, 호남고고학회; 朴美羅, 2008,「全南 東部地域 1~5世紀 住居址의 變遷樣相」,『湖南考古學報』30, 湖南考古學會; 강귀영, 2013,「담양 태목리 취락의 변천 연구」, 목포대학교 석사학위논문.

13) 김은정, 2007,「全北地域 原三國時代 住居址 硏究」,『호남고고학보』26, 호남고고학회.

14) 金承玉, 2004,「全北地域 1~7世紀 聚落의 分布와 性格」,『韓國上古史學報』44, 韓國上古史學會.

15) 김승옥(2004)은 전북의 동부지대는 서부와 상이한 사회문화적 기원과 발전과정을 거쳤다고

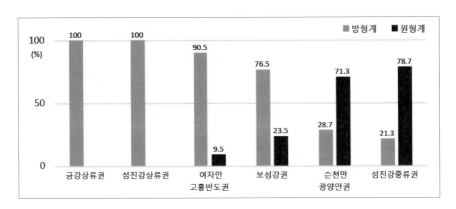

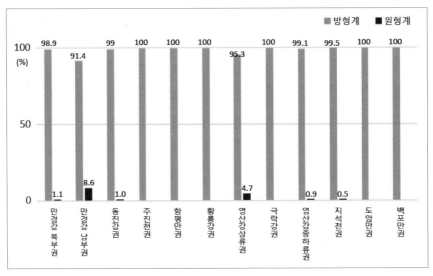

그림 4. 호남 동부(上)와 서부(下)의 주거지 평면형태

필자는 최근 자료를 포함하여 주거지의 평면형태를 세부 지역권에 따라 살피고자 한다. 특히 전북 동부지역은 그동안 취락의 조사예가 적어서 본격적인 논의

보며 이러한 전북동부와 서부의 차이점은 청동기시대와 삼국시대에도 나타난다고 보고 있다.

를 전개하기 어려운 실정이었으나 근래 순창·임실 등에서 다수의 주거유적이 발견되어 보다 진전된 논의가 가능하리라본다.

우선 주거지 평면형태는 기존 연구 성과에 기초하여 방형계(방형·장방형)[16] 와 원형계(원형·타원형)로 대별하고 분석을 진행하였는데, 익히 알고 있는 바와 같이 호남 동부와 서부는 평면형태가 다른 주거 문화가 자리하였음을 재차 확인할 수 있었다(그림 4). 하지만 전북 동부에 위치하는 순창과 임실지역 주거지 평면형태는 방형계 일색으로 기존의 호남 동부지역 주거지(곡성 오지리유적, 남원 세전리유적 등)의 평면 양상과는 차이점이 발견된다. 오히려 이 지역 주거문화 양상은 호남의 서부지역(전주 송천동·동산동 유적 등 만경강 남부권)과 유사하며, 출토유물도 마찬가지이다[17]. 예를 들어, 직구장경평저호는 전주와 완주 일대에서 집중적으로 출토되는 기종으로 현재까지 20여점 내외가 발견되었다. 무문양의 연질 소성품이 많고, 경부가 매우 긴 독특한 형태의 토기이다[18]. 그 기능에 대해서는 목이 긴 형태적 유사성 때문에 분주토기 또는 원통형토기처럼 분묘 조성 시 사용한 의례용기의 가능성을 상정하기도 하고[19], 전주 동산동유적 7호주거지 출토품에서 관찰되는 유기물 부착흔을 통해 칠기 제작과 관련된 용기로 추정한기도 한다[20]. 임실 갈마리 해평유적 4호주거지에서는 직구장경평저호 구연편이 출토되었다. 발견 사례가 많지 않고 지역적으로 한정되어 발견되는 까닭에 갈

---

16) 방형계 중에서도 말각방형은 평면분류에서 그 기준이 모호하여 대부분 방형으로 분류하고 있으나 일부 연구자들은 말각방형의 분류를 시도하기도 한다. 필자는 말각방형을 방형계로 대분류하여 분석하였으며, 출입구시설과 관련되는 돌출부는 주거 평면형태 분석 시 분리하여 검토하였다.
17) 김은정, 2017, 『임실 갈마리 해평유적-고찰-』, 전라문화유산연구원.
18) 金垠井, 2017, 「湖南地域의 馬韓土器」, 全北大學校 博士學位論文.
19) 서현주, 2016, 「마한토기의 지역성과 그 의미」, 『동북아시아에서 본 마한토기』, 2016년 마한연구원 국제학술회의 발표자료집, 마한연구원.
20) 金垠井, 2017, 「湖南地域의 馬韓土器」, 全北大學校 博士學位論文.

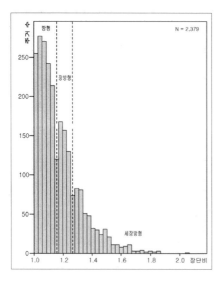

그림 5. 호남지역 주거지 장단비

마리 해평유적에서 출토된 것은 이례적이라 할 수 있다. 심발이나 호, 조형토기 등 여러 종류의 토기 등도 만경강남부지역과 크게 다르지 않다. 이는 임실을 비롯한 섬진강상류권의 취락이 마한 영역에 포함되었던 지역임을 의미하며 호남 서부지역과 긴밀한 관계에 놓여 있었던 것을 방증하는 것이기도 하다. 또한 호남정맥과 섬진강수계라는 자연 경관은 그동안 호남 서부와 동부를 구분하게 했던 주요인이었으며, 고고자료에서도 차이가 있을 것으로 여겨왔다. 하지만 호남 동부 문화권으로 묶였던 일부 지역이 실제 주거 자료에서는 서부와 밀접함을 파악할 수 있었다.

한편 호남 동부지역은 방형계 주거지 비율이 서부지역에 비해 매우 낮으며, 대체적으로 5세기 이후 방형계 비율이 점차 높아지는 것으로 본다[21]. 호남 동·서부 지역에서 주거 평면형태의 차는 매우 극명하게 나타나는데, 이는 다양한 요인이 반영된 결과로 판단된다. 주거 평면형태는 종족의 정체성이나 계통을 반영할 가능성이 높으며, 상호 교류 속에서 문화의 혼합 양상이 나타나기 때문이다. 이러한 이유를 밝혀내기 위해서는 주거 구조뿐만 아니라 기타 물질문화와 함께 주변의 고고자료를 종합적으로 검토해야 할 것이다. 이와 관련된 문제는 본 연구에

---

21) 이동희, 2007, 「全南東部地域 馬韓~百濟系 住居址의 變遷과 그 意味」, 『先史와 古代』27, 한국고대학회.

서 다루지 못하고 향후 과제로 남겨둔다.

다음으로 호남의 방형계 주거지는 장단비 1.15를 기준으로 방형과 장방형, 1.25를 기준으로 장방형과 세장방형으로 구분되는데(그림 5), 지역에 따라서는 발견되는 평면형태 양상이 조금씩 다르다. 호남 서부지역의 주거지는 장단비 1.15 미만인 주거지가 주로 축조되는 반면 동부지역의 주거지는 장방형과 세장방형이 주를 이룬다. 서부에서도 영산강상류권, 지석천권의 주거지는 보다 세장한데 비해, 동부의 여자만·고흥반도권과 순천만·광양만권은 방형에 속한다(그림 6). 즉 서해안과 남해안 지역은 주거 평면형태가 정방형에 가깝고, 내륙 쪽에 위치할수록 세장해지는 양상이다. 이는 지역에 따라 주거 외형, 즉 상부구조가 달랐음을 의미하는 것으로 추정된다. 4주식주거지의 분포 밀도가 높은 지역에서

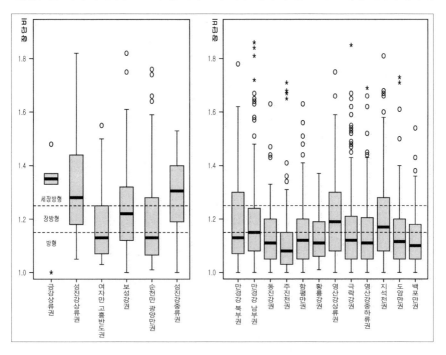

그림 6. 호남 동부(左)와 서부(右)의 주거지 장단비에 따른 분포 양상

표 2. 평면형태에 따른 기둥배치 양상

기둥 평면	4주식	4주식+ 벽주공식	벽주공식	비사주식
방형	31.6% (386기)	4.0 (49)	2.2 (27)	62.2 (760)
장방형	15.8 (72)	1.1 (5)	1.8 (8)	81.3 (370)
세장방형	7.9 (34)	1.4 (6)	4.8 (21)	85.9 (372)

평면 방형의 주거지가 다수 발견되는데, 이는 주거의 상부 구조가 평면형태와 관련성이 높음을 반영한 결과가 아닌가 한다(표 2).

2. 기둥(柱)과 기둥배치

기둥은 건축공간을 형성하는 기본 뼈대 중 하나로서 상부구조물의 하중을 지탱하는 수직재이다. 또 주거 구조에서 입면을 구성하는 중요한 요소로 기둥의 높이는 건축물의 높이를 결정하는데 영향을 미치는 등 입면의 크기를 형성하는 요소가 되기도 한다. 우리나라에서는 언제부터 기둥이 사용되었는지 확실하지 않지만 신석기시대 수혈주거 이후부터인 것은 분명하다. 수혈 내부 가장자리에 구멍을 파서 세우거나 바닥에 세워서 그 윗부분의 구조물을 지탱하게 한 것이 기둥의 시작이라고 여겨진다.

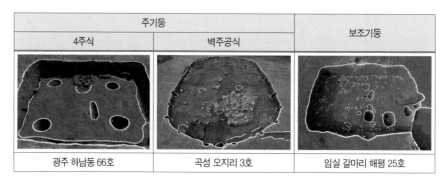

주기둥		보조기둥
4주식	벽주공식	
광주 하남동 66호	곡성 오지리 3호	임실 갈마리 해평 25호

그림 7. 주공식 기둥배치 양상

기둥에 관한 연구는 주로 주거 구조 복원에 대한 주제로 진행되어 왔다. 특히 호남지역에서는 고고학분야에서 김승옥[22]에 의해 시작되었다고 볼 수 있으며, 중심기둥이 4주 배치를 띠는 주거지를 마한계주거지로 규정하였다. 이후 4주식 주거지에 대한 연구가 더욱 진전되어 왔으며, 4주식주거지의 전파와 소멸과정을 살피고, 상부구조를 복원한 연구[23], 4주식주거지 자체의 내부시설 분석을 통해 지역적 차이를 검토하고 그 전개과정을 살핀 연구[24] 등이 이루어져왔다. 이처럼 기둥은 발굴 자료에서 그 실체를 확인하기 어렵지만 기둥을 세웠던 기둥구멍의 존재를 통해 여러 측면에서의 연구가 활발히 이루어졌다고 볼 수 있다.

기둥은 이를 세우는 방식에서 구덩이를 파고 세웠는지의 여부에 따라 무주공식과 주공식으로 구분되고, 주공식은 대체로 주기둥과 보조기둥의 결합형태로 확인되는데 주기둥은 주거지 중앙부와 모서리 등에 세워져 상부구조를 떠받치는 기능을 담당한다. 그리고 주기둥의 배치형태를 통해 4주식, 벽주공식, 4주식+벽주공식으로 구분가능하다(그림 7). 4주식은 주거지 네 모서리 부분에 주기둥이 설치되는 반면, 벽주공식은 벽가를 따라 규칙적으로 주기둥이 세워진다. 그리고 보조기둥은 주기둥과 주기둥 사이, 주거바닥면 등에 배치되어 상부 건축물의 하중을 분산시키는 역할을 담당하거나 주거지 상부시설과 관련하여 세워진다.

주거 자료의 검토는 4주식, 4주식+벽주공식, 벽주공식을 중심으로 진행하였는데, 주거지 평면형태와 마찬가지로 호남 동부와 서부는 확연히 다른 기둥 배

---

22) 金承玉, 2004, 「全北地域 1~7世紀 聚落의 分布와 性格」, 『韓國上古史學報』44, 韓國上古史學會.

23) 鄭一, 2006, 「全南地域 四柱式住居址의 構造的인 變遷 및 展開過程」, 『韓國上古史學報』54, 韓國上古史學會.

24) 임동중, 2013, 「호남지역 사주식주거지의 변천과정」, 전남대학교 석사학위논문; 박지웅, 2014, 「호서·호남지역 사주식 주거지 연구」, 경희대학교 석사학위논문.

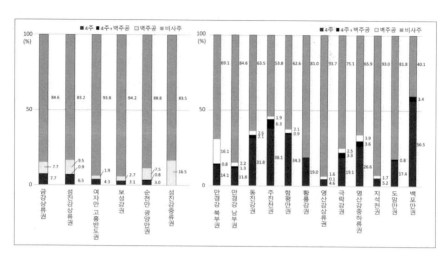

그림 8. 호남 동부(左)와 서부(右) 주거지의 기둥 배치 분포 비율

치 양상을 보였다(그림 8). 동부지역에서는 벽주공식 주공이 주로 발견되며, 순천만·광양만권(7.5%, 38기)과 섬진강중류권(16.5%, 18기) 등 원형계 주거지(곡성 오지리유적 3호, 여수 화동유적 7호 등)가 많은 지역에서 높은 비율로 나타난다. 반면 서부지역에서는 4주식이 다수를 점하며, 4주식+벽주공식과 벽주공식은 소수 확인되고 있다. 4주식은 서부지역 내에서도 세부 권역에 따라 발견빈도의 차이가 보이는데, 특히 동진강권(31.8%, 122기)·주진천권(38.1%, 121기)·함평만권(34.3%, 226기)·영산강중하류권(26.6%, 89기)·백포만권(56.5%, 83기) 등 서해안과 인접한 지역에서 다수 관찰된다[25]. 이는 앞서 검토한 평면형태에 따른 주거의 분포와 비슷한 양상으로, 4주식주거지가 다수 발견되는 지역에서는 보다 정방형에 가까운 형태의 주거지들이 축조되었음을 추정해 볼 수 있다.

---

25) 만경강북부권에서는 4주식보다 벽주공식이 다수를 점하는 양상이어서 금강유역권과의 관련성이 상정되며, 이는 보다 구체적인 접근이 필요하다고 본다.

앞서 언급하였지만 주거의 상부구조와 바닥의 형태는 서로 밀접하게 관련되어 있으며, 4주를 세우는 형식은 장방형 또는 세장방형보다 방형주거지에서 선호되었던 건축 양식이었을 것으로 짐작된다.

3. 취사시설

주거 내 취사시설의 등장은 불이 발견된 이래 필수조건이었고, 신석기시대 이후에는 그 구조가 점차 발전하면서 다양화되고 지역성과 시간성을 반영하는 고고학 자료가 되었다. 취사시설의 변화와 발달은 주거문화에 있어서 단순히 조리시설의 진화에 그치지 않고, 주거 내 공간구성의 변화와도 연동되어 영향을 미치는 등 주요 속성 중 하나로 자리하였다.

원삼국시대 이후로는 호남지역에서 주거지마다 설치되었던 것으로 판단되며, 점토부뚜막(이하 '부뚜막'이라 함)과 솥받침 · 支柱 · 煙道 등이 이 시기 취사시설의 기본 구성 요소로 파악된다[26]. 하지만 부뚜막은 주거지 내에서 파손되기 쉬운 구조물이기 때문에 발굴조사 시 완전한 형태로 확인되는 예는 드물며, 무너져 내린 부뚜막 벽체나 솥받침이 확인되는 경우가 다반사이다.

취사시설에 대한 그간의 연구를 간략히 살펴보면, 부뚜막의 형식을 분류하여 각 지역의 특성을 밝히거나[27], 각 시대별 변천양상을 살펴본 연구[28], 부뚜막의 형

---

26) 김은정, 2016, 「전북지역 원삼국시대 문화적 공백기에 대한 재검토」, 『中央考古硏究』, 中央文化財硏究院.

27) 이형주, 2001, 「한국 고대 부뚜막시설 연구」, 충남대학교 석사학위논문; 김규동, 2002, 「한반도 고대 구들시설에 대한 연구」, 『국립공주박물관기요』2, 국립공주박물관; 김미영, 2004, 「온돌 주거지 발생과 양상」, 『가라문화』18, 경남대학교 가라문화연구소; 김동훈, 2005, 「한국 터널식 노시설에 관한 시론」, 성균관대학교 석사학위논문; 박강민, 2005, 「삼한시대 주거지내 부뚜막과 구들시설에 대한 연구」, 동아대학교 석사학위논문; 유창현, 2006, 「강원지역 선사시대 노지

태를 복원하고 그 조사법을 제시한 연구[29], 부뚜막과 쪽구들을 중심으로 백제의 영역화 과정에서 나타나는 주거문화 양상을 살펴본 연구[30) 등이 있다. 이 시기 취사시설에 대한 연구 성과는 상당량 축적된 상태이나 연구자들에 따라 용어 선택과 분류 방식에 있어서 차이가 매우 큰 것은 사실이다. 이는 개개 연구자들이 분류한 속성 기준과 분석 대상이 지역에 따라 다르기 때문으로 판단된다. 또한 호남지역 취사시설은 호서 또는 중부 지역과 다른 정형적 특징이 있음에도 불구하고 이에 대한 연구가 구체적으로 이루어지지 못한 측면이 크다.

표 3. 호남지역 취사시설의 유형

유형 요소	노	부뚜막				쪽구들
		Ⅰ	Ⅱ			
			'ㅡ'자	'ㄱ'자	'ㅜ'자	
구 조	연소부	연소부·연통부	연소부·연도부·연통부			연소부·연도부·연통부
축조주재료		점토, 석재	점토, 석재			석재
아 궁 이	無	有	有			有
기 능	조리	조리	조리, 난방(?)			조리, 난방

취사시설은 세부속성에 따라 燃燒部·煙道部·煙筒部로 구분가능한데[31], 연소부는 연료가 불꽃을 내면서 타는 곳이며, 연도부는 연기가 지나가는 곳, 연통

연구』, 한림대학교 석사학위논문.
28) 이민석, 2003, 「한국상고시대의 노시설 연구」, 전북대학교 석사학위논문.
29) 김미연, 1998, 「주거지 부뚜막 조사법 일예」, 『연구논문집』5, 호남문화재연구원; 이영덕, 2004, 「호남지방 3~5세기 주거지 구조 복원 시론(Ⅰ)」, 『연구논문집』4, 호남문화재연구원; 정상석, 2006, 「부뚜막부 쪽구들 구조분석과 조사방법에 대한 일고찰」, 『야외고고학』창간호, 한국문화재조사연구기관협회.
30) 장덕원, 2010, 원삼국~삼국시대 금강유역의 주거와 취사시설의 변화로 본 정치적 동향」, 『호서고고학』22, 호서고고학회.
31) 李建壹, 2011, 「湖西地域 百濟住居址의 地上化過程에 관하여」, 『湖西考古學』24, 湖西考古學會.

부는 연기가 주거 외부로 배출되는 부분이다. 이러한 구조적 속성 이외에도 주요 축조 재료, 아궁이의 유무 등을 기준으로 주거 내 취사시설은 爐[32]형·부뚜막[33]형·쪽구들[34]형으로 구분된다(표 3[35]).

노형은 주거 바닥면에 얕은 수혈을 하거나 바닥면을 그대로 이용하여 마련한 것으로, 취사시설의 세부속성 중 연소부만이 확인되는 형태이다. 따라서 바닥면에서 소결된 부분만 관찰될 뿐 특별한 구조는 확인되지 않는다. 이와 같은 형태는 부뚜막형이 파괴된 이후의 형태와 크게 다르지 않아 발굴 자료만을 가지고 구별해 내기 어려운 측면이 있어, 이번 연구에서 세부검토는 진행하지 않았다. 하지만 노형은 이른 시기로 파악되는 주거지에서 주로 확인되고 있기 때문에[36] 논지에 필요한 경우는 적극 활용하였다.

부뚜막형은 연도의 유무에 따라 Ⅰ형과 Ⅱ형으로 대별된다. 부뚜막 Ⅰ형은 연기가 흘러가는 연통부가 없이 뒷벽을 통해 바로 배출되는 형태로, 연소부와 연통

---

32) 주거 내 시설 중 취사시설을 지칭하는 용어로 '노지'라는 용어가 사용되고 있다. '노지'는 이미 이민석(2003)에 의해서 용어상의 문제점이 지적되었고, 필자 역시 노지는 인위적으로 불을 피운 자리가 남은 흔적이기 때문에 조리를 했던 시설을 지칭하는 용어로는 부적합하다고 본다. 따라서 필자는 취사시설의 한 유형으로 爐라는 용어를 사용하기로 한다.

33) '부뚜막'의 사전적 의미는 솥이나 냄비 등을 올려놓고 가열하기 위한 시설로 돌이나 흙을 쌓아서 솥을 걸 수 있도록 만들었으며 보통은 부엌에 고정시킨 것을 가리킨다. 따라서 이 글에서는 솥을 걸어 조리를 하기 위해 제작한 주거 내 시설을 '부뚜막'이라 칭한다.

34) 구들은 아궁이에서 굴뚝 사이의 방바닥에 여러 줄의 고래를 길게 설치하여 뜨거운 화기와 연기가 고래를 지나면서 고래 위에 덮여 있는 구들장을 뜨겁게 달궈 방바닥 전체를 난방하는 시설이다. 호남지역에서 발견되는 것은 주거 전면에서 확인되지 않고 한줄 정도만 시설되기 때문에 '쪽구들'이라는 용어를 사용하는 것이 더 타당하다고 본다.

35) 호남지역에서 부뚜막 Ⅱ형과 쪽구들형은 현재까지 구조적으로 큰 차이가 발견되지 않았지만 주요 축조 재료에서 차이가 발견된다. 이는 시간차, 즉 계통성을 반영하고 있기 때문에 다른 형식으로 구분하여 분석하였다.

36) 김은정, 2016, 「전북지역 원삼국시대 문화적 공백기에 대한 재검토」, 『中央考古研究』, 中央文化財研究院.

부만이 존재한다. 부뚜막Ⅱ형은 부뚜막Ⅰ형에 연기가 지나가는 연도부가 부가된 형식이며, 연도부 형태에 따라 '一'자형·'ㄱ'자형·'T'자형으로 세분된다. 이러한 연도는 연기를 집 밖으로 내보내는 기능 이외에도 온기를 집안에 일정시간 머무르게 함으로써 난방을 겸하였을 가능성이 높다.

부뚜막형은 연소부에서 솥받침이 다수 관찰된다. 솥받침의 재료로는 석재와 토제(심발, 장란형토기 등)가 사용되며, 이들 재료를 다양한 방식으로 조합·배치하여 시설한다. 아궁이는 대개 아무런 시설을 하지 않고 점토로 마무리하지만, 간혹 아궁이 양쪽에 장란형토기로 지주를 세워 점토 벽체를 괴거나[37] 아궁이 위쪽에 가로질러 이맛돌(토제관)을 설치하기도 한다. 이후 시기에는 지주와 이맛돌을 대신 아궁이장식을 부착시키는 양상이다.

쪽구들형은 주거 공간 내부의 한쪽 바닥면에만 1~2줄의 고래를 설치하는 부분난방 방식으로 아궁이에서의 취사와 구들을 통한 난방기능을 겸할 수 있다. 취사기능에 난방기능이 결합된 방식으로 당시에는 매우 이상적인 주거 내부 시설이었을 것으로 추정된다[38].

마한 주거지의 취사시설은 이러한 속성을 염두에 두고 자료를 검토하였다. 호남 서부지역은 대부분 방형계이기 때문에 시설자체만을 분석하여도 무리가 없으나, 동부는 원형이 혼재하기 때문에 주거형태와의 조합분석은 필연적이라 할 수 있다. 따라서 취사시설은 주거 평면형태와 조합하여 권역별 검토를 진행하였다.

다음 [표 4]는 호남지역 취사시설의 평면형태와 지역별 분포양상을 정리한 것이다. 호남지역 취사시설 유형 중 분석이 가능 한 것은 부뚜막Ⅰ·Ⅱ형과 쪽구들형이

---

37) 금강유역권에서는 석재 지주, 즉 봇돌을 세우기도 한다.
38) 정상석, 2006, 「부뚜막부 쪽구들 구조분석과 조사방법에 대한 일고찰」, 『야외고고학』창간호, 한국문화재조사연구기관협회; 송만영, 2010, 「中部地方 原三國時代 住居址와 聚落」, 『마한·백제 사람들의 주거와 삶』, 국립공주박물관·중앙문화재연구원.

다[39]. 쪽구들형은 늦은 단계에 등장[40]하는 것으로 현재까지는 극소수만 발견된 상황이며, 대부분의 주거지에서는 부뚜막형이 확인된다. 부뚜막 I 형은 모든 지역에서 높은 비율로 발견되고, 부뚜막 II 형은 'ㅡ'자형, 'ㄱ'자형, 'T'자형 순으로 나타난다.

표 4. 주거형태에 따른 취사시설의 발견 양상

평면형태	대권역	세부권역	주거수 (기)	축조 재료		지주	취사시설 유형				
				점토	석재		부뚜막	부뚜막II			쪽구들
								ㅡ자	ㄱ자	T자	
방형	동부	금강상류권	13	7	6		7				6
		섬진강상류권	226	224	2	4	222	4			
		여자만고흥반도권	32	32			32				
		보성강권	130	125	5		110	20			
		순천만 광양만권	82	74	8	1	78	4			
		섬진강중류권	4	4			4				
	서부	만경강 북부권	248	240	8	1	217	26	5		2
		만경강 남부권	425	422	3	3	390	29	6		
		동진강권	384	383	1	47	379	5			
		주진천권	309	308	1	7	287	22		1	
		함평만권	644	642	2	1	614	15			
방형	서부	황룡강권	184	184		2	180	3	1		
		영산강상류권	641	639	2	3	641				
		극락강권	1191	1186	5	19	1013	105	1		
		영산강중하류권	314	314			275	39		1	

---

39) 노형은 편평한 바닥면 또는 얇은 수혈을 파고 조성하였을 것으로 추정되나, 점토부뚜막이 부서진 것과 그렇지 않은 것을 보고된 자료로만으로 분별내기 매우 어려운 상황이다. 이를 파악하기 위해서는 당시의 칼라사진 등을 검토하여 기본 자료의 확중이 필요하다고 본다. 따라서 발표자는 이 글에서 노형을 취사시설로 분류는 했지만 발굴 자료의 분석은 차후로 미뤄둠을 밝힌다.

40) 金承玉, 2004, 「全北地域 1~7世紀 聚落의 分布와 性格」, 『韓國上古史學報』44, 韓國上古史學會.

방형/원형	서부/중부	권역									
방형	서부	지석천권	276	268	8	2	240	29	6	1	
		도암만권	242	239	3		230	12			2
		백포만권	145	145			134	11			
원형	중부	금강상류권									
		섬진강상류권									
		어기만고흥반도권	8	0			0	0			
		보성강권	37	37			32	5			
		순천만 광양만권	161	157	4	1	134	27			
		섬진강중류권	45	45			43	2			
	서부	만경강 북부권	1	1			1				
		만경강 남부권	23	23			23				
		동진강권	3	3			3				
		주진천권									
		함평만권	6	6			6				
		황룡강권									
		영산강상류권	41	41		1	41				
		극락강권	5	5			4	1			
		영산강중하류권	3	3			3				
		지석천권	1	1			1				
		도암만권									
		백포만권									
※ 분석은 평면 형태를 알 수 있는 주거지에서 발견된 취사시설을 대상으로 함.											

취사시설의 주요 축조재료로는 점토와 석재가 사용되었는데, 점토만으로 축조된 것이 월등히 많은 수를 차지한다. 점토에 초본류를 혼합하여 점토의 결합력을 높이고 부뚜막의 견고성을 높이고자 한 사례도 담양 태목리 Ⅳ-10호에서 찾아볼 수 있다. 부뚜막형에서 석재가 구조재로 사용된 경우는 대체로 부뚜막 벽체부에서 발견되는데, 이는 벽체를 보다 견고히 하기 위함으로 추정된다. 석재를 부뚜

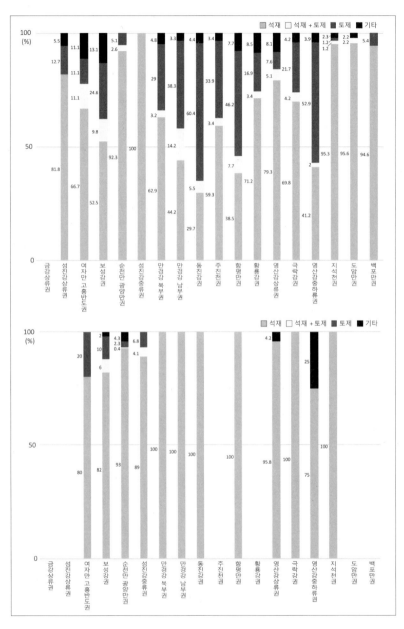

그림 9. 권역별(上:방형계, 下:원형계) 솥받침 발견 빈도

막 축조에 사용하는 것(정읍 관청리 3호)은 늦은 시기에 이루어지며[41], 쪽구들형에서는 대부분의 구조를 석재로 축조하였다(장흥 지천리 나-18호).

지주는 장란형토기(부안 장동리 2호)나 토제관(광주 향등 26호)을 이용하여 시설하였으며, 호남 서부의 방형계 주거지에서 발견 빈도가 높다. 장란형토기를 부뚜막의 상 벽 끝에 잇대어 기꾸로 시설한 깃과 같은 형태는 진주 송신동유적 B-8호, 완주 신풍유적 가-5호, 고창 교운리유적 16호, 부안 장동리유적 20호 등에서 찾아 볼 수 있으며, 특히 동진강권에서 부뚜막 축조 시에 적극 사용한 것으로 보인다.

솥받침은 부뚜막 연소부에 시설되는 구조물로 조리 시 부뚜막에 걸린 솥의 바닥부분을 받치는 역할을 한다. 호남지역에서 솥받침이 발견된 주거지 수만 하더라도 1, 400여 곳에 이른다. 솥받침은 석재나 토기를 연소부 중앙에 하나를 시설하거나, 둘 또는 둘 이상을 석재+석재, 석재+토제, 토제+토제로 조합하여 배치하기도 한다. 토기는 심발이 주 재료로 사용되었으며[42], 일부 장란형토기나 기타 토기를 사용하였다. 솥받침으로 심발을 사용한 경우에는 대부분 일부가 결실된 것이 많은데, 이는 일상용기로 사용하다가 깨져서 취사기의 기능을 상실했을 때 재사용했거나 솥받침의 높이를 조절하기 위한 방편으로 여겨진다[43]. 지역에 따라서는 솥받침 재료를 다양하게 선택하고 있음을 알 수 있다(그림 9). 호남 동부나 서부에서도 지석천권, 도암만권, 백포만권, 섬진강중류권 등에서는 석재 솥받침을 주로 사용했던 반면, 동진강권이나 함평만권, 영산강중하류권 등 서해안과 인접한 지역에서는 토제 솥받침을 선호했던 것으로 파악된다[44].

---

41) 金承玉, 2004,「全北地域 1~7世紀 聚落의 分布와 性格」,『韓國上古史學報』44, 韓國上古史學會.
42) 金垠井, 2017,「湖南地域의 馬韓土器」, 全北大學校 博士學位論文.
43) 金垠井, 2017,「湖南地域의 馬韓土器」, 全北大學校 博士學位論文.
44) 한편, 지역권별로 다수를 점유하는 솥받침 외에도 소수의 솥받침 재료를 사용한 것이 확인된

4. 장타원형수혈

| 함평 중랑 103호 | 전주 장동Ⅱ-9호 | 곡성 오지리 21호 |

그림 10. 장타원형수혈의 모습

장타원형수혈45)은 호남지역의 마한 주거지에서 주로 확인된다(그림 10). 보통 하나의 주거지에서 1~2개 정도가 발견되며, 주거지 장축방향과 직교하여 배치되는 것이 일반적이다46). 주거 면적이 큰 경우에는 장타원형수혈 두 개의 장축을 나란하게 하여 일렬로 배치하기도 하며(전주 송천동B 10·17호, 광주 산정동 57호), 여러 개가 발견되는 경우(전주 장동Ⅱ-9호, 광주 동림동 39호)는 동시성과 시간차를 고려해 볼 수 있는데, 이는 그 기능과 함께 검토되어야 할 것이다. 현재 호남지역에서 장타원형수혈이 확인된 주거지는 1,000여기에 이르며47), 주거지의 평면형태, 규모,

---

다. 이는 지역적 선호도 외에 다른 요인을 반영할 가능성이 높아 보이는데, 이와 관련하여서는 향후 다른 지면을 통해 검토할 것이다.

45) 필자는 이 글에서 장타원형수혈을 폭이 좁은 세장한 타원형·말각방형의 수혈로 정의하고자 한다. 이는 청동기시대 송국리형주거지에서 확인되는 타원형구덩이와 구별되는 것으로 연구자들의 혼란을 막기 위해 수혈이라는 단어를 사용하였다. 또 원삼국~백제 주거지 내에서 관찰되는 저장혈 또는 기타 수혈 등과 구분하기 위한 용어로 장타원형수혈이 적합하다고 판단되는데, 그것은 수혈 크기와 형태, 깊이로 보아 저장시설은 아니었을 것으로 추정되기 때문이다.

46) 金垠井, 2017,「湖南地域의 馬韓土器」, 全北大學校 博士學位論文.

47) 김제 대목리유적, 고창 교운리·석교리 유적, 전주 송천동유적, 함평 소명유적, 영광 마전유적, 광주 쌍촌동유적, 장흥 지천리유적, 담양 대치리유적 등 다수의 주거지에서 발견되고 있다.

기둥배치 등과 상관없이 주거 건축에 채용했던 것으로 판단된다[48]. 장타원형수혈 내부에서는 소주공이 확인(고창 부곡리 24호, 광주 산정동 35호)되기도 한다.

장타원형수혈의 기능에 대해서는 주거 내 공간분할을 위한 시설, 작업공간, 집수시설, 저장공, 주거 상부로 올라가기 위한 시설 등 다양하게 추측되고 있는 실정이나[49]. 그 기능에 대해 아직 단언할 수 없지만 다음의 기능을 상정해 볼 수 있다.

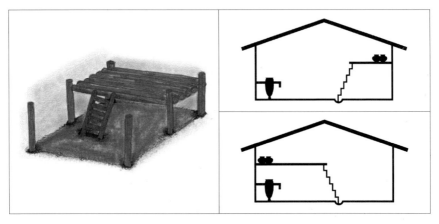

그림 11. 장타원형수혈의 기능 추정도

첫째는 복층으로 올라가기 위한 매개체를 지지해 주는 수혈이었을 가능성이다. 주거 내 공간을 보다 체계적이고 넓게 활용하기 위하여 주거 내부를 복층 구

---

48) 장타원형수혈은 호남 동부와 서부 지역, 평면 방형계와 원형계, 대형과 소형, 4주식과 비사주식 주거지에서 모두 발견되고 있기 때문이다.
49) 김승옥 · 김은정, 2004, 『全州 송천동유적-B지구-』, 전북대학교박물관; 金垠井, 2017, 『湖南地域의 馬韓土器』, 全北大學校 博士學位論文; 국립나주문화재연구소, 2012, 『옹관고분사회 주거지』; 오대종, 2014, 「섬진강유역의 1~6세기 주거지 분포와 지역성」, 『호남문화재연구』15, 호남문화재연구원.

조로 설계하고, 이 곳을 오르내리는 懸梯(사다리)의 안정성을 확보하기 위해 支持穴을 조성했던 것으로 판단된다. 즉, 장타원형수혈은 수혈주거지의 상부 공간(선반 또는 복층 구조의 시설물)에 오르기 위한 시설의 하단부가 놓였던 부분으로 추정된다(그림 11[50]).

이는 주거 상부구조와 연동된 연구가 이루어져야 하지만 발굴 자료의 한계 때문에 현실적으로 어려움이 크다. 하지만 해외 민족지 자료나 우리의 전통가옥 등을 통해 비교·검토한다면 그 실마리를 찾을 수 있을 것이다. 담양 태목리 Ⅳ-55호주거지에서 확인된 장타원형수혈(그림 12)의 내부와 상면에서는 다량의 탄화목제가 출토되었으며, 목제의 노출된 모습을 통해 시설물이 내려앉은 것임을 추정하였

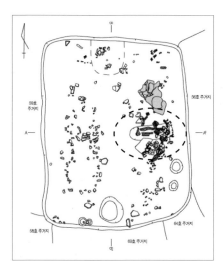

그림 12. 담양 태목리Ⅳ-55호

다. 이와 같은 사례가 더욱 증가한다면 장타원형수혈의 구체적 모습을 복원할 수 있으리라 본다.

둘째는 수혈 주거지의 출입을 위한 시설(계단? 사다리?)이 놓였던 흔적일 수 있다. 임실 갈마리 해평유적이나 정읍 신면유적 등에서 발견된 주거지의 잔존 깊이는 이미 삭평이 이루어졌음에도 불구하고 50~70㎝ 내외인 것이 많다. 이들 주거

---

50) 모식도는 장타원형수혈의 기능을 보여주는 것에 초점을 맞춰 그린 것이다. 이 글에서는 주거의 상부구조를 적극 검토하지 못하였음을 미리 밝히며, 향후 기둥배치, 수혈깊이, 지붕의 형태 등 주거지의 여타 속성의 면밀한 검토를 통해 보다 실제에 가까운 모습을 그리는 것은 과제로 남겨둔다.

지 내부에서 외부로 나오기란 쉽지 않았고, 그러기 위해서는 구조물이 반드시 필요했을 것이다. 그런데 상당수의 장타원형수혈은 주거지 중앙 보다는 출입시설이 있었을 가능성이 높은 쪽에 치우쳐서 발견된다. 따라서 장타원형수혈은 깊은 수혈 주거지 출입을 위한 시설의 하단부가 놓였던 수혈이었을 가능성이 높다[51].

IV. 마한 주거 구조의 변천 및 지역성

1. 시기별 변천 양상

호남지역에서 마한 주거 구조를 통해 변화상을 살필 수 있는 중요한 지표는 평면형태, 취사시설, 기둥배치라 판단된다. 이와 함께 지금까지의 연구 성과[52]를 바탕으로 마한 주거지의 분기 및 연대는 3기로 구분하였다. Ⅰ기는 마한 주거 구조의 형성기이며, Ⅱ기는 Ⅰ기에 형성된 마한 주거지가 변화·발전하는 시기이다. Ⅲ기는 백제·가야 등 주변지역과의 상호 교류를 통해 마한지역에 새로운 문

---

51) 장타원형수혈의 기능은 향후 보다 적극적인 방법, 예를 들어 실제로 주거지를 축조하고 사다리를 시설한다던가하는 등의 실험고고학적 접근, 그리고 주거지의 면적이나 평면형태 등과도 면밀한 비교·분석을 통해 보다 명확히 밝힐 수 있을 것으로 본다.

52) 金承玉, 2000, 「호남지역 마한 주거지의 편년」, 『湖南考古學報』11, 湖南考古學會; 金承玉, 2004, 「全北地域 1~7世紀 聚落의 分布와 性格」, 『韓國上古史學報』44, 韓國上古史學; 金承玉, 2007, 「금강유역 원삼국~삼국시대 취락의 전개과정 연구」, 『韓國考古學報』65, 韓國考古學會; 金根井, 2017, 「湖南地域의 馬韓土器」, 全北大學校 博士學位論文; 이은정, 2007, 「한반도 서남부 3~6세기 주거지 연구」, 『호남고고학보』26, 호남고고학회; 朴美羅, 2008, 「全南 東部地域 1~5世紀 住居址의 變遷樣相」, 『湖南考古學報』30, 湖南考古學會; 이영철, 2012, 「영산강 상류지역의 취락 변동과 백제화 과정」, 『백제와 영산강』, 학연문화사; 이동희, 2005, 「전남 동부지역 복합사회 형성과정의 고고학적 연구」, 성균관대학교 박사학위논문.

화가 유입되고, 이는 주거 구조에도 영향을 미치는 시기라 할 수 있다. 이를 보다 자세히 살펴보면 다음과 같다(표 5).

 Ⅰ기는 마한 주거지가 형성되는 시기라 할 수 있으며, 부안 백산성유적, 전주 동산동·장동 유적, 함평 소명주거지, 담양 태목리유적, 곡성 오지리유적, 보성 조성리유적, 순천 덕암동유적 등에서 발견된 이른 시기 주거지가 이에 해당된다. 주거지 평면형태는 원형계(원형·타원형)와 방형계(말각방형·방형 등)가 모두 확인되지만 모든 지역에 고르게 분포하는 것은 아니다. 원형계 주거지는 호남 동부지역에서 상당히 높은 점유율을 보이는 반면, 호남 서부에서는 방형계 주거지가 더 많은 수를 차지한다. 방형계 주거지는 말각방형과 방형·장방형·세장방형으로 세분할 수 있는데, 이 시기에는 주거지의 어깨부분이 말각방형에 가까운 형태의 주거지 비율이 다소 높은 것으로 판단된다. 또한 이 시기 서부지역 백산성 7호, 장동 Ⅰ-2호, 태목리 Ⅲ-47호 등에서는 원형계 주거지가 소수 발견되고 있어 이채롭다. 주거지 내부에서는 취사시설·기둥구멍 등이 확인되고 있다. 취사시설은 노식과 점토부뚜막식으로 구분가능한데, 노식은 이전부터 사용한 취사방식이었을 것으로 판단되며 점토부뚜막식이 이 시기 새롭게 등장한다. 노식은 주로 주거지의 벽가나 모서리, 또는 바닥 중앙에서 한쪽으로 치우친 부분에 시설되며, 소결토와 함께 숯·재층이 확인된다. 점토부뚜막식은 이후 등장하는 부뚜막의 형태보다는 간단한 구조로 만들어지며, 경질무문토기 저부를 솥받침으로 사용한 전주 동산동 128호 주거지에서 이를 살펴 볼 수 있다. 동부지역의 취사시설 역시 노지와 원시적인 형태의 부뚜막식이 확인된다[53]. 주공은 동부와 서부지역 모두 비사주식이 시설되는 시기이며, 불규칙하게

---

53) 朴美羅, 2008, 「全南 東部地域 1~5世紀 住居址의 變遷樣相」, 『湖南考古學報』30, 湖南考古學會.

표 5. 호남지역 마한 주거 구조의 분기별 특징

분기	연대	서부							동부						
		평면형태		노	취사시설		기둥배치		평면형태		노	취사시설		기둥배치	
		원형계	방형태		부뚜막	쪽구들	비사주식	4주식	원형계	방형태		부뚜막	쪽구들	비사주식	4주식
I	2세기대	원형계	말각방형 방형	노	점토부뚜막식 등장 (순수점 등장 'ㅡ자형')		비사주식		원형계		노	점토 부뚜막식		비사주식	
IIa	3세기대	원형계 소멸	방형, 장방형		점토부뚜막식 ('ㄱ자' 'ㄷ자'형 등장, 'ㅡ자형과 혼용)			4주식 등장 (부안, 고창?)		방형계 등장 (보성강권, 여자만·고흥반도권)					
IIb	4세기대							4주식 확산							4주식 등장 (보성강권, 여자만·고흥반도권)
III	5세기대				석재부뚜막식 등장	쪽구들 등장				방형계 증가 (순천만·광양만권)		석재 부뚜막식 등장	쪽구들 등장		4주식 전역 확산

분포하거나 주공이 관찰되지 않는 것도 있다.

유물은 기술적 측면에서 볼 때 무문토기 제작 기법과 타날기술로 만들어진 토기가 모두 확인되고, 경질무문 장동옹(평저)과 심발, 장란형토기 등이 출토되었다. 새롭게 등장하는 타날문토기들은 아직 기형의 완성이 완벽하게 이루어지기 이전으로 장란형토기의 경우 기고가 다소 낮고, 심발은 저부 등 기벽이 두껍게 제작된다. 시루는 동체·바닥·파수·증기공의 형태를 통해 그 변화상이 확인되는데, 바닥은 말각평저이며, 증기공은 0.4~0.8㎝ 정도의 작은 구멍이 불규칙하게 분포한다[54]. Ⅰ기의 연대는 2세기 중반~3세기를 전후한 시기로 설정 가능하다[55].

Ⅱ기는 Ⅱa와 Ⅱb기로 세분되며, 4주식과 방형계 주거지의 등장, 그리고 확산되는 시기라 할 수 있다. Ⅱa기 서부지역에서는 평면 원형계는 소멸되고 방형계는 기하급수적으로 늘어나는 양상이다. 또한 Ⅰ기에 등장했던 점토부뚜막은 솥받침의 배치가 다양해지고, 배연 시설이 부가되는 등 부뚜막의 구조적 측면에서 변화가 간취된다. 또한 부뚜막 구조의 발달은 취사용기인 장란형토기의 기형변화를 야기하는데, Ⅰ기에는 장란형토기의 세장도가 낮았던 반면 Ⅱ기가 되면 세장도가 높게 나타나는 것을 살펴 볼 수 있다[56]. 동부지역의 취사시설은 Ⅰ기의 양상이 지속된다. 기둥의 배치에 있어서는 4주식이라는 새로운 형태가 부안·고창 등 서해안 지역을 중심으로 등장하지만 동부지역에서는 Ⅰ기의 비사주식 원형

---

54) 김은정, 2016, 「전북지역 원삼국시대 문화적 공백기에 대한 재검토」, 『中央考古研究』, 中央文化財研究院.

55) 2세기 중반 이전시기로 편년되는 유적으로 남원 세전리가 있지만(윤덕향 1988; 온화순 1993; 최성락 1993) 보고서가 미발간되어 주거 구조 및 출토유물의 양상을 현재로서는 파악하기 어렵다. 이 외에도 소수 유적이 보고된바 있지만 Ⅰ기의 연대를 올리기 위해서는 보다 많은 자료의 검토가 필요할 것으로 판단된다. 따라서 이 글에서는 Ⅰ기의 상한을 2세기 중반으로 설정하였으며, 이 연대는 향후 보정이 필요할 것이다.

56) 김은정, 2016, 「전북지역 원삼국시대 문화적 공백기에 대한 재검토」, 『中央考古研究』, 中央文化財研究院.

계 주거지가 지속된다. 하지만 보성강권이나 여자만·고흥반도권 등 서부지역과 근거리에 위치한 지역에서는 방형계 주거지가 등장하는데, 이는 호남 서부지역 방형계 주거지의 영향으로 파악된다[57].

Ⅱb기에는 대부분의 주거 속성이 발달·확산되는 양상이며, 특히 서부에서 4주식주거지가 절정을 이룬다. 또한 동부지역에서는 보성강권(순천 낙수리 2호)을 중심으로 4주식주거지가 이 시기에 축조된다. 토기는 타날문토기가 압도적으로 증가하는 시기여서 타날문토기 일색이라 해도 과언이 아니다.

Ⅱa기의 연대는 3세기 전반~4세기 초반에 해당되며, Ⅱb기는 4세기 전반~4세기 후반으로 편년할 수 있다.

Ⅲ기는 4주식주거지가 동부 전 지역으로 확산되는 시기이며, 호남지역에 백제와 가야 등 외래문화요소가 유입되어 주거 구조에도 변화가 발생되는 시기라 할 수 있다. 또한 동부지역 주거지 평면형태는 원형계가 계속 유지되지만 방형계의 비율이 증가하며(순천만·광양만권), 서부지역에서는 4주식주거지가 계속 축조된다. 취사시설에서는 변화가 나타나는데, 부뚜막 축조 시 점토만을 사용하던 것에서 석재를 함께 혼용한 석재부뚜막식이 서부와 동부지역에 등장한다. 부뚜막 벽체부분을 판석으로 시설하여 보다 견고하게 조성하고자 했던 결과물로 판단된다. Ⅲ기의 늦은 시기가 되면 장흥 지천리 나-18호처럼 취사시설 전체를 석재로 축조한 쪽구들이 등장한다. 이러한 구들은 백제계 주거지에서 확인되는 요소[58]로 취사와 난방을 겸한 형태로 본다. 이 시기에는 백제토기와 가야계 토기가 주거지에서 급증하며, 타날문으로 승문이 주로 발견된다. 연대는 5세기 전반~5세기 말·6세기 초반으로 편년된다.

---

57) 朴美羅, 2008, 「全南 東部地域 1~5世紀 住居址의 變遷樣相」, 『湖南考古學報』30, 湖南考古學會.
58) 金承玉, 2004, 「全北地域 1~7世紀 聚落의 分布와 性格」, 『韓國上古史學報』44, 韓國上古史學會.

2. 주거 구조의 지역성

여기서는 마한 주거 구조가 지역권별로 어떠한 공통점과 차이점이 발견되는지 살펴보고자 한다. 특히 평면형태, 방형계 주거지의 장단비, 기둥배치(4주식과 비사주식), 부뚜막의 솥받침 재료를 통해 지역성 검토가 가능하다.

주거지의 평면형태는 호남지역에서 분포권을 달리하여 축조되었다(그림 13). 원형계는 동부권에 해당되는 섬진강중류권, 순천만 · 광양만권에서 높은 빈도를 보이며 다음으로 보성강권, 여자만 · 고흥반도권 순으로 발견되었다. 금강상류권과 섬진강상류권은 호남 동부지역임에도 불구하고 현재까지는 방형계만이 확인된 상태이다. 특히 섬진강상류권의 마한 주거지는 구조 및 출토유물의 양상을 통해 볼 때 서부지역과 보다 밀접한 관련성이 상정된다. 서부지역은 방형계 주거지 일색이며, 시간이 지남에 따라 방형계가 동부지역으로 유입되는 양상이다. 보성강권, 여자만 · 고흥반도권이 호남 동부권에 속하지만 방형계가 더 높은 비율로 발견되는 것은 서부지역과 연접한 지역으로 문화 변동의 가능성이 높기 때문이리라 판단된다.

호남 전역은 그동안 凡마한권으로 인식되어 왔으나 동부와 서부는 고고학적으로 상이하다. 즉, 호남 동부는 방형계가 아니라 원형계가 많고, 묘제에 있어서도 분구묘나 옹관묘가 주요 묘제라기보다 토광묘가 주 묘제인 점, 토기는 경질무문토기가 오랜 전통 속에서 유지된다는 점 등이 그러하다. 이는 동부지역이 서해안의 마한문화와 교류가 빈번하지 않았던 독자성이 강한 지역이었기 때문이라 추정된다. 다시 말하면, 호남 동부가 마한의 邊境이었음을 유추케 하는 측면이기도 하다. 또한 5세기대가 되면 동부지역 전역에 4주식주거지가 확산되지만, 순천만 · 광양만권과 연접한 경남서부에서는 거의 4주식이 발견되지 않는다[59]. 이는 마한의 주거문화가 경

---

59) 영남지역에서 발견되는 4주식은 호남지역과 달리 전형적인 4주식은 많지 않다. 전형적인 4주

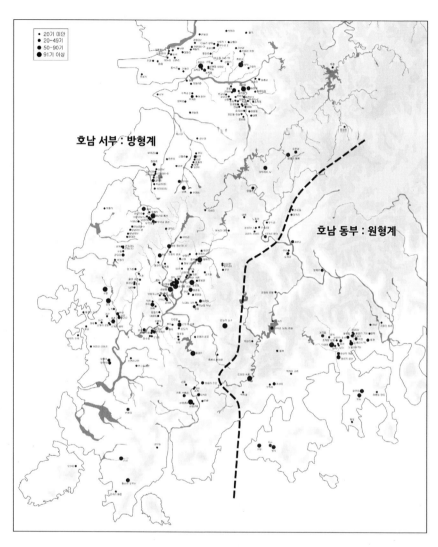

그림 13. 주거지 평면형태에 따른 지역별 분포

식은 울산 교동리 104유적 4호 주거지가 있으며, 그 외 4주식주거지는 울산 천상리 평천유적
이나 창녕 계성리유적 등에서 조사되었는데 모두 삼국시대에 속하는 것들이다(이수홍 2010).

계를 넘지 않고 섬진강유역까지만 영향을 미쳤음을 의미하는 것이기도 하다[60]. 결국 호남 서부와 동부는 판이한 마한 문화 양상을 보이는 것 같지만 범마한권에 속하며, 그 가운데에서 독자성이 강한 마한소국들이 존재했다고 보아야 할 것이다.

방형계 주거지는 장단비에 따라 방형·장방형·세장방형으로 세분할 수 있으며, 세부 권역에 따라 분포하는 주거 평면형태가 조금씩 다름을 파악할 수 있었다 (그림 14). 호남 서부지역에서는 서·남해안과 근거리에 위치하고 있는 지역, 즉 동진강권, 주진천권, 함평만권, 황룡강권, 극락강원, 영산강중하류권, 도암만권, 백포만권의 주거지는 방형이 주로 분포한다. 동부지역도 마찬가지로 여자만·고흥반도권, 순천만·광양만권의 주거지는 방형에 속한다. 반면 두 지역 모두 해안에서 먼 거리에 위치하고 있는 지역(금강상류권, 섬진강상류권, 섬진강중류권, 보성강권, 영산강상류권, 지석천권) 주거지는 장방형 또는 세장방형이 많다.

방형계 주거지의 이러한 분포는 지형, 기후, 건축 방식 등에서 기인한 것으로 추정된다. 예를 들어 4주식 기둥 배치는 장방형 또는 세장방형보다 방형 주거지에서 선호되었던 건축 양식이다. 따라서 방형 주거의 빈도가 높은 동진강권, 주진천권, 함평만권, 영산강중하류권, 백포만권에서 4주식이 다수 발견된다.

지주는 호남 서부지역에서 주로 시설하였으며, 특히 동진강권에 집중된다. 솥받침은 지석천권, 도암만권 등에서 석재를 주로 사용했고, 동진강권이나 함평만권, 영산강중하류권 등 서해안 인접지역에서는 토제솥받침이 집중적으로 발견되는 것으로 보아 이를 선호했던 것으로 파악된다(그림 15).

이와 같이 지역에 따라 주거 구조에서 차이가 발생하는 것은 그만큼 사회 통합도가 낮았음을 의미한다. 동시에 거주민의 정체성과 삶의 바운더리를 물질자

<hr>

60) 이동희, 2011, 「三國時代 湖南地域 聚落의 地域性과 變動」, 『호남지역 삼국시대의 취락유형』, 韓國上古史學會.

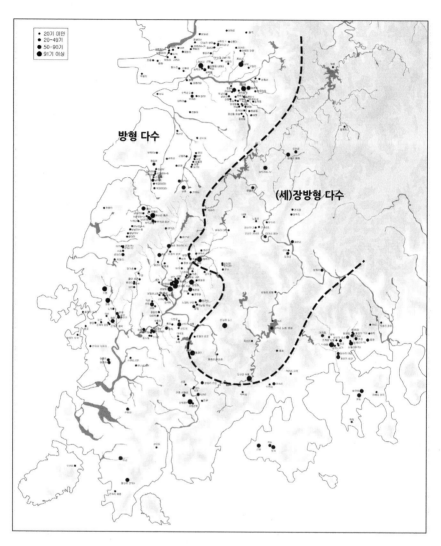

그림 14. 방형계 주거지(방형 · (세)장방형)의 분포 양상

료를 통해서 간접적으로 드러내는 것이기도 하다. 주거 구조의 차이를 통해 그동
안 막연하게 호남 동부와 서부로 대별하여 마한 주거지를 설명했던 것을 재고하
게 되었다는 측면에서는 상당히 고무적이다. 필자는 마한의 일상용기를 연구하

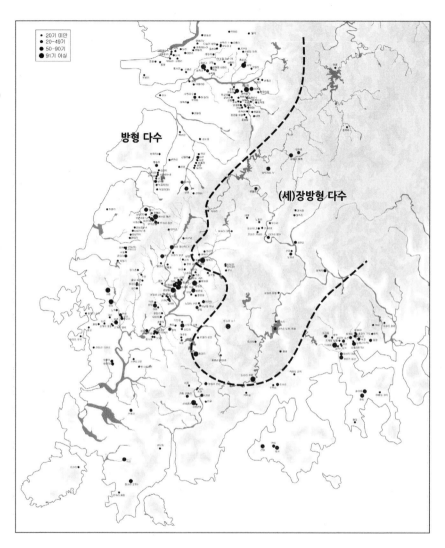

그림 15. 토제솥받침 집중 분포 지역

면서 몇몇 기종을 대상으로 유통 및 지역권 파악을 시도 한 적이 있다[61]. 만경강

---

61) 金垠井, 2017, 「湖南地域의 馬韓土器」, 全北大學校 博士學位論文.

남부권을 중심으로 발견되는 토기의 조합상을 확인하였고, 심발과 장란형토기가 지역권에 따라 용량의 차이가 있음을 밝히기도 했다. 앞으로 주거 구조와 출토유물, 그리고 무덤의 양상까지 종합적인 검토가 이루어진다면 고고자료를 통한 마한의 지역성을 보다 명확히 그려낼 수 있는 중요한 근거가 될 것이라 본다.

V. 맺음말

이상에서는 호남지역 마한 주거지의 구조를 중심으로 살펴보았다. 평면형태, 기둥의 배치, 취사시설을 통하여 세부권역별 차이점을 검토하였고, 장타원형수혈을 통해 기능을 추정하였다. 호남의 역동적인 자연환경만큼 마한 주거 역시 동부와 서부지역의 지역성이 뚜렷하였고, 세부 지역권에 따라서도 구조의 차이가 있음을 알 수 있었다. 또한 삼국시대에 접어들어서는 백제와 가야 등 외부세력과의 상호작용과 맞물려 마한 주거 구조도 흐름을 같이 하고 있음을 확인할 수 있었다.

하지만 본 연구에서는 마한 주거 구조를 호남으로 한정하여 살폈기 때문에 서울, 경기, 호서 지역의 자료는 검토하지 못하였다. 이들 지역의 주거 자료도 함께 살필 때에 마한의 주거 구조가 보다 명확해질 것이며, 더 나아가 마한소국의 경계도 그려나갈 수 있을 것이다. 예를 들어 4주식주거지를 마한계 주거지로 이해하고 있지만, 이를 제외한 비사주식 방형계 주거지가 공존한다. 이들 주거지 간의 관계는 마한 주거 문화를 이해하는데 있어 선결해야할 과제이기도 하다. 이러한 작업은 마한 주거의 시·공간성 및 지역적 경계를 보다 명확히 결정 할 수 있는 주요인이라 판단되기 때문이다.

또한 호남지역 마한 주거의 변화와 지역별 차이를 검토하는 과정에서 출토유물과 분묘 자료를 적극적으로 활용하지 못하였다. 이러한 한계는 향후 연구를 진행하는 과정에서 적극적으로 수정·보완하고자 한다.

●●●●
마한의 주거생활
- 음식문화를 중심으로-

한지선 국립중원문화재연구소

Ⅰ. 머리말

인간이 주거공간에서 필수적으로 하게 되는 행위는 가장 기본이 되는 먹고 자는 것을 포함하여 가족 등 단위간의 소규모의 생산활동과 집단 활동을 통해 공동체 생활에 있어서 전통적 가치를 공유 · 계승 · 발전시키는 것이 될 것이다. 그래서 공간에 대한 분석은 인간 행위에 대한 연구로 이어진다. 특히 선사 고대의 주거공간은 땅을 파고 공간을 만들어 생활하는 수혈식으로, 이는 1차적으로 추위와 바람 등의 자연환경에 대응하기 위해 주거 내부에 시설을 만들고, 지붕과 벽체구조를 점차 견고하게 발전시켜 왔다. 주거지 내부에서 우리가 용도와 의도성을 파악할 수 있는 거의 유일한 시설이 바로 노지와 부뚜막과 같은 취사, 난방 시설인 점도 이러한 자연환경과 인간, 그리고 인간이 가장 중요하게 여겼던 주거 생활의 중심성을 잘 보여준다. 사회가 점차 발달하면서 인간은 보다 적응된 자연환경 속에서 얻어진 다양한 식재료와 조리에 대한 아이디어로 주거 생활을 변화시켰고 토기 등의 물질문화의 변동은 시대적 · 지역적 발달의 주요 동인으로 작용했을 것이다.

한반도에서는 선사시대 이래로 주거지내 취사 · 난방시설로서 노지를 사용하던 방식에서 기원전후에 출현하여 2, 3세기대에 본격적으로 수혈 주거지 내부에 부뚜막이 시설되면서 주거 내 취사행위가 큰 변화를 맞게 된다. 특히 지역적으로 주거지의 형태나 부뚜막의 설치방식과 이에 따른 솥의 형태 등에 차이가 나타나는데, 본 고에서는 이러한 한반도 남부 부뚜막의 구조적 차이를 지역적 · 시간적으로 간략하게 살펴보고 그 원인도 추정해 보고자 한다. 이외에도 간략하게 주거공간 내 생산활동과 공간의 활용, 그리고 주거 내 제의시설에 대해 간략히 검토하였다.

Ⅱ. 마한[1]의 음식문화

1. 주거지 평면형태와 취사시설

1) 주거지의 평면형대

삼국시대 수혈 주거지 평면형태는 呂凸字形, 方形, 圓形으로 크게 나뉜다. 그 중에서 약간의 변형이 있어 장방형, 장타원형, 육각형, 오각형의 呂凸字形 등 다양하게 확인되지만 그것 또한 기본 형식에서 크게 벗어나지 않는다. 이러한 주거지의 평면형식은 한강유역권을 중심으로 한 중부지역에서 여철자형이 우세이면서 소수의 방형과 원형이 확인되고, 충청 및 호남서부권에서는 방형이 우세하면

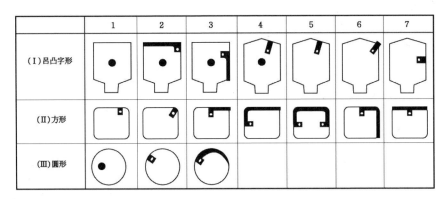

그림 1. 주거 평면형태별 취사시설 각종

---

1) 馬韓은 고대국가 성립 이전 馬韓, 弁韓, 辰韓으로 대별되는 三韓의 하나로 백제도 그 일국으로 기록되어져 있다. 그러나 또 다른 의미로는 옹관문화의 전통을 고수했던 호남지역을 중심으로 한 독특한 문화권을 지칭하기도 한다. 본고에서는 원삼국시대~삼국시대를 거치면서 지역적으로 주거문화의 형태와 그 특징을 대별해 보기 위해 전자의 의미를 적용하여 전반적인 검토를 실시하였지만, 세부적으로 확인된 두드러진 '마한 주거문화'의 특징은 후자의 문화권에 비중을 두어 서술하였다.

서도 소수의 원형이 함께, 그리고 호남동부권과 경남권에서는 원형이 우세하면서 소수 혹은 늦은 시기 방형이 공존하는 양상이 확인된다. 평면 및 면적, 주거 건축문화의 지역간 차이 등으로 인해 주거 내에 시설되는 취사시설의 형태와 길이 등에서도 차이가 발생한다.

<그림 1>은 앞서 언급한 마한 주거지의 평면 형태별로 확인되는 취사시설의 형식을 표로 정리한 것이다. 이 표에는 지역성과 시기성이 공존하고 있어 구분이 필요하다. 예를 들어 여철자형 주거지의 경우 원삼국시대에는 1~4가, 이후 삼국시대에는 5~7의 취사시설이 확인된다. 방형의 경우도 시기와 지역을 떠나 1이 가장 다수 분포하면서 4~7과 같이 복잡하고 연도가 길어지는 형태는 호서지역에서 주로 확인되며, 원형은 여철자형이나 방형에 비해 취사시설이 다양하게 설치되지는 않지만 3이 2보다 빠른 시점에 출현하고 공존양상도 확인되고 있는 점 등은 주목된다(붙임참조).

2) 취사시설의 설치 방식

취사시설은 여철자형이나 방형의 주거지에서 다양한 형태가 확인된다. 이는 주거지의 면적과도 관련이 있겠으나 취락의 지역적, 지리적 입지에 따른 난방의 정도나 음식물(특히 주식의 섭취방식)을 섭취하는 고유의 방식에 의한 조리방식에 따라서도 다양하다. 특히 하나의 부뚜막에 솥을 1개 설치하는지 혹은 2개를 설치하는지, 연도부를 길게 만드는지 혹은 짧게 낼 것인지 등이 앞선 조건 등에 의해 좌우되었던 것으로 보인다. 서천 지산리의 경우가 매우 두드러진 특징을 보여준다. 이 취락에서는 <그림 1>의 방형평면에 7식을 제외하고 대부분 형식이 확인되고 있어 삼국시대 취락 중에서도 취사시설이 가장 다양하게 확인된다. 이 곳의 입지는 해안에서 직선거리로 약 21km 떨어진 계곡 사면부에 입지하고 있어 대개 산지의 평탄지 구릉이나 하단부 저지대에 주로 입지하는 여타 취락과는 차이

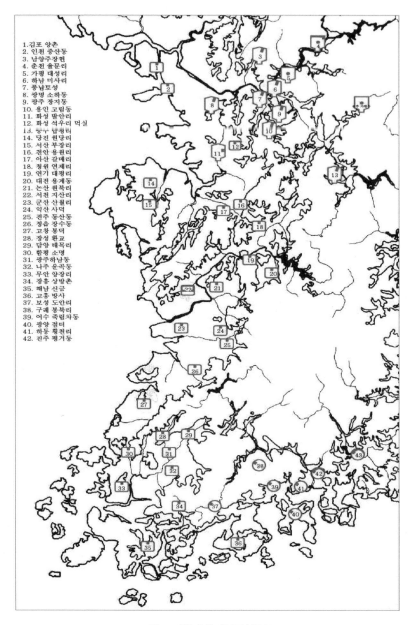

1.김포 양촌
2. 인천 중산동
3. 남양주장현
4. 춘천 율문리
5. 가평 대성리
6. 하남 미사리
7. 풍납토성
8. 광명 소하동
9. 광주 장지동
10. 용인 고림동
11. 화성 발안리
12. 화성 석우리 먹실
13. 능구 남평리
14. 당진 원당리
15. 서산 부장리
16. 천안 용원리
17. 아산 갈매리
18. 청원 연제리
19. 연기 대평리
20. 대전 용계동
21. 논산 원북리
22. 서천 지산리
23. 군산 산월리
24. 익산 사덕
25. 전주 동산동
26. 정읍 장수동
27. 고창 봉덕
28. 장성 환교
29. 담양 태목리
30. 함평 소명
31. 광주하남동
32. 나주 운곡동
33. 무안 양장리
34. 장흥 상방촌
35. 해남 신금
36. 고흥 방사
37. 보성 도안리
38. 구례 봉북리
39. 여수 죽림차동
40. 광양 점터
41. 하동 횡천리
42. 진주 평거동

그림 2. 마한의 주거평면 분포도

를 보인다. 그만큼 추위에 대한 대비가 다른 취락들보다 더 요구되었을 가능성이 높아 취사행위와 더불어 난방적 기능이 더 강조된 방식으로 부뚜막이 2개 설치되는 독특한 구조가 있었던 것이다. 또한 2개 설치되더라도 대부분 한쪽 부뚜막에서만 솥받침이 확인된다. 또한 한쪽 부뚜막에서 솥으로 사용된 장란형토기 등 다수의 취사용기가 확인되는 양상으로도 한쪽을 주 취사시설로, 다른 한쪽을 보조적인 예비 취사 또는 난방 시설로 사용했던 것으로 유추해 볼 수 있다. 이렇게 부뚜막이 2개 시설되는 사례는 드문데, 중부지방의 경우 원삼국시대 말기에 쪽구들과 함께 노지가 설치되는 경우가 있다. 이 경우는 노지에서 평저의 경질무문토기로 취사를 행하고 쪽구들은 난방쪽으로 전용해 사용했던 것으로 추정된다.

2. 취사방식과 시기별 · 지역별 차이의 원인 검토

1) 원삼국시대 취사방식

원삼국시대에는 대부분 청동기시대 이래로 내려오는 무문토기 전통에서도, 특히 '경질무문토기'를 중심으로 노지에서 취사가 이루어지게 된다. 노지에서 취사용기가 조리에 사용되는 방식은 일률적이어서 개괄적으로 설명하면 다음과 같다.

경질무문토기는 모두 평저이기 때문에 바닥에 놓기 편리하여 노지 위에 올려놓고 주변으로 연료를 배치 후 불을 내 조리를 하게 된다. 외면에는 그을음이 거의 비슷한 높이로 띠상으로 확인되며, 저부쪽에서는 지속적인 강한 열로 인해 그을음이 산화되어 표면에 붉게 된 산화부가 확인된다. 내면에는 하부에 유기물이 탄 흔적(탄착흔)이 다수 확인되는데 이는 점차 수분이 줄어드는 요리를 함으로써 음식물을 기벽에 타서 붙어버리거나 기벽에 스며들면서 기벽 변색을 일으키게 된다. 요리의 종류로는 죽과 같은 수분이 줄어드는 형태가 다수였을 것으로 추정

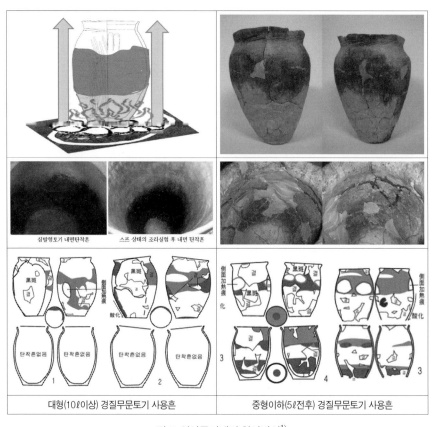

심발형토기 내면탄착흔 　스프 상태의 조리실험 후 내면 탄착흔

탄착흔없음 탄착흔있음 　탄착흔없음 탄착흔있음

대형(10ℓ이상) 경질무문토기 사용흔 　중형이하(5ℓ전후) 경질무문토기 사용흔

그림 3. 원삼국시대의 취사방식[1]

된다. 다만 용량이 대형급에 해당되는 토기에서는 내면에 아무런 흔적이 없는데 이는 물을 끓이는 전용용기였음을 알 수 있다. 뒤에서 살펴보겠지만 삼국시대 대표적인 토제 솥인 장란형토기도 내면에는 유기물을 끓인 흔적이 거의 없이 매우

---

2) 한지선, 2009, 「백제의 취사시설과 취사방법」, 『백제학보』2, 백제학회.

깨끗해 물을 끓이는 전용용기였음을 알 수 있었는데[3] 이와 유사하게 요리에 필요한 물을 먼저 끓여놓고 필요할 때마다 다른 소형의 토기에 옮겨 담아 여러 요리에 이용했을 가능성이 있다. 삼국시대에는 이러한 평저토기 전통의 취사행위를 심발이 담당하게 된다. 이와는 다르게 호남 동부지역권의 경우 대체적으로 주거지의 평면형태가 원삼국시대 원형에서 삼국시대 방형으로 이행하는데, 이와 맞물려서 경질무문토기의 평저단계가 점차 퇴화하고 원저형의 장란형토기로의 이행이 함께 확인된다(그림 4).

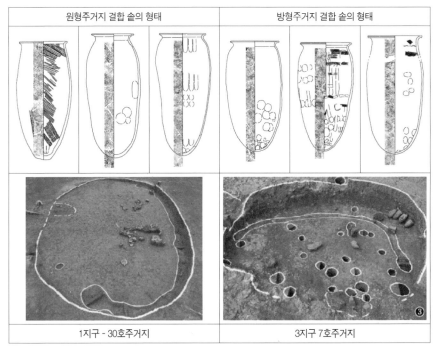

그림 4. 여수 차동유적의 원형에서 방형으로의 주거지 변천에 따른 솥의 형태 변화

---

3) 한지선, 2008, 「장란형토기의 사용흔 분석을 통한 지역성 검토」, 『炊事의 考古學』, 식문화탐구회, 서경.

2) 삼국시대 취사방식과 지역적 양상

삼국시대가 되면 본격적으로 부뚜막에 솥을 걸어 조리하는 문화로 변화된다. 아궁이를 만들고 그곳에 솥을 걸어 불을 때면 연도를 통해 바깥으로 연기가 빠져나가는 구조이다. 연도의 길이나 주거지에 시설되는 위치 등은 다양하지만 아궁이에 솥을 걸어 조리하는 방식은 모두 동일하다.

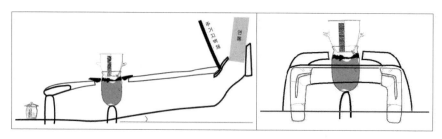

그림 5. 부뚜막 모식도(한지선 2009)

아궁이는 주거지 안쪽에 있고 연도부를 통해 연기가 빠지는 연통은 주거지 바깥에 설치되는 구조이기 때문에 불을 아궁이 한쪽에서만 내게 된다. 따라서 부뚜막에 걸리는 솥은 노지에서 사용된 평저 취사용기와는 달리 한쪽면에만 불을 맞게 되기 때문에 그 흔적이 노지 사용토기와 확연히 다르다. 그렇지만 부뚜막에 솥이 한 개 걸리는 경우, 그리고 두 개가 걸리더라도 횡방향으로 걸리는지 종방향으로 걸리는지에 따라 잔존흔적이 조금씩 달라진다. 〈그림 6〉은 삼국시대 주거지내 솥이 1개 걸리는 경우가 다수인 취락, 그리고 솥이 2개 걸리는 경우가 다수인 취락을 나누어 표시한 것이다. 호남권을 중심으로 2개 걸리는 사례가 다수이며 한강유역권과 충청권을 중심으로 한 중부지역과 경상권에서는 솥이 한 개 걸리는 사례가 압도적이다.

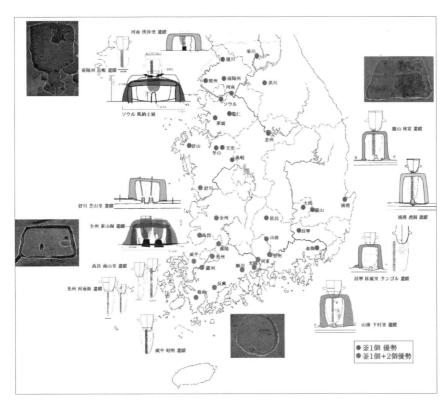

그림 6. 부뚜막에 걸리는 솥의 지역성[4]

　1개의 솥이 부뚜막에 걸릴 때는 솥을 가운데 배치하기 때문에 불을 직접 맞는 부분은 솥받침 바로 위 중앙부 하단이 된다. 따라서 이 부분은 다수의 열로 인해 산화되어 기벽 색조도 거의 붉거나 하얗게 변화된다. 또한 그을음도 전면에 다수

4) 長友朋子・韓志仙 外, 2016, 「韓半島の竈構造の地域差と時間的變化」, 『セッション3 古墳後期から古代に蒸したウルチ米, が主食だった理由』, 日本考古學協會第82回總會研究發表要旨, 日本考古學協會.

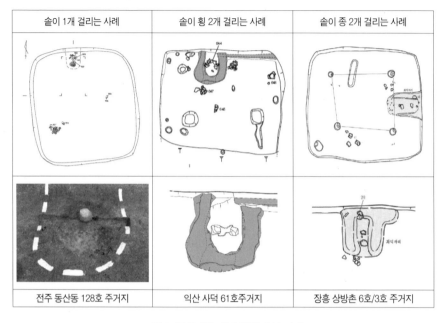

솥이 1개 걸리는 사례	솥이 횡 2개 걸리는 사례	솥이 종 2개 걸리는 사례
전주 동산동 128호 주거지	익산 사덕 61호주거지	장흥 상방촌 6호/3호 주거지

그림 7. 취사시설 내 솥받침 출토 사례

부착되고 측면으로 열기 혹은 발생한 그을음이 지나가기 때문에 사선방향으로 난 흔적을 쉽게 확인할 수 있다. 그러나 솥이 횡으로 2개 걸리는 경우는 부뚜막 중앙부에 두 점의 솥의 사이 공간에 불을 다수 맞게 된다. 따라서 산화부가 정면 보다는 약간 아궁이 중심부안쪽으로 치우쳐 생성되고 그을음부착도 두 점의 중앙부위와 외곽부위에 차이를 보인다. 이를 도면으로 표시하면 다음의 〈그림 8〉 · 〈그림 9〉와 같다.

이렇게 삼국시대에는 거의 전역에서 부뚜막이 유행하면서 거의 비슷한 패턴으로 조리가 행해졌던 것으로 추정된다. 특히 부뚜막에 설치되는 물을 끓이는 전용 용기인 장란형토기는 시루와 결합되는 결합식 취사용기로 삼국시대에 시루의 출토양이 압도적으로 증가하는 것도 이러한 시설과 조리방식, 취사내용 등과 밀접한 관련이 있다. 시루는 음식물을 찌는 도구로, 이것의 사용이 광범위하게 확인되고 있어 주식인 곡물의 섭취방식이 원삼국시대에 죽 형태의 섭취에서 삼국시대에 찐 형태의 섭취방식으로 변화가 있었던 것으로 추정된다.

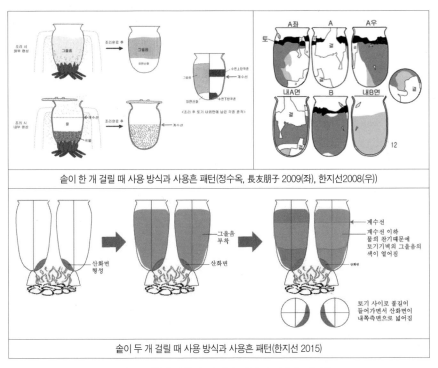

그림 8. 부뚜막 사용 솥의 사용 방식과 사용흔 패턴[5]

5) 정수옥·長友朋子, 2009,「토기의 탄소부착흔을 통해 본 소성과 조리방법-늑도유적 사례를 중심으로」,『韓國上古史學報』65, 韓國上古史學會; 한지선, 2008,「장란형토기의 사용흔 분석을 통한 지역성 검토」,『炊事의 考古學』, 식문화탐구회, 서경; 한지선, 2015,「원삼국시대 전주 동산동 유적의 취사형태 검토」,『湖南文化財研究』19, (財)湖南文化財研究院.

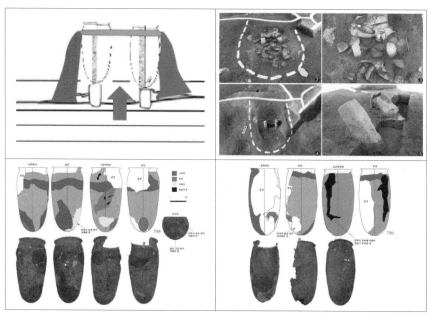

그림 9. 전주 동산동유적 96호 주거지의 부뚜막 출토 상황과 솥의 사용흔 분석(한지선 2015)

3) 시대별, 지역별 취사방식의 차이의 원인 검토

아직까지는 솥이 한 개 걸리는 것과 2개 걸리는 것의 양상이 지역별로 차이가
있다는 점, 그리고 면적이 클수록 솥이 2개 걸릴 확률이 높다는 점[6] 이외에 솥이
2개 걸리는 이유에 대해서는 국내학계에서는 거의 제시된 적이 없다. 다만 일본
에서는 시루의 발달이 米품종의 개량 등에 따라 멥쌀에서 찹쌀로의 이행에 의해
솥이 2개 걸리는 조리에서 1개 걸리는 조리로 변화되었고 이는 곧 조리의 시간단

---

6) 한지선, 2015, 「원삼국시대 전주 동산동 유적의 취사형태 검토」, 『湖南文化財研究』19, (財)湖南
文化財研究院.

축에 의해 전환되는 것으로 이해하고 있다[7]. 그러나 한국에서는 호남지역이더라도 솥이 1개 걸리는 사례와 2개 걸리는 사례가 취락 내에서 동시에 확인되고 있어 일본측 연구와 동일하게 결론내리기 어렵다. 다만 한국에서도 향후 쌀의 출토양상에서 품종에 대한 세밀한 연구가 병행되어 시루를 사용한 조리방식의 증가가 가지는 의미와 솥이 전라남부를 중심으로 2개가 설치되는 이유에 대해 좀 더 확인해 볼 필요가 있겠다[8].

이희경은 중부, 영서지역 원삼국시대~백제 취락에서 확인된 식물작황 출토사례를 분석하였다[9]. 원삼국시대에는 잡곡의 이용 비중이 가장 높고 그 다음으로 두류와 맥류, 쌀의 순으로 비중이 낮게 확인되었다. 이중에서도 쌀은 경기 북부나 영서지역에 비해 용인 고림동, 화성 발안리 유적 등 경기 남부권에서의 비중이 높게 나타난 특징이 확인되었다. 같은 지역 한성백제기에는 여전히 잡곡의 비중이 높은 가운데 쌀의 비중이 높아진 것이 확인된다. 특히 용인 고림동에서는 원삼국시대 쌀의 비중이 44%였다가 백제기에는 55%로 증가경향이 두드러졌다.

---

7) 멥쌀은 찰기가 약하고 단단해서 쩜을 하는 시간이 길다. 따라서 다른 반찬의 동시조리가 필요했기 때문에 부뚜막에 2개의 솥을 걸어 조리했다고 보는 것이고 반면 찹쌀의 보급으로 점차 조리시간이 짧아지면서 밥을 찐 후 반찬을 조리하는 시간차 조리가 가능해져 점차 2개의 솥을 사용하는 조리에서 1개의 솥을 사용하는 조리로 이행된 것으로 보는 것이다. 서일본은 1개의 솥을, 동일본은 2개의 솥을 사용해 조리하는 것도 당시 중앙지역에서 찹쌀의 보급이 먼저 이루어진 결과로 보았고 동시기 동일본에서는 계속 멥쌀을 쪄 먹었기 때문에 2개의 솥을 걸어 조리를 한 것으로 보았다(小林正史·外山政子 2016, 「東西日本間の竈の地域差を生み出した背景」, 『石川縣考古學研究會會誌』59.).

8) 취사용기로서 시루의 출현의 등장 배경에 대해서는 다음과 같은 의견이 제시된 바 있다. 1 토기에 오래 끓여 나오는 흙과 흙냄새를 감소시킴, 2 토기의 장기간 사용 가능, 3 증기로 고른 조리상태 유지, 곡물 조리에 적합, 4 맛이나 영양이 탁월함 등이다(김지연 2010). 1을 제외하고는 타당한 지적일 수 있는데, 이외에도 시루가 발달하는 양상에 대해서는 좀 더 면밀한 분석이 필요하다.

9) 이희경, 2017, 「백제 국가 형성에 따른 중부지방의 농업 양상의 변화」, 『韓國考古學報』103, 한국고고학회.

반면 잡곡은 경기 북부 취락의 경우 원삼국시대~백제 모두 약 70%의 출토확률이 확인되나 용인 고림동유적에서는 잡곡 출토확율이 원삼국시대 90% 였던 것이 한성백제기 50%미만으로 감소된 점도 주목된다. 따라서 서울을 포함한 경기 남부의 작황양상이 두류와 맥류에서 쌀로의 변화가 두드러졌음을 알 수 있다. 반면 영서지역은 하천 일천리 유적과 홍천 성산리 유적을 제외하고는 부뚜막을 사용하지 않고 삼국시대 내내 노지를 사용해 취사행위를 하고 있다. 이와 관련해 부뚜막이 확인되는 화천 원천리 유적에서는 인근 영서지역 취락에서는 확인되지 않는 쌀 또는 맥류의 출토양상이 확인되어 주목된다.

시기적으로는 차이가 나지만 조선시대 수전분포를 살펴보면 경기남부를 비롯한 충청, 전라도에서의 수전비율이 높은 반면 영서지역은 1/10이하에 불과했다. 즉 당시에도 잡곡과 두류는 지역에 상관없이 재배되었으나, 쌀과 맥류의 경우에는 지역에 따라 차별적으로 재배되었을 가능성이 높다는 점이 주목된다. 특히 호남지역의 경우 전라북도는 벼와 팥, 전라남도는 맥류(밀 중심)과 콩, 팥이 주류를 이루었고 특히 전라남도의 취락은 벼농사보다 밭농사 중심의 농업경제에 토대한 것으로 추론되기도 하였다[10].

특히 솥이 2개씩 걸리는 전라남도의 작황이 맥류(밀 중심)와 콩, 팥이 주류인 점을 염두하여 섭취방식을 살펴보고자 한다. 맥류의 조리방식은 잡곡과 두류와는 차이가 있다. 맥류는 일단 찐 다음 거칠게 부수어 죽을 만들거나 말린 밥처럼 물을 부어 불려 먹었을 것으로 추정된다[11]. 찌는 방식이 포함된 것이 특징인데 장란형토기와 시루와의 연관성을 엿볼 수 있다.

---

10) 安承模, 2006,「長興 上芳村 炭化穀物의 經濟的 解釋」,『韓國上古史學報』54, 韓國上古史學會.
11) 安承模, 2006,「長興 上芳村 炭化穀物의 經濟的 解釋」,『韓國上古史學報』54, 韓國上古史學會, p.97.

지역		청동기 · 초기철기시대 작물조성						원삼국시대 작물조성					
		쌀	맥류	잡곡류	두류	견과류	과실류	쌀	맥류	잡곡류	두류	견과류	과실류
북한지역	대동강유역	◎		◎	◎			◎		◎	◎	◆	◆
	두만강유역			◎	◎					◎	◎	?	?
강원지역	강원	◎		◎	◎			◎	◆	◎	◎		◆
서울 · 경기지역		◎		◎	◎			◎		◎	◎		
충청지역	충북	◎	◎	◎	◎			◎	◎	◎			◆
	충남	◎		◎	◎		◎	◎		◎	◎		◎
전라지역	전북	◎			◎			◎	◆		◎		
	전남	◎	◎	◎	◎		◎	◎	◎	◎	◎	◆	◎
경상지역	경북	◎						◎			◎		
	경남	◎	◎	◎	◎			◎	◎	◎	◎	◆	◆
지역별 특징		-충북:쌀보다 맥류(밀)의 비중 높음, 후기 두류출토 -충남:후기 도작비중 증가, 팥 생산, 보리 비중 증가 -전라지역:도작중심 / 전남-콩, 보리 안보임						-대동강유적:남정리유적(보리), 과실류(앵두, 대추, 밤) -강원:맥류(보리), 두류 강세 /-서울경기 :두류(콩)강세 -충청: 콩<팥, 밀<보리 비중 높음 -전라: 맥류(보리) 추카, 콩이 안보임					

표 1. 시대별 작물조성과 그 특징(鄭有珍 2010, 표 재편집)[12]

또한 피도 씨껍질이 견고하고 매끄러워 전통적으로 먼저 씨껍질이 벗겨질 정도로 쩌서 말린 다음 도정하므로[13] 피와 맥류의 식용은 시루의 보급과 맥을 같이하였을 가능성이 높다. 따라서 찌는 시루를 얹는 용도의 솥과 물을 끓여 조리하는 용도의 솥이 동시에 사용되었을 가능성이 있다.

따라서 부뚜막에 솥이 1개 걸리는 사례와 2개 걸리는 사례의 차이를 발생시킨 원인에 대해 위의 연구결과를 바탕으로 가설을 설정해 볼 수 있다. 첫째는 잡곡 및 쌀이 주류를 이루는 중부 및 충청권에서는 조리시간이 짧기 때문에 솥이 1개 걸리는 사례가 다수이지만 맥류와 콩, 팥 등의 잡곡이 주류인 전라남도권에서는

---

12) 鄭有珍, 2010, 『한반도 선 · 원사시대 도작의 변화』, 全南大學校 碩士學位論文.
13) 趙載英, 1995, 『佃作(四訂)』, 鄕文社.

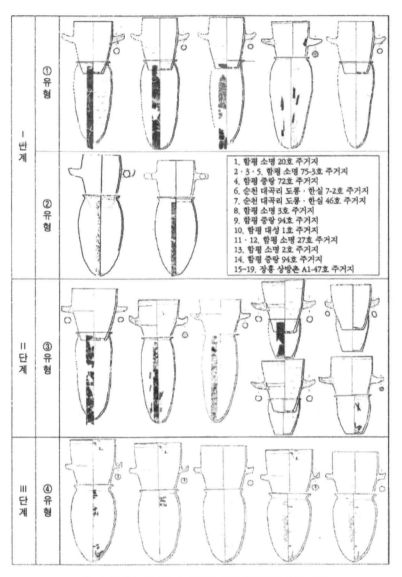

그림 10. 결합식 취사용기 세트의 패턴 변화(허진아 2008)[14]

---

14) 허진아, 2008. 「호남지역 3~5세기 취사용기의 시공간적 변천양상」, 『炊事의 考古學』, 식문화
탐구회, 서경.

맥류와 잡곡류를 분리해 조리함으로써 조리시간이 길어져 솥이 2개 사용되었을 가능성이 있다. 특히 잡곡이나 맥류 등은 모두 시루[15] 등으로 쪄서 식용에 활용됨으로 시루를 이용해 쪄서 보관하거나 찐 후 심발 등의 조리용기에 다시 끓여 먹거나 말려 분식으로 끓여 먹는 등의 번거로움으로 솥이 2개 사용되었을 가능성이 있다고 추정된다. 다만 솥이 2개걸리는 주거지가 다수더라도 솥이 1개 걸리는 주거지가 함께 확인되고 있다. 이들 주거지는 앞선 사정이 적용되지 않는데, 향후 취락내에서도 솥의 개수가 확인되는 주거지에서의 작물출토양상이 보다 면밀하게 분석되어야 할 것이다. 아직까지는 앞선 원인분석이 초보적이고 일본에서의 연구경향을 일부 방영하여 추론한 것에 불가하다. 향후 좀 더 이러한 내용의 연구가 축적된다면 보다 다양하고 구체적인 원인 분석이 가능할 것으로 기대된다.

Ⅲ. 마한의 기타 주거문화

1. 생산활동

이영철은 주거의 생산활동에 대해 검토 하였다[16]. 생산과 소비활동에 관련한 근거는 주거지에서 출토된 출토유물과 주거구조의 요소에서 찾아지는데 취사관

---

15) 물론 시루에는 곡물을 찌는 것 이외에도 떡을 만들거나 혹은 누룩, 백장, 된장과 같은 제조에 사용되었을 것이다. 안승모(2006)는 상방촌 11호주거지의 호형토기에 들어있던 탄화콩이 단면에서 콩알이 동일한 방향으로 납작하게 눌려져 있던 것을 떨이나 장의 제작 과정의 산물이 아닐까 유추해 보기도 하였다. 실제 문헌자료에서도 이러한 음식의 형태가 확인되고 있어 그 용도가 단순히 곡물을 찌는 것 이외에 다양하게 사용되었을 것으로 추정된다.

16) 이영철, 2013, 「호남지역 원삼국~삼국시대 주거 · 주거군 · 취락구조」, 『제37회 한구고고학전국대회』발표요지문.

련 용기류와 저장용기류가 출토되는 경우(A유형), 취사 관련 용기류와 방직구가 출토된 경우(B유형), 이밖에 사냥구(C유형), 어로구(D유형), 외래토기(E유형), 수공업 관련품(F유형), 제사관련 유물(G유형)의 출토 맥락에 따라 구분하였다. 보성 석평유적을 사례로 분류하면 다음과 같이 각각의 유형별 비중이 확인된다.

A	B	C	D	E	F	G
33%	29%	3%	5%	6%	23%	1%

표 2. 보성 석평유적 생산활동 유형분류별 비중

특히 B유형과 F유형의 비중이 높은 것에 주목해 직조물 제작 관련 자료들이 풍부하게 확인되어 주거별 구성원들이 직조물 관련 생산 활동을 했을 가능성이 제기되었다.

이외에도 최근의 청주 테크노폴리스 유적에서의 주거지 내 단조박편의 출토 및 대석 등과 주변으로 제련로 등의 철기생산 유구의 존재 등으로 철기 가공 및 생산 활동이 주를 이루는 취락이 형성된 것으로 추정되기도 하였다. 또한 연천 삼곶리 유적에서도 주거지 내에서 단야 송풍관과 각종 철제가 확인된 점도 유사한 사례이다. 특히나 취락 주변에 산재한 자원과의 결합에 의한 생산활동이 두드러졌을 것으로 추정되는데 土田純子는 백제중앙양식토기 출토 지역을 중심으로 백제의 지배지역의 확장에 따라 백제가 원하는 지하자원의 획득 의도가 지방 취락의 형성 및 발전을 견인했을 가능성을 제기하였다[17]. 당시 기록은 없기 때문에 일제 강점기『朝鮮鑛床調查報告』를 참조하여 진천과 충주는 철, 횡성과 원주,

---

17) 土田純子, 2015, 「馬韓·百濟地域出土煮炊器の變遷」, 『韓式系土器研究ⅩⅣ』, 韓式系土器研究會.

청원과 청주는 사금과 금은광 등의 공납 관련해 발달된 취락으로 이해하고, 이와 함께 주변 취락의 경우 그 공납을 한성까지 이동시키기 위한 교통의 발달에 따른 교통로 상의 이유로 발달한 것으로 추정하였다.

2. 공간활용

주거지는 부뚜막 시설 이외에는 별다른 시설이 확인되지 않지만 토기 등의 출토유물이 집중되는 구간이 있기 때문에 토기의 용도를 구분하여 출토위치와 결합해 거주민의 공간활용도를 재구성해 볼 수 있다. 예를 들어 부뚜막 주변으로 취사용기를 비롯한 배식기 류가 다수 분포하는 것은 아마도 대부분의 취락에서 확인되는데 이는 역시 식사를 준비하는 공간이 부뚜막 주변으로 한정되었음을 보여준다.

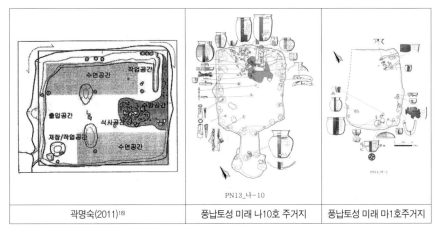

| 곽명숙(2011)[18] | 풍납토성 미래 나10호 주거지 | 풍납토성 미래 마1호주거지 |

그림 11. 주거 내 공간 활용 사례

---

18) 곽명숙, 2013, 『광주 하남동유적 주거지 연구』, 목포대학교 석사학위논문.

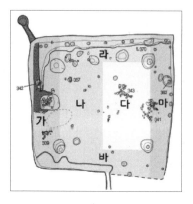

그림 12. 주거지내 공간분할 모식도
(송공선 2013)

이러한 분석을 보다 정밀하게 하기 위해 공간을 구획하고 공간별 유물출토현황을 면밀히 분석해야 한다. 송공선은 익산 사덕 유적의 사례 분석을 중심으로 공간 활용에 대한 분석은 신시하였다[19]. 이를 통해 (가) 공간에서는 취사용기가, 대부분을 차지하였고 (나)·(다)공간은 (가)공간과 유사한 발,장란형토기, 호, 시루 등이 출토되었지만 수량이 적었으며, (라)·(마)·(바)공간은 토기비율이 현저히 떨어지는 대신 지석 등 석제품의 출토비율이 높았다. 이를 통해 주거기능 중 식생활과 관련된 행위는 주로 부뚜막 주변에서 이루어졌으며 석제품을 이용한 도구가공 등은 부뚜막에서 비교적 먼 공간에서 이루어졌거나 그 도구들을 별도로 놓아둔 곳으로 해석하였다. 풍납토성 미래 마-1호주거지와 같은 한강유역 방형주거지에서도 이러한 유물출토 위치는 익산 사덕과 유사하다. 특히 여철자형 주거지와 같이 출입구 반대편 후벽이 돌출되는 경우에는 부뚜막의 좌우로 취사 및 배식관련 토기들이 집중시키고 나머지 부분에 대한 공간 활용을 극대화 했던 것을 알 수 있다.

이 외에도 주거공간에 칸막이 시설을 설치하여 공간을 양분하는 양상도 있는데 전주 송촌동 유적의 사례의 경우 화덕 시설이 있는 북측은 여성전용, 남측은 남성전용의 공간으로 분리해 보기도 하였고[20], 장수 침곡리유적 사례에서는 주

---

19) 송공선, 2013, 「익산사덕유적 삼국시대 수혈주거지 내부공간활용과 성격」, 『연구논문집』14호, 호남문화재연구원.
20) 이상균 외, 2004, 『전주 송천동 유적 -A지구-』, 전주대학교박물관.

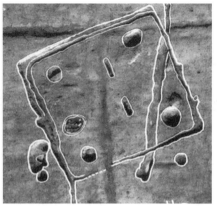

그림 13. 공간 구획 사례(전주 송천동 A지구4호주거지(좌), B지구 17호주거지(우))

거지 옆에 부뚜막이 없는 별도의 창고형 시설을 만들어 공간을 활용하는 사례도 있다. 서천 지산리에서는 일반주거지군과 생산공정관련 주거지가 각각 북서·북동쪽과 남동·동남쪽으로 구분해 배치되는 특징이 있는 것으로 파악되었는데 이러한 의도적 공간 분할 배치로 각 세대분화를 바탕으로 한 생산과 소비단위의 구분이 이루어진 것으로 해석하기도 하였다[21].

3. 부뚜막 의례

'한가정의 생활이 부뚜막을 중심으로 이루어지므로 조왕이 사람들의 선악을 적었다가 옥황상제에게 알리는 역할을 했다'는 『禮記 祭法編』의 기록이 있다[22].

---

21) 오승환, 2008, 「부뚜막의 구조와 이용-서울·경기지역을 중심으로-」, 『炊事의 考古學』, 식문화 탐구회, 서경.
22) 김광언, 2015, 『동아시아의 부엌』, 눌와.

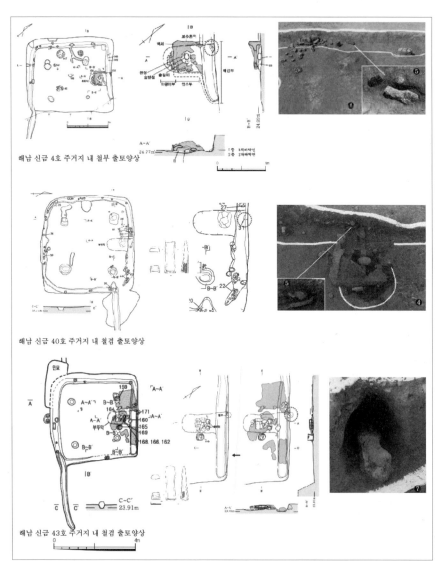

해남 신금 4호 주거지 내 철부 출토양상

해남 신금 40호 주거지 내 철겸 출토양상

해남 신금 43호 주거지 내 철겸 출토양상

그림 14. 해남 신금 유적에서 확인된 부뚜막 의례 각종

이러한 신앙이 한반도에서는 언제부터 시작되었는지는 명확하지 않지만 적어도 마한 주거지에서는 부뚜막 의례가 확인된다. 해남 신금유적에서는 부뚜막의 연소부 후벽에 측광하여 철부, 철겸 등 철기류를 매납하였다. 특히 부뚜막의 후벽에 별도로 구멍을 내어 매납했다는 점에서 의도성이 다분히 있었던 것으로 추정된다. 이외에도 방울과 같은 청동유물 등도 주거지에서 출토된다면 이에 해당될 가능성이 높아 좀 더 사례를 모아 분석을 해 볼 필요가 있다.

IV. 맺음말

마한의 주거생활에는 넓은 지역과 장기간의 시간성 때문이라도 공통점과 차이점, 특이점이 좀 더 두드러질 것이지만 본고에서는 음식문화를 중심으로 기타 생산과 공간, 의례 등의 내용을 개설적으로 접근하면서 충분한 검토를 수행하지 못한 측면이 있다. 또한 주거생활로 언급된 주제들도 모두 개별적 정밀한 분석이 요구되는 것들이라 향후 좀 더 연구를 통해 밝혀나가야 할 부분이 많다. 고민이 많이 부족한 측면이 있는데 주거생활이라는 것은 서두에서도 언급했듯이 현상을 단순히 현상으로서 분석하기 보다는 문화로서 어떻게 이해하고 설명할 것인가에 착목한 고민이 필요해 보였다. 이러한 내용을 과제로 하여 향후 연구를 수행해 나가고자 한다.

[붙임] 취락별 취사시설 주요 형태 및 솥의 개수

遺跡	취사시설 형태						솥1	솥2
	2	3	4	5	6	7		
河南 渼沙里							4以上	1以上
南陽州 長峴里							66	-
風納土城							14以上	2以上
華城 發安里							13以上	-
대전 용계동							?	?
논산 원북리							3以上	-
천안 용원리							1以上	?
서천 지산리							9以上	5以上
서산언암리낫머리							3以上	3以上
익산 사덕							28以上	17以上
光州 河南洞							30以上	8以上 (3個以上1)

潭陽 台木里							43以上	26以上
장성 환교							12以上	9以上
羅州 雲谷洞							20(偏東1)	4以上
海南 新今							15以上	11以上
함평 소명							12以上	22以上
함평 중랑								
무안 양장리							?	6以上
順川 德岩洞							3以上	3以上
麗水 竹林里 次洞							2以上 (3)	1以上
광양 점터원적							2以上	6以上
보성 도암리 석평							8以上	37以上
고흥 방사							-	2以上

[조사보고서]

京畿道博物館, 1999, 『坡州 舟月里 遺蹟』.

경기도박물관, 2004, 『抱川 自作里遺蹟 I 』.

국립문화재연구소, 2001, 『風納土城 I 』.

국립문화재연구소, 2009, 『風納土城XI』.

국립문화재연구소, 2012a, 『風納土城 XⅢ』.

국립문화재연구소, 2012b, 『風納土城 XⅣ』.

국립문화재연구소, 2013, 『風納土城 X Ⅴ』.

국립문화재연구소, 2009, 『風納土城 XⅣ』.

高麗大學校 考古環境研究所, 2007, 『牙山 葛梅里(Ⅲ地域) 遺蹟』.

公州大學校博物館, 2005, 『舒川 芝山里遺蹟』.

大田保健大學博物館, 2002, 『大田 宋村洞遺蹟』.

목포대학교박물관, 2000, 『무안 양장리유적』Ⅱ.

목포대학교박물관, 2005, 『長興 上芳村A遺蹟』 I .

목포대학교박물관, 1997, 『務安 良將里 遺蹟』.

全南大學校博物館, 2003, 『咸平 昭明 住居址』.

渼沙里先史遺蹟發掘調査團, 1994, 『渼沙里』第2卷.

渼沙里先史遺蹟發掘調査團, 1994, 『渼沙里』第3卷.

渼沙里先史遺蹟發掘調査團, 1994, 『渼沙里』第4卷.

渼沙里先史遺蹟發掘調査團, 1994, 『渼沙里』第5卷. (미사_고)

서울大學校博物館, 1988, 『夢村土城 東南地區發掘調査報告』.

서울大學校博物館, 1989, 『夢村土城』西南地區發掘調査報告書.

한신대학교박물관, 2004, 『風納土城Ⅳ』

(財)겨레문화유산연구원, 2011,『가평 대성리유적(Ⅱ)』.

(財)高麗文化財硏究院, 2013,『金浦 陽村 遺蹟』.

(재)한강문화재연구원, 2012,『인천 중산동 유적』.

(財)中央文化財硏究阮, 2010,『南楊州 長峴里遺蹟』.

(財)京畿文化財硏究院, 2009,『加平 大成里遺蹟』.

(財)韓國考古環境硏究所, 2008,『光明 所下洞 遺蹟』.

(財)畿甸文化財硏究院, 2007,『華城 發安里 마을遺蹟』.

(財)畿甸文化財硏究院, 2007,『華城 石隅里 먹실遺蹟』.

(財)京畿文化財硏究院, 2010,『廣州 墻枝洞 聚落遺蹟』.

(財)江原文化財硏究所, 2008,『춘천 율문리 335-4번지 유적』.

(財)江原文化財硏究所, 2012,『洪川 城山里遺蹟』.

(財)江原文化財硏究所, 2011,『原州 加峴洞 遺蹟』.

(재)예맥문화재연구원, 2008,『春川 栗文里遺蹟Ⅰ』.

(재)예맥문화재연구원, 2013,『華川 原川里遺蹟』.

(財)高麗文化財硏究院, 2012,『漣川 江內里 遺蹟』.

(財)高麗文化財硏究院, 2010,『加平 項沙里遺蹟』.

(財)忠淸埋葬文化財硏究院, 1999,『天安 龍院里遺蹟-A지구-』.

(財)中央文化財硏究院, 2001,『論山 院北里遺蹟』.

(財)中央文化財硏究院, 2008,『淸原 蓮堤里遺蹟』.

(財)中央文化財硏究院, 2011b,『大田 龍溪洞遺蹟』.

(財)嶺南文化硏究院, 2010,『진주 평거 3택지 개발사업지구(2지구) 진주 평거동 유적』학
    술조사연구총서 제87집.

(財)嶺南文化硏究院, 2008,『慶山 林堂洞 마을遺蹟Ⅰ』.

(財)湖南文化財硏究院, 2005,『海南 新今遺蹟』.

(財)湖南文化財研究院, 2008,『光州 河南洞遺蹟』.

(財)湖南文化財研究院, 2008,『光州 河南洞遺蹟 Ⅲ』.

(財)湖南文化財研究院, 2012,『光州 河南洞遺蹟 Ⅳ』.

(財)湖南文化財研究院, 2006,『高興 訪士遺蹟』.

(財)湖南文化財研究院, 2010,『長城 環校遺蹟 Ⅰ』.

(財)湖南文化財研究院, 2003,『高敞 鳳德遺蹟 Ⅱ』.

(財)湖南文化財研究院, 2015,『全州 東山洞遺蹟 Ⅰ Ⅱ』.

(財)湖南文化財研究院 · 한국도로공사, 2007,『益山 射德遺蹟』.

(財)馬韓文化研究院, 2011,『여수 죽림리 차동유적 Ⅰ』.

(財)馬韓文化研究院, 2009,『나주 운곡동유적 Ⅱ』.

(財)馬韓文化研究院, 2011,『광양 점터 · 원적유적』.

(財)馬韓文化研究院, 2011,『寶成 道安里 石坪遺蹟 Ⅰ』.

(財)南道文化財研究院, 2007,『求禮 鳳北里遺蹟』.

(財)우리文化財研究院, 2013,『河東 橫川里 遺蹟』.

(財)우리文化財研究院, 2008,『昌寧 桂城里 遺蹟』.

(재)전북문화재연구원, 2007,『高敞 南山里遺蹟』.

경남발전연구원 역사문화센터, 2011,『山淸 下村里遺蹟』.

경남문화재연구원, 2011,『山淸 下村里遺蹟 Ⅱ』.

(財)慶尙北道文化研究院, 2008,『浦項 虎洞遺蹟 Ⅲ Ⅳ Ⅴ Ⅵ』.

●●●●●
중국 山東地域 先秦時期 주거지

王靑 中國 · 山東大學

번역 : 孫璐 中國 · 內蒙古大学

중국 산동지역은 동부 연해지역에 위치하고 동쪽으로 한반도와 마주보고 있다. 이 지역은 고대 중국의 중요한 문화지역이자 선사시대 동이족의 주요 활동지역이다. 현재까지 동이족의 역사는 주로 신석기시대부터 시작하는 것으로 알려져 있다. 본고에서는 발굴조사 자료를 바탕으로 이 지역의 신석기시대 주거지에 대해 살펴보고자 한다.

학계의 일반적 이해에 따르면 명확한 형태의 주거지는 정착사회와 원시적 농업 출현의 중요한 고고학 자료이다. 필자의 초보적 통계에 따르면 현재 산동지역에서 조사되고 발표된 주거지는 400여기가 있다. 이 주거지들에 대한 정리와 연구가 산동지역 선사시대 사회 변천과 동이집단의 발전사에 있어서 중요하다.

기존 연구 성과에 의해 산동지역 신석기시대의 연대는 10,000-4,000년전 사이에 해당하고 后李-北辛-大汶口-龍山 문화 등의 발전 단계를 거쳤다. 이어서 동이집단 자신의 문화전통이 점차 형성되었다[1]. 본고에서는 이런 순서로 정리, 분석하고 4,000년전 이후 청동기시대에서 초기철기시대에 해당하는 주거지도 검토해 보도록 하겠다.

Ⅰ. 后李文化 주거지

后李文化는 산동지역에서 조사된 가장 이른 시기의 신석기시대 문화이다. 시대는 약 8,500~7,500년전 사이에 있으며 1,000여 년간 존재하였다. 현재까지 조사된 유적은 10여 곳이 있으며 주로 濟南과 濰坊 사이에 있는 泰沂 산맥 북록에 위치하는 남북으로 된 좁고 긴 지대에 분포하고 있다(그림 1).

---

1) 欒豐實, 『海岱地区考古研究』, 山东大学出版社1997年.

后李文化의 주거지는 총 40
여기가 조사되었고 臨淄 后李
유적 2기, 章丘 西河 유적 27
기, 章丘 小荊山 유적 10기 등
이 있다. 이 기운데 西河 유적
주거지가 가장 대표적이다.

西河 유적은 1997과 2008
년, 2차례 대규모 조사를 거쳐

그림 1. 后李文化와 北辛文化의 주요 유적 분포도

后李文化 주거지 27기가 발굴 조사되었다. 주거지가 모두 말각방형이나 장방형
의 반지하식이다. 그 가운데 1997년에 조사된 19기의 주거지가 줄지어 분포되
어 있고 서로 중복이 많이 않으며 초보적 기획에 따른 원시적 정착 취락이다(그
림 2).

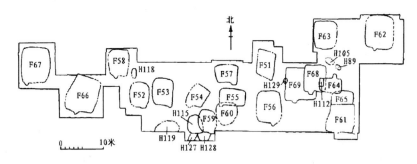

그림 2. 章丘 西河 유적 后李文化 주거지 분포도

2) 济青公路文物考古队,「山东临淄后李遗址第一·二次发掘简报」,『考古』1992年第11期 ; 济青公
  路文物工作队,「山东临淄后李遗址第三·四次发掘简报」,『考古』1994年第2期 ; 山东省文物考古
  研究所·章丘市博物馆,「山东章丘小荆山遗址调查·发掘简报」,『华夏考古』1996年第2期 ; 山东
  省文物考古研究所,「山东章丘西河遗址1997年发掘简报」,『考古』2000年第10期 ; 山东省文物考
  古研究所等,「章丘市西河遗址2008年考古发掘报告」,『海岱考古』2014年第7辑.

면적으로는 주거지를 3종류로 나눌 수 있다. 1류는 대형 주거지이고 2기가 있으며 면적이 60㎡ 이상이다. 계단식 문길이 주거지 남벽 서쪽에 위치하고, 방바닥과 수혈 벽을 자주 진흙으로 바르고 불에 구워 청회색이나 홍갈색의 딱딱한 면을 형성하였다. 주거지 내부는 저장 구역, 부뚜막 구역, 활동 구역, 수면 구역으로 나눌 수 있다. 출토 유물는 비교적 풍부하다.

F304로 예를 들면, 평면 남은 부분이 말각방형으로 보이고, 남은 길이 8.5m, 너비 8m, 깊이 0.4m, 면적 약 68㎡이다. 계단식 문길이 주거지 남벽 서쪽에 위치하고 늦은 시기의 도랑이 주거지를 파괴하였다. 남은 너비 1.04m이고 남쪽이 높고 북쪽이 낮은 경사면으로 보이고 한 계단 남아 있고 표면에 구워서 형성된 홍갈색 딱딱한 것이 있다. 주거지 벽은 안으로 경사지고 방바닥 결합부가 호형으로 보이며 벽이 불에 구워서 서벽에 아직 두꺼운 구운 층이 남아있다. 방바닥 면이 평평하지 않고 부분적으로 구운 흔적 범위가 명확하고 부뚜막 구역, 저장 구역, 수면 구역, 활동 구역으로 나눌 수 있다. 부뚜막 구역은 주거지 가운데에서 약간 북쪽에 위치하고 부뚜막 3개가 있으며 부뚜막마다 돌로 만든 솥받침(石支脚)이 3개씩 있다. 중심 부뚜막은 남쪽에 위치하고 솥받침이 비교적 크고 나머지는 중심 부뚜막의 북쪽에 위치한다. 솥받침은 모두 사암질이고 위가 뾰족하고 아래가 넓은 삼각형이며, 방바닥에 묻어서 솥받침 사이에 원형 아궁이를 형성한다. 부뚜막 구역 부근에서 원주형 토제 솥받침도 발

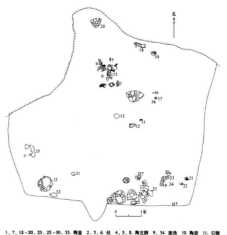

1, 7, 18~20, 23, 25~30, 33. 陶釜 2, 3, 6. 壮 4, 5, 8. 陶支脚 9, 34. 鹿角 10. 陶壺 11. 石锤 12, 13. 礪石 14. 方形石器 15. 披形石器 16, 17, 21, 22, 31, 32. 石块 24. 脊骨 35. 紅烧土

그림 3. 章丘 西河 유적 F304 평면도

견되었다. 저장구역은 방 내부 동남부에 위치하고 남벽 부근에 솥 7점이 있다. 이 구역에서 발견된 솥은 비교적 크고 모두 활동 바닥에 쓰러져 있다. 동쪽에서는 비교적 많은 초목을 태운 재와 동물 뼈가 발견되었다. 수면 구역은 방 내부 동북부에 위치하고 이 범위에 바닥이 평평하고 구운 흔적이 명확하여 딱딱하고 지세도 비교적 높다. 활동 구역은 방 내부 서북부에 위치한다. 방바닥에서 그 나단 유물이 솥, 숫맷돌, 돌추, 돌받침, 돌덩이 등이 있다. 솥은 대부분 방안 동남부에 위치하고 나머지가 서남부, 부뚜막 동남부, 부뚜막 서북부, 북부에 각각 1점씩 발견된다. 석기는 주로 부뚜막 동남부에 위치하고 숫맷돌 2점, 석추 1점과 소량의 돌덩이가 발견된다(그림 3).

제2류는 중형 주거지이고 수량이 많아 10기가 넘고 대형 주거지 사이에 분포한다. 면적이 대략 25~50㎡이고 동서 2열로 나뉘어 있다. 문길이 주거지 남벽 서편에 위치하고 계단식이다. 방바닥이 가공되었으며 일반적으로 다시 부뚜막 구역, 수면 구역, 활동 구역, 저장 구역으로 나눌 수 있다.

F58로 예를 들면, 길이 5.75m, 너비 3.6~4.45m, 깊이 0.36m이다. 문길이 남향이고 경사면식 출입구가 남벽 서쪽에 위치하고 사다리꼴을 띠어서 밖이 좁고 안이 넓어 길이 90cm, 너비 60~90cm이다. 벽과 거주면 사이는 구워졌는데 방바닥에는 구운 흔적이 보이지 않는다. 중부와 동부 바닥에 비교적 많은 목탄회가 있

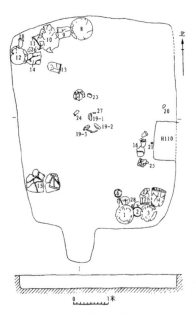

1~15. 陶釜 16、18、25. 陶釜片 17. 陶盤 19、22、26. 石支脚
20. 石斧 21、28. 石磨棒 23. 砺石 24. 石块 27. 陶片

그림 4. 章丘 西河 유적 F58 평단면도

다. 방바닥에 부뚜막을 하나 설치하였고 돌 솥받침은 3개로 구성되었는데 반 정도 바닥에 묻혀있다. 방바닥의 서북부, 동남부에서 각각 한 조 토기가 나왔으며 크기가 다른 솥이 17점 있다(그림 4, 5).

그림 5. 章丘 西河 유적 F58 조사현장

F301로 예를 들면, 동서 6.2m, 남북 7.3m, 깊이 0.2~0.5m이고 면적 45.26㎡이다. 문길이 주거지 남벽 서쪽에 위치하고 서쪽이 현대 수혈로 파괴되었다. 평면형태가 대략 사다리꼴이고 벽이 경사하고 문길이 남에서 북으로 경사져 있다. 문길의 남은 너비 55~74cm, 저부 남은 너비 65~85cm, 길이 65cm, 남은 깊이 16~24cm이다. 문길 안쪽과 주거면 사이에는 계단이 있는데 크기가 다른 8개의 판석이 2열로 배치되어 있으며 남측 판석은 문길 계단에 붙어있다. 남에서 북으로 경사가 져서 북쪽 석판 배열 간격은 65~90cm이고, 남쪽 석판 배열 간격은 50~60cm이다. 주거지 벽이 밖으로 경사지고 문길 양쪽에 두꺼운 붉은 소토가 있다. 벽 표면이 정연하고 동벽 가운데 세워진 목탄 흔적이 남아있는데 단면이 원형이고 기둥일 가능성 있다. 방바닥은 저장 구역, 부뚜막 구역, 활동 구역, 수면 구역으로 나눌 수 있다. 저장 구역은 방안 동남부, 출입구 동쪽에 위치하고 솥 1점 있고 일부 솥이 아직 방바닥에 서 있다. 부뚜막 구역은 방안에 중간 약간 북쪽에 위치하고 부뚜막 3개로 구성된다. 주 부뚜막이 남쪽에 있어 밖으로 문을 마주보고 있으며 돌 솥받침 3개, 아궁이문, 아궁이로 구성된다. 솥받침은 삼각형으로 배열되어 있고 그 가운데 땅을 파고 타원형 아궁이를 형성하였다. 아궁이는 남북 길이 33cm, 동서 너비 25cm, 깊이

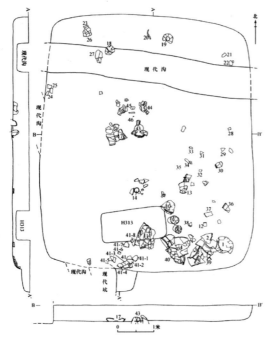

10cm이다. 비교적 큰 솥 1
점이 주 부뚜막 양측에 깨져
쓰러져 있으며 구연부는 남
쪽으로 향한다. 동측 부뚜막
에서 깨진 발이 바닥으로 떨
어져 있고 서측 부뚜막에 작
은 솥 파편이 남아있다. 활
동 구역은 방안에 약간 서부
에 위치하고 유물은 거의 없
다. 일정 양이 초목 재가 분
포되고 서북 구석에 얇은 진
회색 구운 평면이 남아있다.
이곳에 완전한 솥과 솥 파
편 몇 점, 깨진 맷돌이 확인
되었다. 방안 동북부 바닥이
비교적 평평하고 구운 평면

1~11, 16~18. 陶釜 12. 陶杯 13, 14, 19. 圈足盤 15. 陶缽 20. 鹿角 21, 22, 25, 38, 40. 磨盤
23, 24. 磨棒 26, 27, 30, 36, 37. 釜片 28. 磨石 29. 石支脚 31, 32. 石片 33. 石斧
35. 研磨器 39. 石块 41. 石台階 42. 圈足盤、釜片 43. 主灶 44. 副灶1 45. 副灶2 46. 鹿角

그림 6. 章丘 西河 유적 F301 평단면도

이 잘 남아 있고 부뚜막 구역과 가까이 있고 문길과 멀어서 이곳이 수면 구역일
가능성이 있다. 방바닥에 토기, 석기, 동물뼈가 확인된다. 토기는 솥 11점, 배 1
점, 반 2점이 있다. 모두 방바닥 동남부에 올려놓고 나머지 솥 2점이 부뚜막 구역
에 있고 그 중 하나가 아직 부뚜막 위에 있고 또 하나가 방바닥 서북부에 있고, 발
1점이 작은 부뚜막에 올려져 있다. 숫맷돌이 방바닥 서북, 동북부에 있고 석부가
동부에 있다. 동물 뼈와 이빨이 방바닥 동남부와 동부에 분산되고 사슴뿔이 북부
에서 확인되었다(그림 6).

3류는 소형 주거지이고 양이 비교적 적으며 면적이 일반적으로 10~20㎡이다.

문길은 다수 경사식이고 방
바닥, 수혈 벽에 굽거나 가
공 흔적이 없다. 방바닥에
부뚜막이 없지만 어떤 주거
지 안에는 대량 토기편이 있
으며 그 아래 지탱석(돌 3점
이나 돌덩이로 구성)이 있
다. 이런 주거지가 중형 주
거지 사이에 분포한다.

F55로 예를 들면, 길이

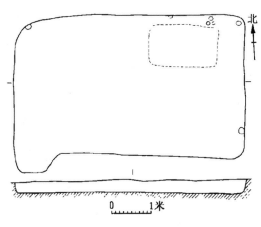

그림 7. 章丘 西河 유적 F55 평단면도

6.6m, 너비 3.56~3.74m, 깊이 0.14~0.3m이다. 문길이 남향이고 경사식 출입구
가 서남 모퉁이에 위치하고 동서 0.6~1.2m, 남북 0.5m이다. 방바닥, 벽에 구운
가공 흔적이 없고 동북부에만 2㎡ 정도 약간 구운 곳이 있는 것 같고 연기에 그
을린 흔적이 있다. 북부, 동부에 기둥 구멍이 7점 있고 모두 원형 직벽환저, 직경
10~16cm, 깊이 6~12cm이다. 충전된 흙은 회갈색, 흑회색 흙이고 한 기둥 구멍
안에는 탄화 기둥이 남아있다. 방바닥에서는 유물이 출토되지 않았다(그림 7).

전면적으로 보면 조사된 后李, 西河, 小荆山 등 유적에서는 모두 后李文化 취
락이 확인되었다. 면적이 비교적 작아 수만㎡이다. 小荆山 유적을 예를 들면 5만
㎡의 환호취락, 주거지, 무덤들이 정연하게 배열되었고 원시적 정착사회에 속한
다. 저장수혈이 많고 조와 석부, 삽, 갈판, 갈돌 등 농사 도구들이 확인되고 집돼
지가 많다. 농업이 이미 나타났지만 주요한 경제적 원천이 아닐 수도 있다. 어로
와 수렵 그리고 채집은 주요 경제적 원천이고 호랑이, 물소, 꽃사슴, 노루, 여우,
너구리, 멧돼지 등 야생 동물, 그리고 민물조개, 가막조개, 청어, 초어, 메기 등 조
개류와 물고기들이 확인된다. 이로부터 后李文化의 생산력 수준이 아직 높지 않

고 창조된 재부도 적고 남은 재부가 거의 없어서 평균적인 모계씨족사회나 원시 씨족공유제 단계에 속하는 것이다. 그래서 后李文化가 면적이 크고 수량도 많은 대 · 중형 주거지는 큰 가족이 같이 거주하거나 생활한 장소이고 소형 주거지는 그들의 부속 건물일 것이다.

后李文化의 주거지는 면적 크기가 다르기만 모두 방형이나 장방형이고 원형, 타원형이나 다른 형태 것은 보이지 않는다. 복원하면, 목심 흙벽으로 지탱되고 장막 출입구를 가진 방추형 건물일 것이다. 章丘 小荊山 유적에서 조사된 10기 주거지 가운데 역시 방형이나 장방형이 대다수이고 소수 조사자가 보는 타원형 주거지, 예를 들면 F14는 발굴 미완성 때문이다. 현재 조사범위로 그 완전 형태를 복원하면 역시 방형이나 장방형일 것이다. 그래서 后李文化에서는 방형이나 장방형 주거지가 유행하고 원형이나 타원형 주거지 거의 보이지 않는 것으로 판단할 수 있다. 이것이 주의할만한 현상이다. 진일보 비교해 보면, 산동 지역에서는 后李文化 보다 더 이른 시기의 주거지가 아직 발견되지 않았는데 后李文化 시대와 거의 같은 시기인 북방 장성지대의 興隆窪 문화에도 방형이나 장방형 주거지가 유행하였다. 그리고 면적이 수십㎡인 대 · 중형 주거지(100㎡ 넘은 것도 있다)가 대부분이고[3] 시대 특징이 선명하다. 그래서 后李와 興隆窪 사이에 건축기술 내지 다른 교류가 있었던 것을 배제할 수 없다. 이에 대해 필자가 자연환경 변천의 배경적으로 한번 검토해 보았으며[4] 일부 참고나 깨우침을 제공할 수도 있을 것 같다. 물론 양자 간 차이도 있다. 예를 들면 后李文化 주거지에는 거의 문길이

---

3) 中国社科院考古研究所内蒙古考古队,「内蒙古敖汉旗兴隆洼遗址发掘简报」,『考古』1985年第10期 ; 中国社科院考古研究所内蒙古考古队,「内蒙古敖汉旗兴隆洼聚落遗址1992年发掘简报」,『考古』1997年第1期.

4) 王青,「环渤海地区的早期新石器文化与海岸变迁——环渤海地区环境考之二」,『华夏考古』2000年第4期(收入拙著,『环境考古与盐业考古探索』,科学出版社2014年).

있는데 興隆窪 문화 주거지에는 거의 문길이 없다. 대·중형 주거지의 구체적 건축방식과 이용 방식에 있어서 다른 점이 존재할 것이다. 興隆窪 문화의 주거지는 깊은 수혈식이나 지하 수혈식일 것이고 나무로 계단을 만들어 출입한 벽이 없는 건물이다. 이런 깊은 수혈식 건물은 보온에 있어서 유리하고 높은 위도지대 환경에 적응할 수 있는 특징이다.

Ⅱ. 北辛文化 주거지

일반적 인식에 따르면 北辛文化는 后李文化에서 발전해 온 것이고 연대가 지금으로부터 7,300-6,100년 전이며 1,200년 전후 연속되었다. 현재 北辛文化 유적이 100곳 정도 조사되고, 주로 泰沂 산맥 남북 양측에 분포하고 있다. 이 가운데 魯南의 汶泗河 유역과 蘇北 일대가 중심구역이어서 유적이 많이 분포하고 있고 다른 지역에서는 적게 확인된다. 이 문화의 주거지는 이미 20여기 조사되었고 泰安 大汶口 13기, 濟寧 玉皇頂 5기, 汶上 東賈柏 2기, 滕州 西康留 4기 있다[5]. 后李文化와 비교해 보면 주거지 면적과 규모가 대부분 줄어들어 10㎡ 가량 부족하다. 后李文化의 수십㎡ 규모의 큰 방이 사라졌다. 형태로 보면 后李文化의 방형이나 장방형 주거지가 남아 있지만 주로 소형 반지하식 타원형이나 근원형 주거지가 유행하였다.

방형이나 장방형 주거지가 滕州 西康留 유적 4기, 濟寧 玉皇頂 유적 5기 조사

---

5) 山東省文物考古研究所, 『大汶口续集』, 科学出版社1997年 ; 山東省文物考古研究等, 「山东济宁玉皇顶遗址发掘报告」, 『海岱考古』2012年第5辑 ; 中国社会科学院考古研究所山东工作队, 「山东汶上县东贾柏村新石器时代遗址发掘简报」, 『考古』1993年第6期 ; 山东省文物考古研究等, 「山东滕州市西康留遗址调查·钻探·试掘简报」, 『海岱考古』2012年第5辑.

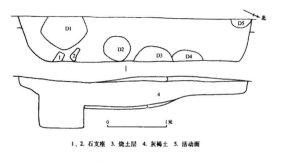

1, 2. 石支座 3. 燒土層 4. 灰褐土 5. 活動面

그림 8. 滕州 西康留 유적 F4 평단면도

되고 반지하식과 지면식으로 나눌 수 있다. 방형은 西康留 유적 F4로 예를 들면, 안으로 경사된 직벽이고 바닥은 평평하지 않다. 보인 부분은 동서 약 3.95m, 남북 0.75m이다. 큰 기둥 구멍이 5개 확인되는데 다수 원형이며 직경 50cm, 깊이 80cm 정도이다. 동북부에 돌 솥 받침 2점이 확인되고 주변 바닥이 구운 흔적이 있다. 출토 유물은 토기가 주로이고 솥, 정, 발, 호, 석착, 솥받침 등이 있다. 이 주거지 남부가 조사되지 않았지만 조사자가 이미 조사된 부분으로 원형이나 타원형으로 추정하였는데 실제 완전한 형태는 원각방형이나 장방형일 것 같다(그림 8).

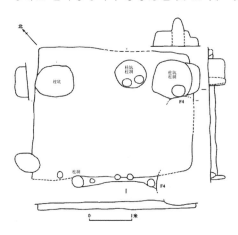

그림 9. 濟寧 玉皇頂 F2 평단면도

장방형은 玉皇頂 F2로 예를 들면, 동서 길이 3.5~3.7m, 남북 너비 2.7~3.3m, 면적 약 10㎡이다. 주변 기둥 구멍 10개 확인되고 북, 서, 남에 집중 분포하고 동측에 보이지 않는다. 이 주거지 상부는 이미 파괴되고 방바닥, 내부 시설 등이 모두 사라져 문길이 정확하지 않다(그림 9).

이 시기에 소형 반지하식 타원형이나 원형 가까운 주거지가 자주 보인다. 泰安 大汶口 유적에서 13기, 汶上 東賈柏 유적에서 2기 확인된다. 東賈柏 F2로 예를 들면, 전체 표주박 형태를 보이고 방이 타원형이고 방향이 460°이다. 최장 3.6m, 최대폭 3m, 깊이 0.75m, 면적 약 10㎡이다. 동북 측에 계단식 문길이 있으며 크고 딱딱하고 표면이 정연한 홍색 소토로 깔아진 것이다. 벽이 비교적 곧고 방바닥도 평평하고 딱딱한 청회색 거주 평면이 남아있다. 기둥 구멍이 3개 남고, 직경 약 20cm, 깊이 15~20cm이다. 방 밖에 남쪽에 역시 작은 기둥구멍 3개가 남아있다. 방안에 대량 소토가 있는데 건물의 기둥, 벽, 지붕이 무너진 것과 관계가 있을 것이다. 출토유물은 정, 발, 단경호 등 토기편이 있고 동물뼈와 탄화 종자 등도 있다(그림 10).

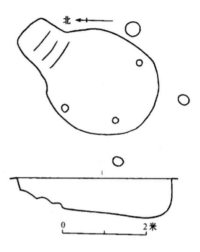

그림 10. 汶上 東賈柏 F2 평단면도

大汶口 F207로 예를 들면, 방향이 93°이며 타원형인데 동서 2.4m, 남북 약 2.1m, 면적 약 4㎡이다. 방바닥이 2번 가공되었고 주변 벽이 방바닥보다 약간 높은 생토 황토대인데 일상

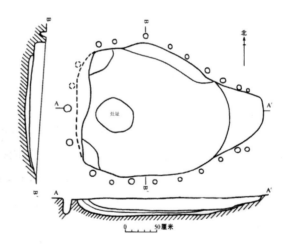

그림 11. 泰安 大汶口 F207 평단면도

생활용품을 나열하기 위해 설치한 것이다. 주거지 주변에 작은 기둥 구멍이 20개 정도 조사되었는데 문길 남북 양측에 각각 3개씩 있고 방에 14개 있으며 직경 7~14cm, 깊이 6~13cm이다. 평면 배치와 기중 구멍의 분포 특징에 의해 목심 흙

벽이 둘러싸 보호하고 문에 장막이 있는 원추형 건물일 것이다(그림 11). 東賈柏 F2 역시 이 형식이고 조금 간단한 편이다.

전체적으로 보면 北辛文化에서 확인된 주거지 양이 后李文化보다 많지 않지만 출토된 토기, 석기, 골기 등으로 종합해 판단하면 당시 생산력 수준이 后李文化보나 비교식 큰 폭의 세고가 있으며 1인닝 몰길재부기 중기히었디. 그괘서 시회긴게에 점차 미미한 변화가 생기고 전체 사회가 모계씨족사회에 부계씨족사회로 과도하는 중요시기에 해당하고 소유제 형식도 씨족 공유제에서 가정 사유제로 바뀌고 있다. 주거지 구조에 있어서도 중요한 변화가 나타난다. 우선, 방 면적이 크게 작아지고, 后李文化에 있는 수십㎡인 건물이 사라지고 일반적 5㎡ 정도 되고 10㎡ 넘은 것이 아주 적다. 이런 작은 집은 개체 가정이 거주한 것이다. 방안의 포국도 변화가 있는데 주로 부뚜막 수량의 감소이다. 后李文化의 부뚜막이 여러개 있는 주거지가 사라지고 있는데 역시 가정이 생기는 표식이다. 그래서 北辛文化의 사회구성이 비교적 큰 변화가 있다고 생각할 수 있다. 즉 가정이 한 사회 단위로서 대가족 가운데 분리하는데 아직은 가장 기본적인 생산 단위가 아니다.

北辛文化에는 원형(타원형, 근 원형) 주거지가 유행하고 더 이른 시기의 后李文化에 보이지 않다. 이 현상은 주의할 만하다. 이런 상황으로 추정하면 이 원형 주거지가 산동 현지에서 기원한 것은 아닐 것 같다. 기존 자료 가운데 중원지역 하남성 중남부 일대에 분포된 裵李崗文化의 주거지가 주의할 만하다. 이 문화의 연대가 전체적으로 北辛文化보다 빠르고 9,000-7,100년 전이며 만기 때 약 200년 동안 北辛文化와 공존하였다. 고고학 자료에 의해, 그 문화에 원형 주거지가 비교적 유행하고 연대도 빠르고 하남성 舞陽賈湖 유적에 이미 裵李崗文化 조기에 속하는 원형 주거지가 확인된다[6]. 연구에 따르면 裵李崗文化가 淮河를 따라 동

6) 河南省文物考古研究所,『舞阳贾湖』, 科学出版社1999年.

으로 파급되었다. 北辛文化의 정, 발 등 토기의 기원도 裵李崗文化와 관련이 있다[7]. 北辛文化에 발전해 온 大汶口文化에서 유행된 거북 껍데기로 점복하는 것과 손에 노루 이빨을 잡은 풍습도 裵李崗文化와 관련이 있을 것 같다[8]. 이런 배경에 의해 필자가 초보적으로 추정하면 北辛文化에서 유행한 원형 주거지는 중원지역 裵李崗文化에서 파급된 것일 것이다.

Ⅲ. 大汶口文化 주거지

大汶口文化는 北辛文化에 발전해 온 것이고 연대가 지금으로부터 6,100-4,600 년전이다. 조사된 유적이 50여 곳 있으며 주로 산동성 泰山山脈 주변에 분포하고 있다. 동쪽으로는 황해에 달할 수 있고 북쪽으로 발해에 도달할 수 있고 서쪽으로 대운하까지 갈 수 있고 남으로 蘇北, 皖北, 豫東 등지를 언급할 수 있다. 이 가운데 泰安 大汶口, 兗州 王因, 鄒城 野店, 曲阜 西夏侯, 荏平 尙庄, 廣饒 五村, 膠州 三里河, 莒縣 陵陽河, 大朱村, 五蓮丹土, 蓬萊 紫荊山, 長島 北庄, 江蘇 邳州 劉林과 大墩子, 新沂花廳, 安徽 蒙城蔚遲寺 등 중요한 유적이 있다(그림 12).

大汶口文化 주거지는 조사된 것이 200기 정도 있고 주로 泰安 大汶口 10기, 兗州 王因 14기, 鄒城 野店 6기, 棗庄 建新 28기, 廣饒 傅家 5기, 廣饒 五村 3기, 濰坊 前埠下 2기, 膠州 三里河 5기, 卽墨 北阡 21기, 長島 北庄 97기, 栖霞 古鎭都 6기, 또한 諸城 呈子, 滕州 西公橋 등 유적에도 소량이 발견된다[9]. 그중에 膠

---

7) 栾丰实,『海岱地区考古研究』, 山东大学出版社1997年

8) 张居中,「试论贾湖类型的特征及其与周围文化的关系」,『文物』1989年第1期.

9) 山东省文物管理处 · 济南市博物馆,『大汶口』, 文物出版社1974年 ; 山东省文物考古研究所,『大汶口续集』, 科学出版社1997年 ; 中国社会科学院考古研究所,『山东王因——新石器时代遗址发

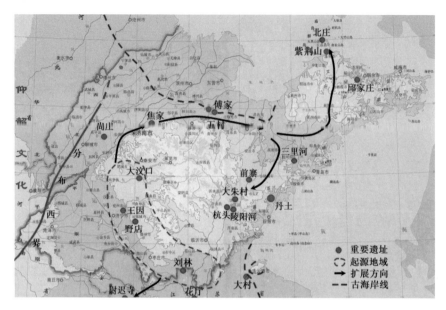

그림 12. 大汶口文化 주요 유적 분포도

州 三里河 유적의 주거지는 식량을 저장하는 저장갱일 것이고 廣饒 五村의 3기
가 소금 수공업 공장과 관련이 있다[10].

掘报告』, 科学出版社2000年；山东省博物馆等,『邹县野店』, 文物出版社1985年；山东省文物
考古研究所等,『枣庄建新——新石器时代遗址发掘报告』, 科学出版社1996年；山东省文物考
古研究等,「枣庄建新遗址2006年发掘报告」,『海岱考古』2011年第5辑；郑笑梅,「广饶五村·博
家大汶口文化遗址和墓地」,『中国考古学年鉴1986』, 文物出版社1988年；山东省文物考古研究
所等,「广饶县五村遗址发掘报告」,『海岱考古』1989年第1辑；山东省文物考古研究所等,「山东
潍坊前埠下遗址发掘报告」,『山东省高速公路考古报告集』, 科学出版社2000年；中国社会科学
院考古研究所山东队,『胶县三里河』, 文物出版社1988年；山东大学考古系等,「山东即墨市北阡
遗址2007年发掘简报」,『考古』2011年第11期；北京大学考古实习队等,「山东长岛北庄遗址发掘
简报」,『考古』1987年第5期；昌潍地区文物管理组等,「山东诸城呈子遗址发掘报告」,『考古学报』
1980年第3期；山东省文物考古研究所,「山东滕州市西公桥大汶口文化遗址发掘简报」,『考古』
2000年第10期.
10) 中国社会科学院考古研究所山东队,『胶县三里河』, 文物出版社1988年；王青,「山东北部沿海先

이런 주거지는 건축 규모로 크게 2가지 나눌 수 있다. 제1류는 면적이 20㎡ 정도인 대형 주거지(30㎡에 달할 수도 있다)이며, 방형이나 장방형이고 다수가 지상식이고 소량이 반지하식이다. 제2류는 면적이 10㎡ 미만의 소형 주거지이며, 원형이나 타원형이고 다수가 반지하식이고 소량이 지면식이다. 연대에 있어서 소형 주거지가 대부분 大汶口文化 조기에 속하고 대형 주거지가 大汶口文化 중만기에 나타난 것이다.

대형 주거지가 泰安 大汶口 유적에서 총 10기 조사되었다. 지상식이나 반지하식 원각방형이며 면적이 약 20㎡이다. 2012년 조사된 F6으로 예를 들면, 평면이 방형이고 한 변의 길이 4.2m, 면적 17.6㎡이다. 위에 두꺼운 소토 퇴적으로 덮어지고 큰 벽 외피가 남아 있는 모습이 보인다. 주거지 주변에 한 바퀴 소토대가 있는데 너비 약 30cm이고 그 밖에 흑색 재층이 보이는데 벽체와 관련 있을 것 같다. 비교적 큰 기둥 구멍이 총 20개 확인되었는데 다수가 원형이며 직경이 22~50cm이고 구멍 안에 홍갈색 흙이 채워졌고 질이 딱딱하고 구조도 세밀하다. 이 주거지는 남북 두개의 작은 방으로 나눌 수 있고 중간에 남은 높이 10cm, 너비 5cm인 낮은 벽으로 분리된다. 남쪽 방바닥이 구운 과정을 통해 딱딱하고 매끄럽다. 서부는 융기되어

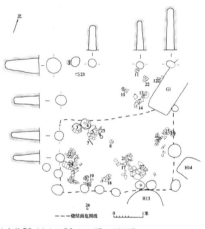

1, 2, 27. 陶盆 3~5, 8, 19. 陶罐 6, 23. 石器 7. 長条形骨器 9~11, 15, 16, 21, 24, 25. 陶罐 12. 陶器盖 13, 14, 17, 18, 20, 22. 陶钵 26. 石球

그림 13. 泰安 大汶口 12F6 평면도

秦时期的海岸变迁与聚落功能研究」, 『东方考古』2005年第3集(收入拙著, 『环境考古与盐业考古探索』, 科学出版社2014年).

그림 14. 泰安 大汶口 12F6 조사 현장

그림 15. 長島 北庄 주거지 조사 현장

있고 그 위에서 엎어 놓은 토기 정이 3점 발견되었고, 구워진 바닥 북부에 집중하고, 주변에 파손 토기 여러 깁과 좁고 긴 골기기 2그를 확인된다(그림 13, 14).

長島 北庄 유적은 지난 세기 80연대에 대규모 조사를 거쳤으며 주거지 97기가 조사되었다. 주거지 배열은 비교적 규칙이 있고 취락은 사전 기획을 통한 것이다(그림 15). 발표된 16기 주거지로 보면 다수가 원각방형이나 장방형이고 면적이 20~30㎡ 정도이다. F16로 예를 들면, 동서 길이 6.2m, 남북 너비 5.2m이고 문길 방향이 약간 서남으로 방향이 210°이다. 수혈 벽이 특별한 가공 처리가 있고 가파르고 험준한 것으로 정리한다. 벽에 순수하고 세밀한 벽 외피 흙을 칠하였으며 두께 약 2~10cm이다. 방바닥이 잘 남아있고 약간 평평하고 딱딱하며 2번씩 가공으로 완성된 것이다. 하층이 회색 흙이고 황갈색 생토 바닥에 바로 깔고 두께 2~8cm이며 상층이 황갈색토이고 두께 약 4~6cm이다. 부뚜막이 3개 있고 문길 양쪽 각각 1개씩 있고(조C, 조B), 형태가 작고 문길 바로 마주보는 방향에 큰

부뚜막(조A) 하나 더 있다. 기둥 구
멍이 25개 확인되고 그 중에 주변
벽에 17개, 방바닥 가운데 2개, 문
길 부근에 4개 있으며 모두 작고 깊
이는 일반적으로 0.5~1m 정도이다
(그림 16). 주거지 형태 구조와 기
둥 구멍의 배열상황에 의해 복원하
면 역시 나무골조 흙벽이 지탱하고
양면 경사 천막으로 구성된 방추형
건물이다.

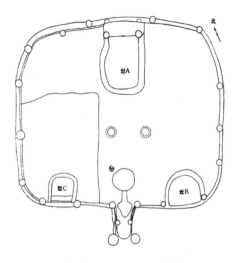

그림 16. 長島 北庄 F16 평면도

枣庄 建新 유적에서 주거지 28
기가 조사되고 다수 지상식 원각방
형인데 벽 아래 홈을 파는 새로운
방법이 나타난다. F7로 예를 들면,
동서 5.5m, 남북 5.45m, 실내 면적
23㎡이다. 주변 홈이 너비 40cm,
깊이 70cm이고 모퉁이가 약간 넓
고 깊다. 홈은 직벽평저이고 충전
흙이 회갈색이고 구조가 특특하
고 긴밀하고 안에 토기편과 소토가
포함된다. 홈 안에 기둥 구멍이 38
개 발견되었는데 통형이고 저부 평
평하고 구경 10~30cm이고 다수가
20cm 정도이다. 또 다른 두 기둥

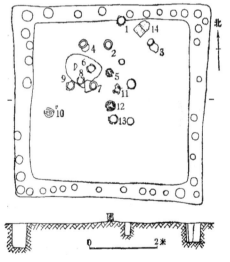

1—3、6、8、11.陶罐　4、5、7、9、10、12、13.陶鼎
14.盘状石器

그림 17. 枣庄 建新 F7 평단면도

구멍이 방안에 있고 남북으로 나열하고 구경 20~30cm이고 깊이 40cm이다. 구멍 안에 충전 흙이 홍갈색이고 토기편, 소토, 소량의 재가 포함된다. 방안에 10여점 토기와 장방형 반상 석기가 있다. 토기 근처에 일부 소토 퇴적이 발견되는데 부뚜막과 관련 있는 것으로 생각한다(그림 17). 복원 형식이 北庄 F16과 같고 역시 반수형 건물이나. 하시반 너 징현하고 벽재도 기호기 건고해서 너 높은 편이다.

소형 주거지는 兗州 王因 유적에서 13기가 조사되고 반지하식 타원형이나 원 형이다. 20㎡ 넘은 것도 있지만 다수 면적이 적다. F8로 예를 들면, 타원형이고 남 북 길이 3.2m, 동서 너비 4.61m, 깊이 0.45m이다. 방바닥이 평평하지 않고 바닥 에 홍황색 딱딱한 거주면이 있다. 부뚜막 유구가 보이지 않는다. 기둥 구멍이 9 개 확인되고 소수 기둥 구멍 저부에 소토 재, 사토로 충전하고 다졌다. 남쪽이 약 간 파괴되어 문길이 존재하지 않는다. 솥형 정, 발형 정, 두, 단경호 등 유물이 출

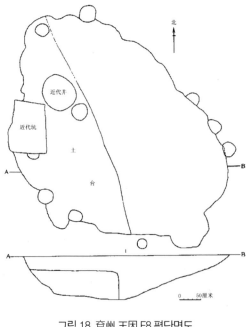

그림 18. 兗州 王因 F8 평단면도

토되고 갈돌, 맷돌, 소량의 돼 지, 소, 악어 등 동물뼈가 확인 된다. 또 F3로 예를 들면, 면 적이 비교적 크고 남북 길이 6.60m, 동서 너비 4.24, 깊이 1.08m이다. 문 방향이 132° 이고 문길 길이 65cm, 최대 너비 96cm, 경사대 모양이다. 주거지 바닥이 평평하지 않고 국부에 거주 평면이 보존 되 어 있으며 2-3cm인 황색 딱딱 한 평면이다. 서쪽에 방바닥 보다 70cm 높은 토대가 있고

실내 면적의 1/3정도 점한다. 방안에는 부뚜막이 보이지 않는다. 주거지 주변에 기둥 구멍 10개가 발견된다. 주거지 서쪽 3m 거리에서 작은 수혈이 확인되고 그 안에 개 뼈 한 구가 묻혀 있다. 수혈 밖에 돼지 뼈도 있다. 개 뼈, 돼지 뼈와 F3이 같은 층에서 출토돼서 이 주거지 만들 때 의식이 있었을 가능성 있다(그림 18).

학술연구에 따르면 大汶口文化의 사회 진전이 비교적 자세하다[11]. 조사된 1, 300여기 무덤 자료에 의해 大汶口 조기에 區, 群, 組로 나누어 매장한 현상이 나타나고 부장품의 수량, 질량 차이가 서로 크지 않지만 빈부 분화 현상이 이미 나타나고 점차 심해지는 추세도 생기고 남녀 사회 분담하는 것이 이미 명확하다. 씨족 소유제에서 가족 소유제로 전환하는 것이 이미 초보적으로 완성된다. 사유제 경제 성분이 공유제를 넘어간다. 중기에 무덤 규모, 매장시설, 부장품 등 방면에 모두 빈부차이가 보이고 가족 사유제가 이미 핵심제도가 되었다. 만기에 들어가면 빈부 분화가 진일보해서 귀족 계층도 나타난다. 어떤 무덤이 초라하고 좁고 작아서 부장품도 적거나 없는 것이다. 어떤 무덤이 넓고 커서 大汶口 M10을 예를 들면 구조가 복잡한 관곽을 사용하고 부장품 양도 백점이 넘고 피장자가 정연한 옥기 장식품을 쓰고 옥산, 상아기, 정미 토기, 동물 뼈, 돼지 머리, 그리고 중요한 예기인 "鼉鼓"에 남은 악어 골판 등이 부장된다. 최근에 章丘 焦家 유적에도 大汶口 만기에 해당하는 큰 무덤이 조사되었다. 그 규모가 大汶口 유적보다 적지 않다. 이런 것은 大汶口文化 만기에 귀족계층이 이미 출현하고 부분적으로 빨리 발전된 구역은 이미 원시 국가나 酋邦이 설립된다. 이와 대응하여 大汶口文化 주거지가 조기에 다수 소형 반지하식 건물이고 중·만기에 대형 지상식 건물이 출현한다. 가정이 사회의 기본 생산 단위가 되는 것을 설명할 수 있다. 그리고 중·만기 대형 주거지는 귀족 계층이 사용한 것일 가능성이 있다.

---

11) 欒丰实, 『东夷考古』, 山东大学出版社 1996年.

IV. 龍山文化 주거지

산동 龍山文化는 大汶口文化에서 발전해 온 것이고 연대가 지금으로부터 4,
600-4,000년 전 사이에 있다. 일부지역은 끝난 시기가 약간 늦다. 이 문화의 유적
은 1,000여 곳이 발견되었고 조사된 곳이 60여 곳 있다. 분포 범위는 산동 견여,
蘇北, 皖北, 豫東 일부 지역도 포함된다. 章丘 城子崖, 鄒平 丁公, 臨淄 田旺, 壽
光 邊線王, 濰坊 姚官莊, 臨朐 西朱封, 濰縣 魯家口, 棲霞 楊家圈, 日照 兩城鎮,
東海峪과 堯王城, 臨沂 大范莊, 泗水 尹家城, 兗州 西吳寺, 陽谷 景陽岡, 河南
永城 王油坊, 鹿邑 欒台 유적 등이 비교적 중요하다(그림 19).

龍山文化 주거지가 조사된 것이 약 150여기 있으며 鄒平 丁公 수십기, 日照 兩
城鎮 35기, 日照 堯王城 28기, 日照 東海峪 9기, 濰坊 魯家口 11기, 泗水 尹家城

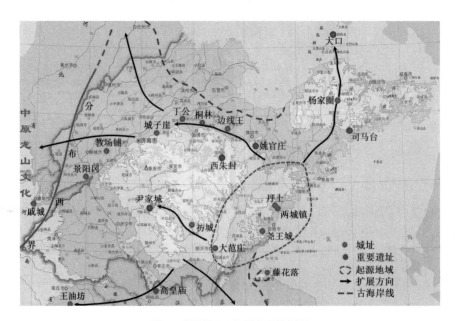

그림 19. 산동 龍山文化 주요 유적 분포도

20기, 棗莊 二疏城 12기 등이 있다. 또한 濟南 馬安, 昌樂 謝家埠, 壽光 邊線王, 淄博 房家, 博興 利戴, 日照 六甲莊, 兗州 西吳寺, 鄒城 野店 등 유적에서도 소수 발견된다[12]. 이 주거지들의 면적은 다수가 10㎡ 정도이고 소수 4~5㎡것도 있다. 주로 원각방형이나 장방형이고 규칙한 원형도 있다. 이 중에 방형 주거지가 다수 지상식이고 홈을 파고 흙벽돌로 벽을 쌓고 높은 토대 등 신기술을 이용하고 건물 질량이 높다. 원형 주거지는 다수 반지하식이고 그 중에 홈을 파거나 흙벽돌로 벽을 쌓는 지상식도 소량 있다. 龍山文化 주거지는 하나의 명확한 특징이 있다. 즉 성지 안에 분포된 것이 보편적 등급이 높고 건축 기술도 비교적 높고 귀족들이 이용한 것으로 추정할 수 있다. 물론 성 안에 소형 주거지도 있는데 사회 일반 성원이 이용한 것이다. 성 밖 일반 취락에서 발견된 주거지는 보편적으로 소형이고 건축 질량도 낮고 역시 작은 취락은 중심 취락-성지에서 통제한 것이고 사회

---

12) 山东大学历史系考古专业等,「山东邹平丁公遗址试掘简报」,『考古』1989年第5期；山东大学历史系考古专业,「山东邹平丁公遗址第二·三次发掘简报」,『考古』1992年第6期；山东大学历史系考古专业,「山东邹平丁公遗址第四·五次发掘简报」,『考古』1993年第4期；山东大学历史系考古教研室,「邹平丁公发现龙山文化城址」,『中国文物报』1992年1月12日；中美联合考古队,『两城镇——1998~2001年发掘报告』, 文物出版社2016年；临沂地区文管会等,「日照尧王城龙山文化遗址试掘简报」,『史前研究』1985年第4期；中国社会科学院考古研究所山东工作队等,「山东日照市尧王城遗址2012年的调查与发掘」,『考古』2015年第9期；东海峪发掘小组,「一九七五年东海峪遗址的发掘」,『考古』1976年第6期；中国社会科学院考古所山东工作队等,「潍县鲁家口新石器时代遗址」,『考古学报』1985年第3期；山东大学历史系考古专业教研室,『泗水尹家城』, 文物出版社1990年；枣庄市博物馆,「枣庄市二疏城遗址发掘简报」,『海岱考古』2012年第6辑；济南市考古研究所等,「山东章丘马安遗址的发掘」,『东方考古』2009年第5集；潍坊市文管会办公室等,「山东昌乐县谢家埠遗址的发掘」,『考古』2005年第5期；山东省文物考古研究所等,「寿光边线王龙山文化城址的考古发掘」,『海岱考古』2015年第9辑；山东省文物考古研究所等,「淄博市房家遗址发掘报告」,『海岱考古』2011年第6辑；博兴县文管所,「山东博兴县利戴遗址清理简报」,『华夏考古』2009年第1期；山东大学历史文化学院考古系,「山东日照市六甲庄遗址2007年发掘简报」,『考古』2016年第11期；国家文物局考古领队培训班,『兖州西吴寺』, 文物出版社1990年；山东省博物馆等,『邹县野店』, 文物出版社1985年.

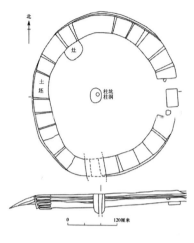

그림 20. 日照 兩城鎭 F65 평단면도

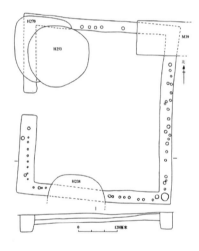

그림 21. 日照 兩城鎭 F36 평단면도

구성자의 지위도 성내 거주민보다 낮은 편이다.

현재까지 龍山文化 성지는 산동지역 에서 이미 10곳 확인 되고 魯東南의 日照 연해 일대에 기장 밀집히게 분포된다. 五蓮丹土, 日照 兩城鎭과 堯王城, 東海峪 등 유적을 포함해도 성의 단서가 있고 남 으로 가면 강소 連雲崗 藤花落에도 龍山 성지가 발견된다. 이 가운데 兩城鎭 유적 의 주거지가 비교적 대표성이 있다. F65 로 예를 들면, 원형 지상식 흙벽돌 건축 이고 직경이 3.84m, 건축 면적이 11.6㎡ 이고, 방안 면적이 약 7㎡이다. 전체 흙 벽돌 벽체, 실내 바닥, 부뚜막, 중심 기둥, 문길, 벽 밖의 보호 경사면 등 부분으로 조성된다. 벽체가 잘 남아 있고 홈, 흙벽 돌, 벽 내, 외피, 벽 밖에 보호 경사면 등 이 있다. 벽체는 미리 제작된 장방형 흙 벽돌로 엇갈리게 쌓고 흙벽돌의 길이는 대략 40~50cm이다. 방안에 중심 기둥구 멍과 기둥구멍들이 있고 흙을 깔은 층과 거주면, 부뚜막 등이 있다(그림 20). 또한 F36로 예를 들면, 평면이 장방형이고 남북 길이 5.3m, 동서 너비 4.6~4.7m이고 건축면적이 약 25㎡이다. 주로 둘레 홈, 기둥 구멍, 문길, 기초 흙을 깔은 것 등 부분으로 구성된다. 홈이 비교적 규정하고 깊게 파고 안은 홍갈색 생점토로 충전하였으며 구조가 긴밀하고 질도 딱딱하다. 홈 안에 기둥 구멍을 정연하게 배열하였는데 53개 남아있고 분포가 밀집하다. 이 주거지가 역시 건축 시공 예비 위치에 먼저 흙을 깔고 그 위에 홈을 파서 기둥을 세우는 방법을 이용하였다. 주변 지표보다 높은 고대식 건물을 형성하였다(그림 21). 이 밖에 이런 주거지 안에 중앙 옥상을 지탱하는 기둥이 없어서 실내 공간의 분할에 더 융통성이 있다. 물론 이렇게 하면 옥상의 들보구조가 더 복잡하고 견고해야 해서 이런 기둥 사이의 거리가 큰 방추형 집을 지탱할 수 있는 것이다.

邹平 丁公 유적도 龍山文化의 성지이다. 조사된 주거지가 수십기 있고 이미 발표된 것이 다수 소형 주거지이고 사회 일반성원이 거주한 것이다. F1로 예를 들면, 원형 반지하식 직경 2.38~2.75m, 남은 깊이 0.15m이다. 수혈 벽 북부에 두께 22~25cm, 높이 50~70cm인 황토벽이 남아있다. 벽 아래 깊이 20cm인 홈이 있고 벽에 작은 기중 구멍이 5개 있다. 문이 정동으로 향하고 너비 80cm이고 양측에 각각 한개씩 작은 기둥 구멍이 있다. 문 밖에 양측에도 기둥 구멍이 2개 있어 간격이 1.75m이고 문 천막의 입주일 것이다. 문 안에 아래로 이어진 계단이 있어 더 안으로 호형으로 배열된 작은 기둥 구멍이 2열이 있으며 실내 바닥을 3부분으로 나누었다. 방바닥이 연회색이고 두께 3~4cm이고 딱딱하고 흙을 2층으로 깔았다. 그 이하에 H42의 퇴적이다. 방안에 단경호 1점, 배 3점 확인된다(그림 22).

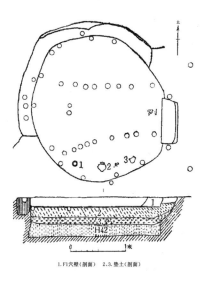

1.F1穴壁(剖面) 2,3.墊土(剖面)

그림 22. 邹平 丁公 F1 평단면도

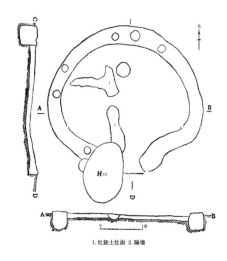

1. 红烧土灶面 2. 隔墙

그림 23. 濰坊 魯家口 F106 평단면

濰坊 魯家口 유적은 보통 龍山 취락이다. 주거지가 11기 확인되고 주로 지상식 홈 있는 원형이나 방형 주거지이다. F106로 예를 들면, 원형, 동서 3.78m, 남북 3.8m이다. 문길이 남향이다. 벽 아래 우선 홈을 파고 홈 깊이 40cm이고 그 바닥에 황회토와 홍소토 덩이로 깔고 그 위에 순정한 황토로 벽을 만든다. 벽 남은 높이 2~12cm, 두께 30~40cm이다. 내외에 모두 백회로 벽을 칠했으며 두께 0.5cm이다. 방바닥이 평평하고 딱딱하고 동반부에 우선 소량 소토 덩이와 초목회로 깔고 草拌泥를 추가해서 건축한 것이다. 서반부에 황회 흙으로 만든 것이고 두께 9~10cm이다. 방바닥 서북 모퉁이에 높이 2cm 정도인 소토 평면이 있고 형태가 규칙적 아니고 동서 길이 1.1m, 남북 너비 0.9m이고 역시 부뚜막일 것이다. 벽 안에 작은 기둥 구멍이 7개 발견된다. 실내 한개 큰 것이 확인되었는데 직경이 36cm이며 천정을 지탱하는 중심 기둥일 것이다(그림 23). 기둥 포국에 따라 복원해 보면 높은 벽체로 둘러싸 보호하는 원추형 건물일 것이다.

그러므로 龍山文化 주거지는 중심 취락 성지 내부 성원 사이나 성외 일반 작은 취락과의 사이에 모두 주거지의 등급에 큰 차이가 나타난다. 이것이 귀족과 일반인 사이에 거주에 있어서 차이가 이미 명확하고 귀족 집단이 건축 규모와 기술에도 많은 우월성이 보여 주었다. 이것이 龍山文化 시대에 이미 크게 변천하고 있고 魯東南 日照 연해 일대와 같은 곳은 더 심하다. 이것은 무덤에 반영된 변천과정과 일치하다. 현재 臨朐西朱封、泗水尹家城 등 유적에서 면적 20㎡인 龍山文

化 대형 무덤이 이미 발견된다. 무덤에는 모두 복잡한 관곽과 높은 이층대가 있고 부장품을 설치하기 위해 어떤 무덤 안에 곽 내부에도 여러 邊箱과 脚箱을 설치한다. 부장품은 정미한 토기와 옥기를 주로이고 생산 도구로 부장하는 것이 적다. 그리고 이런 토기와 옥기가 대부분 의례용기이고 黑陶蛋殼杯, 刻紋 黑陶盆, 黑陶罍 그리고 玉冠, 玉鉞 등으로 보면 피장자가 살아있을 때 고급 귀족이나 최고 통치자일 것이다[13]. 日照 연해의 龍山 성지에도 대형 무덤이 있다. 이런 것은 龍山時代에 사회 분화가 이미 심하고 도시와 농촌, 사회 성원 사이에 차이가 존재한 것을 설명한다. 각 지역 도시 중심으로 상대적으로 독립된 정치적 실체가 만들어졌으며 조기 국가 단계에 들어갔다. 이 외에 龍山文化 6~7곳 유적(膠州 三裡河, 棲霞 楊家圈, 長島 店子, 日照 堯王城과 諸城 呈子, 臨沂 大范莊 등)에서 청동 제련 유구가 확인되고 청동 드릴, 청동 송곳, 동기 편, 청동 덩이, 동기 부스러기 등이 출토된다[14]. 이것은 龍山 사회 변천 과정과 부합한 것이고 龍山文化가 청동기시대에 가까워졌다는 것을 말한다.

V. 신석기시대 주거지의 종합적 특징

이상을 종합해 보면 산동지역에서 발견된 신석기시대 주거지는 수량이 비교적 풍부한 편이고 지역 특징이 비교적 명확하고 전후 변천과정도 잘 보여주고 있는 편이다. 산동지역은 동이 집단의 주요 활동구역으로서 주거지에 있어서 문화전통이 유구한 역사와 계승 맥락을 방영하였다. 전체가 동아시아 지역 고대 토목

---

13) 于海广,「山东龙山文化大型墓葬分析」,『考古』2000年第1期.
14) 此据山东省文物考古研究所编著『山东20世纪的考古发现和研究』246页统计, 科学出版社2005年.

건축이 유행하는 것과 부합하는 전제 아래 산동지역 신석기시대 주거지는 3가지 뚜렷한 특징이 있다. 이 3가지 특징은 타지역의 영향과 연관이 있을 것도 같고 어떤 것은 산동이 타지역으로 영향을 주는 것도 보여 줄 수 있다.

첫째, 산동지역 신석기시대에는 주로 방형(장방형)과 원형(타원형이나 근원형) 두형식의 주거지가 유행하였다. 다른 형식의 주거지("呂"자형 반후빙 주거지, 窯洞式 주거지, 단순 지하 수혈식이나 깊은 수혈식 주거지, 석축 주거지 등)는 매우 적다. 그러나 방형 주거지는 출현 시기가 비교적 빠르고 지금부터 8,000년전 정도인 后李文化부터 존재한 것이다. 기존 자료로 보면 북방 장성지대에 있는 興隆窪文化와 유사하다. 모두 방형 주거지가 유행하고 같은 시대 특징이 보여서 양자 간에 어떤 교류가 존재할 것 같다. 원형 주거지는 北辛文化부터 나타난 것이고 방형 주거지는 大汶口文化와 龍山文化에서 유행하였다. 后李文化에 이런 주거지가 거의 보이지 않기 때문에 원형 주거지의 기원이 산동 현지가 아닐 수도 있으며 그 서쪽에 있는 중원지역의 裵李崗文化일 것이다.

둘째, 시대 발전 변천에 따라서 주거지의 건축 기술이 계속 진보되고 있다. 后李文化와 北辛文化 내지 大汶口文化 조, 중기에 방형이나 원형 주거지가 물론이고 주거지 주변에 나무 기둥을 새우고 목심 흙벽을 형성하고 방안 가운데 하나나 여러 개 큰 나무 기둥을 세우고 지붕을 지탱하는 방법이 유행하였다. 이것이 비교적 원시적인 낮은 벽으로 둘러싸 보호하는 추형 주거지가 된 것이다. 大汶口 만기에는 먼저 홈을 판 다음에 기둥을 세우는 방법이 점차 나타난다. 이래서 건물의 기초가 더 견고하고 벽체도 더 높게 만들 수 있다. 龍山 시대에 홈을 파는 것 외에 흙벽돌로 벽을 만든 방법도 나타났다. 이렇게 하면 나무 기둥의 사용이 감소하거나 없다. 그리고 이런 흙벽돌 건축은 방안 가운데 중앙 기둥이 적거나 보이지 않아서 공간 활동 장애가 줄어들고 사용 공간이 더 좋게 이용되었다. 龍山 시대 夯土로 기초를 가공하는 방법도 있다. 기초가 지면보다 높은 고대식 건축이 나타나고 이후 중원지역 하상주 왕조 궁전 건축의 출현에 있어서 큰 영향을 주었다. 이 밖에 后李에서 大汶口 조기까지 거의 반지하식 주거지이고 大汶口 중만기와 龍山 시대에 들어가면 지상식 주거지가 점차 증가하고 반지하식 주거지 감소하였는데 역시 건축 기술 진보의 표현이다.

셋째, 주거지 건축 기술의 진보는 사회 변천과 밀접한 관계가 있다. 后李文化 시기에 사회 전체가 비교저 균등한 모계 씨족 사회나 원시 씨족 공유제 단계에 있기 때문에 대·중형 주거지가 큰 가족들이 같이 거주와 생활하는 장소일 것이고 소형 주거지가 그들의 부속 건축이다. 北辛文化 시기에 들어가면 전체 사회가 모계 씨족 사회에서 부계 씨족 사회로 과도하는 시기이기 때문에 소유제 형식이 씨족 소유제에서 가족 소유제로 전환한다. 가정이 기본 사회 단위로서 나타나고 주거지 면적이 명확하게 적어지고 后李文化의 수십 제곱미터인 주거지가 사라지다. 大汶口 시기에 들어가면 가족소유제와 사유제 경제 출현에 따라 빈부 분화가 심해지고 귀족 계층도 나타난다. 그래서 귀족 계층이 전용하는 대형 주거지가 출현하였다. 龍山 시기에 들어가면 사회 분화가 비교적 심하고 도시와 향촌 차이와 사회성원 사이에 차이가 보편적으로 존재한다. 주거지는 이미 명확한 등급 차이를 보여주고 중심 취락 성지 내부 성원 사이도 그렇고 도시 외에 보통 작은 취락 사이도 그런다. 다른 계층이 사용하는 주거지가 귀족 집단 주거지의 건축 規模와 질량에도 많이 차이가 존재한다.

VI. 청동기~초기철기시대 주거지

주거지 변천 맥락의 완정성을 유지하기 위해 마지막으로 역사시기 초기 산동지역의 주거지에 대해도 간단히 정리하였다. 중국 학술계 일반 인식에 따르면 지금으로부터 4,000-2,500년 전이 청동시대이다. 산동지역에서는 夏에 해당하는 岳石文化(4,000-3,500년전), 그리고 중원지역 商(기원전 1,600-기원전 1,046년), 周(기원전 1,046-기원전 771년) 대규모 동쪽으로 확장하는 것을 겪었다. 2,500-2,100년 전은 초기철기시대이고 산동지역에는 동주시기의 춘추(기원전 770-기원전 476년)와 전국(기원전 475-기원전 221년) 2시기 난세를 겪었다. 현재까지 산동 청동시대~초기철기시대 주거지의 발견 량이 적어 100기도 안되어서 신석기시대의 400여기 정도와 비교할 수 없다. 자료의 한정 때문에 연구가 큰 영향이 받을 것이라서 결론이 깊고 확실하기 어렵다.

岳石文化 주거지는 현재까지 10여기만 조사되었는데 주로 泗水 尹家城에서 조사된 11기이고 章丘 馬安과 車平 照格庄에도 발견된 바가 있다[15]. 尹家城 주거지는 지상식 방형이나 장방형이고 단칸이나 쌍칸으로 나눌 수 있다. F114로 예를 들면 방형 단칸, 동서 약 3.2m, 남북 3.05m, 실내 면적 약 6.5㎡이다. 방바닥에 황토로 깔고 남쪽 면적이 가장 크다. 남벽 밖으로 4.5m 이어지는데 주거지의 부속 시설일 것이다. 다진 황토와 회갈색 흙에서 기조를 팠는데 비교적 곧다. 방바닥이 이미 파괴되고 중부 약간 서쪽에서 소토면이 발견된다. 기둥 구멍 2개가

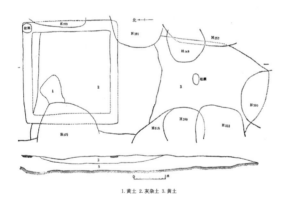

1. 黃土 2. 灰雜土 3. 黃土

그림 24. 泗水 尹家城 F114 평단면도

15) 济南市考古研究所等,「山东章丘马安遗址的发掘」,『东方考古』2009年第5集 ; 中国社会科学院 考古研究所山东队等,「山东车平照格庄遗址」,『考古学报』1986年第4期.

조사되었는데 하나가 동북 모퉁이의 홈 안에서 발견되고 또 하나가 방 밖에 남으로 2.4m 깔은 흙에 발견되고 타원형이다(그림 24). F102도 예를 들 수 있다.

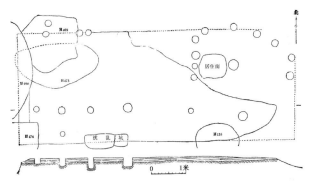

그림 25. 泗水 尹家城 F102 평단면

장방형 지상 건축이고 현재 범위 동서 길이 약8m, 남북 너비 약 3.2m이다. 바닥이 평평하고 딱딱하고 위에서 아래로 3층으로 나눌 수 있고 한 층 두께 약 5cm이고 다진 황갈색 흙이다. 표면이 매끌매끌하고 딱딱하다. 원형 기둥 구멍이 22개, 직경 일반 약 20cm, 깊이 약 25~30cm이다. 실내 동부 3m에 남북으로 나열된 기둥 구멍이 5개 있어서 주거지를 동서로 나누었으며

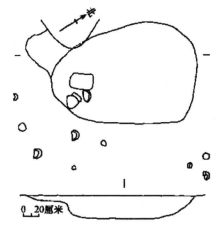

그림 26. 章丘 馬安 F1 평단면도

방 2개 있는 건물을 만들었다(그림 25). 章丘 馬安 유적에서 조사된 주거지 한 기(F1)는 반지하식 타원형이며 장경 1.8m, 단경 1.1m, 깊이 0.2m, 면적 약 3㎡이다. 방바닥이 매끌매끌하고 딱딱하다. 한 모퉁이에 돌 3개가 모여 있고 불 탄 적이 있어서 부뚜막일 것이다. 방 밖 동남에 직경 10cm, 깊이 6cm인 작은 기둥 구멍이 2열 있고 구멍 바닥에 가공 흔적이 있다(그림 26).

산동지역 상나라 때와 서주시대(기원전 1, 600-기원전 771년)의 주거지는 이

미 조사된 것이 약 80기 있고 주로 濟南 大辛莊 14기, 濟南 唐冶 5기, 平陰 朱家橋 21기, 長淸 仙人台 8기, 昌樂 後於劉 6기, 昌樂 鄒家莊 7기, 靑州 趙鋪 5기, 또한 靑州 楊姑橋, 章丘 董東, 泗水 尹家城에도 확인된 바가 있다16). 이런 주거지도 원형(근원형이나 타원형 등)과 방형(근 장방형) 2가지 형식 있다. 그리고 지상식과 반지하식도 2가지 모두 있다. 면적이 10㎡ 넘은 것이 적고 나수가 10㎡ 부족한 작은 주거지이다. 벽은 모두 목심 흙벽이고, 벽 아래 홈을 파는 것은 잘 보이지 않고 흙벽돌 벽도 보이지 않는다. 濟南 大辛莊 2F4로 예를 들 수 있다. 연대가 상대 중기이고 지상식 원각방형이고 남은 길이 4.4m이다. 벽 기초에 있어서 제형 홈을 파는 것이고 너비 약 30-40cm이고 안에 황토로 층마다 다지고 벽체를 만든 것이고 토질이 딱딱하다. 방안에 층마다 흙을 깔고 동북, 서북 모퉁이에 각각 한 기둥 구멍이 확인되고 직경 27cm, 깊이 15cm이다. 방 안에 출토유물이 매우 적고 折沿鬲, 繩紋罐, 盆陶片, 靑銅鏃 1점만 있다.

또한 章丘 董東 F1로 예를 들 수 있다. 상대 만기에 해당하고 반지하식 원각방형이고 남북향이며 길이 3.05m, 너비 2.75~1.8m, 남은 높이 0.45m, 면적 약 7㎡이다. 방바닥이 황토로 가공된 것이고 불에 타서 딱딱하다. 주변과 내부에 기둥 구멍이 7개 있고 직경이 15cm, 깊이 40cm 정도이다. 실내 중앙 기둥 구멍이 비교적 크고 직경 40cm, 깊이 65cm이다. 실내 서남 모퉁이에 타원형 부뚜막이 있

16) 山東大學考古系,「济南大辛庄遗址在1984年秋试掘报告」,『東方考古』2009年第4集；潍坊市博物馆等,「昌乐县后于刘遗址发掘报告」,『海岱考古』2012年第5辑；青州市博物馆,「青州杨姑桥遗址调查报告」,『海岱考古』20112年第5辑；济南市文物考古研究所等,「济南市唐冶遗址考古发掘报告」,『海岱考古』2013年第6辑；北京大学考古实习队等,「山东昌乐县邹家庄遗址发掘简报」,『考古』1987年第5期；中国科学院考古研究所山东发掘队「山东平阴朱家桥殷代遗址」,『考古』1961年第2期；山东省文物考古研究所,「山东章丘县董东村遗址试掘简报」,『考古』2002年第7期；山东大学考古系,「山东长清县仙人台遗址发掘简报」,『考古』1998年第9期；青州博物馆,「青州市赵铺遗址的清理」,『海岱考古』1989年第1辑；山东大学历史系考古专业教研室,『泗水尹家城』,文物出版社1990年.

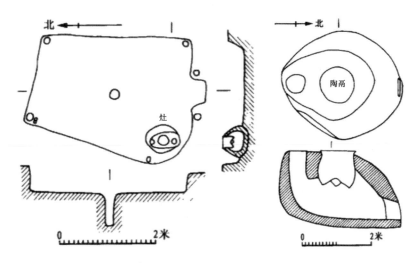

그림 27. 章丘 董東 F1과 부뚜막 평단면도

고 아궁이문, 아궁이, 연도로 구성되고 원래 바닥을 직접 파서 형성된 것이다. 부뚜막 아궁이 위에 완전한 토기 鬲이 하나 있다(그림 27).

昌樂 後於劉 F5 예를 보면 서주 초기에 해당하고 원형반지하식이고 방향 125°이고 구경 2.55m, 저경 2.75m, 깊이 0.95m이다. 벽이 회황색 흙으로 가공되고 두께 20cm 정도이고 방바닥이 딱딱하고 부뚜막이 파괴되서 확인되지 않았다. 계단식 문길이 동부에 위치하고 있다. 나무골격 흙벽 안에 작은 기둥 구멍이 5개 있다(그림 28).

長淸 仙人台 F4도 있다. 서주만기에 해당하고 장방형 반지하식 건축이고 동서

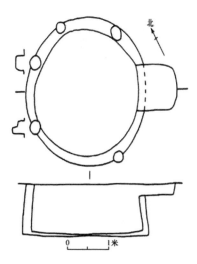

그림 28. 昌樂 後於劉 F5 평단면도

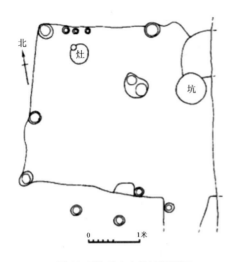

그림 29. 長淸 仙人台 F4 평단면도

남은 길이 3.6m, 남북 너비 3m, 깊이 0.34~0.44m, 면적 약 11㎡이다. 주거지 네벽이 수직하고 네벽과 저부가 가공으로 평평하고 매끌매끌하고 매우 따따하다. 방바다도 따딱하고 매끌매끌하다. 실내 서북 모퉁이에 원형 부뚜막이 있고 벽이 불로 탔다. 실내 동부 북쪽에 원형 수혈이 있고 직경 60cm, 깊이 50cm이고 벽과 저부 모두 가공하고 불에 타서 평평하다. 기둥 구멍이 12개 있고 실내 중앙에 비교적 큰 기둥 구멍이 있다. 남으로 향하는 문길이 남벽의 동측에 설치되었다(그림 29).

동주시기(기원전 770년-기원전 221년) 주거지는 10기에도 이르지 못하게 조사되었다. 濟南 唐冶 4기와 靑州 鳳凰台 3기가 있으며 자세히 발표된 것이 3기만 있다[17]. 鳳凰台 F101은 지상식 방형이고 잘 남아있다. 넓은 夯土 기초가 있고 그 위에 홈을 파고 벽을 세우고 벽체도 역시 夯築이고 남은 높이 1m 넘고 너비 70-80cm이다. 실내 한 변 길이 약 3.5m, 면적 약 12㎡이다. 문이 동으로 향하고 너비 1.1m이다. 네벽과 바닥에 황색 사질토를 깔고 평평하고 매끌매끌하다. 동쪽과 북쪽 벽 아래 각각 한 개의 벽감이 있고 실내 서남 모퉁이에 부뚜막 있고 높이 24cm이다. F102는 F101 동측 바로 옆에 있고 명확한 기초와 홈이 없고 북벽과 동

---

17) 济南市文物考古研究所等,「济南市唐冶遗址考古发掘报告」,『海岱考古』2013年第6辑 ; 山东省文物考古研究所等,「青州市凤凰台遗址发掘」,『海岱考古』1989年第1辑.

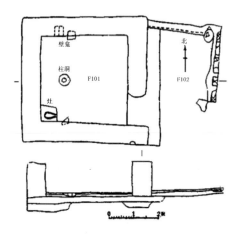

그림 30. 靑州 凤凰台 F101, F102 평단면도　　　　그림 31. 济南 唐冶 F4 평단면도

벽 대부분만 남아있다. 벽체가 황색 진흙과 기와 편을 섞어서 쌓은 것이고 방바
닥이 백색회토로 깐 것이다. F102는 F101의 부속 건축으로 추정하였다(그림 30).

濟南 唐冶 F4는 반지하식 불규칙 장방형이고 동서 길이 3.5m, 남북 너비 2.3m
이다. 실내 서북 모퉁이에 부뚜막 1개 있고 근처에 토기 편과 동물 뼈가 많이 있
다. 가운데 기둥 구멍이 하나 있고 직경 약 18cm, 남은 깊이 20cm이다. 주거지
주변에 기둥 구멍과 문길이 확인되지 않고 그 이후에 파괴로 된 것이다(그림 31).
발표된 것은 방형 주거지 3기 밖에 없지만 실제로 원형주거지도 많이 조사되고
아직 미발표 상태이다.

산동지역 청동기시대에서 초기철기시대까지 주거지의 변천을 살펴보면 지금
으로부터 4,000년 이래 중원 하상주 왕조들이 동쪽으로 확장하고 동이집단의 사
회와 문화를 쇠락시키는 역사 배경과 밀접한 관련이 있다. 4,000-3,500년 전의 岳
石文化 유적이 340여 곳 발견되고 분포범위가 산동지역을 거의 덮을 수 있지만
조사된 10여 곳 유적의 퇴적이 보편적 얇고 출토 유존도 빈약하다. 大汶口文化

나 龍山文化와 완전히 비교할 수 없다. 토기 조합과 형제에 보인 문화 면모로 岳石文化 전체가 龍山文化에서 발전해 온 것을 볼 수 있지만 돌변과 쇠락도 명확하게 보이고 있다. 이것은 4,000년전 전후의 환경 악화와 중원지역 하나라의 동쪽 확장과 관련이 있다. 동이 집단의 사회, 경제, 문화 발전은 이런 극열한 충격으로 쇠퇴되었다[18]. 이와 같이 岳石文化의 주거지도 간단화 내지 기칠고 그감된 것으로 발전되고 특히 章丘 马安에서 조사된 바에 따르면 3㎡, 돌 3개로 된 부뚜막으로 된 주거지의 건축 기술이 4,000-5,000년 이전의 后李文化보다 더 못한 편이다. 龍山時代의 흙벽돌집 고대 건축 등 동이 집단 특색 건축도 역시 더 이상 보이지 않는다. 물론 岳石文化 시기에 동이 집단은 전통적인 방형과 원형 주거지도 계승하고 이어진다. 泗水 尹家城 F102 이런 식의 면적이 20㎡가 넘은 방 2개 있는 주거지가 선사유적에 보이지 않고 일정한 사회 발전도 반응되었다.

상나라와 서주 왕조가 군사 식민 배경에서 계속 동으로 확장하고 그 강도가 하나라를 초과하였다. 산동지역에 수백 개 방국이나 제후국을 세워서 산동지역 華夏 문명으로의 변화가 가속되었다. 濟南 大辛庄 유적은 상나라가 설립한 군사 요지이다. 근년에 이곳에 수백㎡의 대형 항토 기초가 조사되고 열로 된 큰 기둥 구멍에 돌을 초석으로 설치하였다[19]. 이런 것이 모두 상나라 고급 귀족이 거주한 궁전 전통이고 대신장의 이런 夯築 궁전이 상나라에서 파견해서 동이 집단을 통치한 고급귀족들이 거주한 곳이 분명이다. 이 유적에서 발견된 비교적 큰 방형 주거지도 역시 통치자가 거주한 곳이다. 서주 왕조는 종법제와 분봉제를 실시하기 때문에 전국의 통치가 더 견고하다. 산동지역에 이미 보편적으로 성이 축조되고 臨淄 齊故城과 曲阜 魯故城도 이 시기에 시작한 것이다. 근년에 高清 陳莊 등

18) 王青,「距今4000年前后的環境变迁与社会发展」,『東方文明之光』, 海南新闻出版集团1992年(收入拙著,『环境考古与盐业考古探索』, 科学出版社2014年).
19) 山东大学考古系2010年发掘资料

에서 발견된 성지도 역시 마찬가지이다[20]. 그냥 현재에는 성내 항토 기단에 대한 발굴이 많지 않고 앞으로 더 많은 조사를 기대한다. 그러나 주의할만한 것은 沂源 姑子坪 유적에서 최근 서주시대의 대형 항토 기단 2곳이 발견되고, 복원하면 역시 궁전 건축일 것이다. 여러개 청동기가 부장된 귀족 무덤도 발견된다. 청동기 조합과 형태로 보면 서주만기에 해당하고 어떤 귀족 무덤에 완전한 岳石文化의 토기 盆도 있다. 姑子坪 유적이 토착 夷人 집단이 건립한 국가의 중심취락일 것이다[21]. 이때에 토착 夷人 상층 귀족이 이미 서주 왕조의 통치를 받고 있는 것이 분명하고 화하문명의 예제에 따라 궁전 건축을 만들었다. 그 전에 동이 집단은 자신의 건축 전통이 없다. 상주시기에 다량적 동이 집단 사회 하층 성원이 역시 간단한 집에 거주하고 章丘 董東, 昌樂 后于劉 등 일반 취락에 보인 방형이나 원형 주거지가 전통 동이인의 건축 형식이다. 이 시기에 속한 천 가까이 조사된 유적 가운데 대유적이나 중심 취락이 극소수이고 많은 편이 보통 작은 취락이다. 이런 작은 취락들이 대부분 피통치한 토착 동이 취락으로 추정할 수 있고 그들의 주거는 전통적 방형이나 원형 작은 주거이다.

동주시기에 들어가면 주 천자의 권세가 점차 떨어지지만 각 지역 제후국들이 계속 발전되고 산동지역을 포함된 전국의 화하문명화가 진전된다. 산동 토착 동이 집단 문화가 이미 완전히 齊, 魯 등 큰 제후국이 대표한 문화계통에 융합되어 들어간다. 이런 큰 제후국들이 강해서 각 국의 사회발전 모두 번영하였다. 산동에서 이미 조사된 동주시기 유적과 무덤이 천 곳 넘은 것이 역시 증명한다[22]. 이

20) 山東省文物考古研究所, 『临淄齐故城』, 文物出版社2013年 ; 山東省文物考古研究所, 『曲阜鲁国故城』, 齐鲁书社1982年 ; 山東省文物考古研究所, 「高青县陈庄西周遗存发掘简报」, 『海岱考古』 2011年第4辑.

21) 山东大学考古系等, 「山东沂源县姑子坪遗址的发掘」, 『考古』2003年第1期.

22) 王青, 『海岱地区周代墓葬与文化分区研究』, 科学出版社2012年.

런 번영과 발전이 주거지에서도 역시 나타난다. 현재까지 산동에서 臨淄 齊故城과 曲阜 魯故城 등 면적이 수십 제곱킬로미터인 대형성지가 발견된다. 성내 대형 항토 기단이 연속하고 군으로 분포된다. 齊故城의 "桓公台" 일대 역시 높이 14m, 면적 4300여㎡인 궁전군이다. 근년에 齊故城 중부 "周公庙" 일대에도 비슷한 발견이 있다[23]. 이신에 본 식이 없다. 동주시기의 선축 기술의 발달을 표현할 수 있다. 이와 같이 보통 취락 건축의 기술도 발전되고 건물의 질량과 구조도 많이 높아진다. 산동지역 동주 고고의 중점은 계속 성지와 무덤이지만 보통 취락 주거지가 많지 않고 유한한 고고학 자료도 역시 이를 보여 준다. 青州 凤凰台 F101으로 설명할 수 있다. 넓은 기초를 항축하고 홈을 파고 벽을 만든 방법이 龍山 시기 것과 유사하지만 방안 벽에 벽감을 설치하고 벽체에 기와 편을 섞고 작은 건물로 부속한 구조형식이 이전에 보이지 않았다. 벽에 벽감을 설치한 것이 물건을 보관할 수 있고 실내 공간을 확장한 것이다. 기와 편을 섞은 것은 벽체를 더욱 튼튼히 한 것이다. 작은 집으로 부속한 것이 생산도구 등 방안에서 사용하지 않는 물건들을 놓을 수 있는 공간이다. 이것들은 건축기술의 진보와 사용개념의 다원화를 설명할 수 있다. 凤凰台 유적은 당시 제국 안에 비교적 보통 취락이고 그 건축 형식이 보통 취락의 건축 수준을 보여 준다. 물론 济南 唐冶 F4와 같은 간단한 반지하식 방형이나 원형의 작은 주거지도 역시 자주 보인 민가이다. 기원전 221년 이후 진한시대에 들어가면 제국 체제의 건립과 발전 때문에 전국 각지가 번영하고 건축 형식과 기술도 다양해진다. 중원에서 시작된 벽돌로 벽을 세우고 기와로 옥상을 덮은 새로운 건축 양식이 유행하게 된다. 산동지역도 역시 그렇다. 이것은 본고 범위를 초과하므로 생략하겠다.

---

23) 山东省文物考古研究所, 『临淄齐故城』, 文物出版社 2013年 ; 山东省文物考古研究所近年发掘资料.

●●●●●
中国山东地域先秦時期房址

王青　中国·山东大学

山东地域位于中国的东部沿海，向东与韩半岛隔海相望。这一地域是中国古代重要的文化分布区，也是史前东夷人的主要分布区。目前从考古学上可以断定的东夷人历史，主要是从新石器时代开始的。本文将以田野考古资料为基础，对该地区新石器时代的房址做一概述。按照学界的一般理解，有明确形状的居住遗迹或曰房址，是定居社会及原始农业出现的重要考古依据，据笔者初步统计，目前山东经过发掘并已发表的新石器时代房址总数有400多座，对这批房址进行梳理和研究，对于揭示山东地区史前社会的演进以及东夷人的发展史具有重要学术意义。根据相关研究成果，山东地域的新石器时代年代约在距今10000—4000年之间，其中经过了后李文化—北辛文化—大汶口文化—龙山文化等几个大的发展阶段，文化面貌一脉相承，并逐渐形成了东夷人自身的文化传统[1]。本文将按照这一顺序进行梳理和分析，并对距今4000年以来青铜时代至早期铁器时代的房址做简要探讨。

Ⅰ. 后李文化房址

后李文化是迄今为止山东地区发现的年代最早的新石器时代文化，年代约在距今8500~7500之间，延续了1000余年。目前已发现遗址10余处，主要分布于济南至潍坊之间泰沂山脉北麓的南北狭长地带(图1)。

图1.后李文化及北辛文化主要遗址分布图

1) 栾丰实，『海岱地区考古研究』，山东大学出版社1997年．

后李文化的房址共发掘近40座, 主要包括临淄后李2座、章丘西河27座、章丘小荆山10座[2]. 其中西河遗址的房址最有代表性.

西河遗址经过1997年和2008年两次大规模发掘, 共清理后李文化房址27座, 均为圆角方形或长方形的半地穴式, 其中1997年发掘的19座房址成排分布, 相互打破不多, 应是经过初步规划的原始定居聚落(图2).

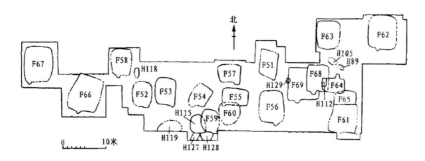

图2.章丘西河遗止后李文化房址分布图

根据面积大小分为三类. 第一类是大型房址, 2座, 面积在60平米以上, 台阶状门道位于房址南部偏西处, 居住面、穴壁多抹泥, 经过烧烤呈青灰色、红褐色硬结面. 房内可区分为储藏区、灶区、活动区和睡眠区. 出土遗物比较丰富. 如F304, 平面残存部分呈圆角方形, 残长8.5、宽8、深0.4米, 面积约68平方米. 台阶状门道位于房子南部偏西, 被晚期沟打破, 残宽1.04米, 呈南高北低的斜坡状, 残存一级台阶, 台面经过烧烤形成一层红烧土硬结面. 穴壁向内倾斜, 与居住面结合处呈弧形, 壁面经过烧烤, 西壁仍保

2) 济青公路文物考古队,「山东临淄后李遗址第一·二次发掘简报」,『考古』1992年第11期；济青公路文物工作队,「山东临淄后李遗址第三·四次发掘简报」,『考古』1994年第2期；山东省文物考古研究所·章丘市博物馆,「山东章丘小荆山遗址调查·发掘简报」,『华夏考古』1996年第2期；山东省文物考古研究所,「山东章丘西河遗址1997年发掘简报」,『考古』2000年第10期；山东省文物考古研究所等,「章丘市西河遗址2008年考古发掘报告」,『海岱考古』2014年第7辑.

留较厚的烧结层. 居住面整体不平,
局部烧烤痕迹范围清晰, 可分为灶
区、储藏区、睡眠区和活动区. 灶区
位于房内中间偏北处, 由3个灶组成,
每个灶均由3个石支脚构成. 主灶在
南部, 石支脚较大；另两个较小的灶
位于主灶北部两侧. 石支脚均为砂
石质, 上尖下宽, 呈倒三角形半埋人
居住面以下, 石支脚之间构成了近
似圆形的火塘, 灶区附近发现3个圆
柱状陶支脚. 储藏区位于房内东南

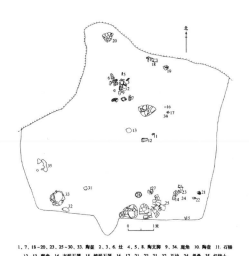

1、7、18~20、23、25~30、33. 陶釜 2、3、6. 灶 4、5、8. 陶支脚 9、34. 鹿角 10. 陶盉 11. 石锤
12、13. 磨盘 14. 方形石器 15. 被形石器 16、17、21、24、31、32. 石块 28. 兽骨 35. 红烧土

图3.章丘西河遗止F304平面图

部, 靠近南壁摆放7件陶釜. 该区发现的陶釜个体比较大, 均侧倒于房内活动面上. 东
部发现较多的草木灰和兽骨. 睡眠区位于房内东北部, 该范围内地面平整, 有清晰的
烧烤痕迹, 比较均匀坚硬, 地势也略高. 活动区位于房内西北部. 居住面发现遗物有陶
釜、石磨盘、石锤、石支脚和石块. 陶釜多位于房内东南部, 另在房内西南部、灶东南
部、灶西北部及灶北部各有1件. 石器位于灶东南部, 有磨盘2件, 石锤1件和少量石块
(图3).

第二类是中型房址, 数量最多, 应超过10座, 多分布于大型房址之间. 面积多为
25~50平米, 大致呈东西向分列成两排. 门道位于房子南部偏西处, 多台阶状门道. 居
住面多经过加工, 一般可再分为灶区、睡眠区、活动区和储藏区. 如F58, 长5.75、宽
3.6—4.45、深0.36米. 门向南, 斜坡式门道位于南壁偏西部, 略呈梯形, 外窄内宽, 长
90、宽60—90厘米. 壁与居住面间经烧烤；居住面未见烧烤痕, 中部和东部地面有较
多的木炭灰. 居住面中间有一灶, 由三石支脚组成, 支脚半埋入地下. 居住面西北部、
东南部分别排放一组陶器, 共有大小陶釜17个(图4、5).

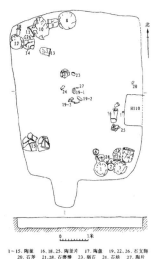

1～15. 陶釜　16.18.25. 陶釜片　17. 陶盘　19.22.26. 石支脚
20. 石斧　21.28. 石磨棒　23. 砺石　24. 石块　27. 陶片

图4.章丘西河F58平剖面图　　　**图5.章丘西河F58发掘现场**

又如F301, 东西6.2、南北7.3、深0.2~0.5米, 面积45.26平方米. 门道位于房子南部偏西处, 西部被现代坑打破, 平面大致呈梯形, 斜壁, 由南向北倾斜. 门道口残宽55—74厘米, 底部残宽65—85、长65厘米, 残深16—24厘米. 门道内侧与居住面可成台阶, 有大小不同的八块石板, 石板分两排, 南侧一排紧贴门道台阶, 由南向北倾斜, 石板排列长度65—90厘米, 南排石板排列稍短, 50—60厘米. 穴壁为外斜, 门道两侧有烧烤较厚的红烧土, 壁面较规整, 在东壁中间处发现一块竖立的木炭痕迹, 断面为圆形, 斜靠于穴壁上, 或许为墙壁的立柱.

居住面可分储藏区、灶区、活动区和睡眠区. 储藏区位于房内东南部、门道东侧, 摆放11件陶釜, 有些陶釜仍立于活动面上. 灶区位于房内中间偏北部, 由3个灶组成. 主灶在南, 向外直对门道, 由石支脚3个、挡火门和火塘组成, 石支脚呈三角形排列, 中间下挖形成椭圆形火塘, 火塘南北长33、东西宽25、深10厘米. 有一较大破碎陶釜斜倒在主灶两侧, 釜口朝南. 东侧灶上仍放置一残破的陶钵倒入灶底, 西侧灶上有一较小陶

釜呈碎片状倒伏在灶上. 活动区位于房内偏西部, 基本没有遗物, 有较多的草木灰分布. 西北角处仍保留着一片薄薄的深灰色烧烤面, 此处发现1件完整陶釜及少量大块残釜片及2件残石磨棒和石磨盘. 由于房内东北部地面较平整, 烧结面保存较好, 又靠近灶区并远离门道, 故推断该处可能为睡眠区. 居住面上发现有陶器、石器和兽骨. 陶器有陶釜11、陶杯1、圈足盘2件, 均放在居住面东南部, 另有2件陶釜放在灶区, 其中1件仍置于灶上, 另1件置于居住面西北

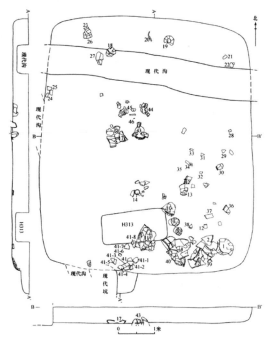

1~11、16~18. 陶釜　12. 陶杯　13、14、19. 圈足盘　15. 陶钵　20. 鹿角　21、22、25、38、40. 磨盘
23、24. 磨棒　26、27、30、36、37. 陶片　28. 釜片　29. 石支脚　31、32. 石片　33. 石斧
35. 研磨器　39. 石块　41. 石台阶　42. 圈足盘、釜片　43. 主灶　44. 副灶　45. 副灶2　46. 鹿角

图6.章丘西河F301平剖面图

部, 陶钵1件置于小灶之上. 石磨盘放置于居住面西北、东北部, 石斧1件置于居住面东部. 兽骨及兽牙散落于居住面东南部和东部, 鹿角1件置于居住面北部(图6).

第三类是小型房址, 数量较少, 面积一般10~20平米. 门道多为斜坡式, 居住面、穴壁没有烧烤等加工痕迹, 居住面上没有灶, 有些房内有大量碎陶片, 下有支垫石(由三块小石块或石片组成). 这类房址多分布于中型房子之间. 如F55, 长6.6、宽3.56~3.74、深0.14~0.3米. 门向南, 斜坡式门道位于西南拐角处, 东西 0.6~1.2、南北0.5米. 居住面、壁未见烧烤等加工痕迹, 仅在东北部有2平方米左右的面积略经烧烤, 可见烟熏痕迹. 在北部、东部共有7个柱洞, 均圆形直壁圜底, 直径10~16、深6~12厘米, 填土为松

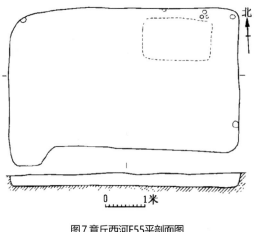

图7.章丘西河F55平剖面图

散的灰褐、黑灰土, 其中1个柱洞内有炭化木柱. 居住面未见出土遗物(图7).

总体看, 经过发掘的后李、西河、小荆山等遗址, 均发现后李文化的聚落, 面积较小, 只有几万平米, 如小荆山遗址发现有面积5万平米的环壕聚落, 房址和墓葬排列比较规整, 应属于原始定居社会. 窖穴比较多, 发现过粟和石斧、铲、磨盘、磨棒等农业工具, 家猪也较多, 表明农业已经出现, 但可能不是主要经济来源. 渔猎和采集应是主要经济来源, 发现过虎、水牛、梅花鹿、獐、狐、貉、野猪等野生兽类, 还有丽蚌、青蛤、青鱼、草鱼、鲶鱼等水生贝类和鱼类. 由此可见, 后李文化的生产力水平还比较低, 创造财富比较少, 没有或很少有剩余财富, 应属于比较均等的母系氏族社会或原始氏族公有制阶段. 如此观之, 后李文化面积较大、数量也最多的大中型房址, 很可能是大家族共同居住和生活的场所, 小型房址则可能是它们的附属建筑.

后李文化的房址无论面积大小, 都是方形或长方形的, 基本不见圆形、椭圆形或其它形式的房址, 复原起来应是有木骨泥墙支撑并附有门棚以供进出的方锥形房子. 章丘小荆山遗址发现的10座房址中多数也是方形或长方形的, 少数被发掘者认定为椭圆形的房址如F14应是未发掘完整造成的, 若以现有发掘范围复原其完整形状, 也应是方形或长方形的. 因此可以做出判断, 后李文化流行方形或长方形房址, 基本不见圆形或椭圆形房址. 这是值得注意的现象. 我们进一步比较发现, 山东本地尚未发现年代比后李文化更早的房址, 而与后李文化年代基本同时的北方长城地带的兴隆洼

文化, 也是流行方形或长方形房址, 而且也以面积达几十平米的大中型房址为主(更有面积上百平米者)[3], 表现出鲜明的同时代特色. 因此不能排除后李和兴隆洼之间有建筑技术乃至其它方面的交流, 对此笔者曾经从自然环境演变的背景进行过探索[4], 或许可以提供一些参考和启发. 当然, 二者之间也有差别, 如后李文化的房址多有门道, 而兴隆洼文化的房址多数没有门道, 可能意味着在大中型房址的具体建筑方式和使用方式上会有不同, 兴隆洼的房址可能是深穴式或地穴式、以砍出台阶的木桩上下出入的无墙体房子, 这种深穴式房子应利于保暖, 适合高纬度地区的环境特点.

II. 北辛文化房址

一般认为, 北辛文化应是由后李文化发展而来, 年代距今7300—6100年, 前后延续了1200年时间. 目前已发现该文化的遗址近百处, 主要分布于泰沂山脉南、北两侧一带, 其中鲁南的汶泗河流域和苏北一带是中心区, 遗址分布较多, 其它地方发现较少. 该文化的房址目前已发掘20余座, 主要有泰安大汶口13座, 济宁玉皇顶5座, 汶上东贾柏2座, 滕州西康留4座[5]. 与后李文化相比, 房址的面积和规模普遍变小, 只有不到10平米, 后李那种面积达几十平米的大房子已经消失. 从形制上看, 后李那种方形或长

---

3) 中国社科院考古研究所内蒙古考古队,「内蒙古敖汉旗兴隆洼遗址发掘简报」,『考古』1985年第10期 ; 中国社科院考古研究所内蒙古考古队,「内蒙古敖汉旗兴隆洼聚落遗址1992年发掘简报」,『考古』1997年第1期.

4) 王青,「环渤海地区的早期新石器文化与海岸变迁——环渤海地区环境考之二」,『华夏考古』2000年第4期(收入拙著,『环境考古与盐业考古探索 』, 科学出版社2014年).

5) 山东省文物考古研究所,『大汶口续集』, 科学出版社1997年 ; 山东省文物考古研究等,「山东济宁玉皇顶遗址发掘报告」,『海岱考古』2012年第5辑 ; 中国社会科学院考古研究所山东工作队,「山东汶上县东贾柏村新石器时代遗址发掘简报」,『考古』1993年第6期 ; 山东省文物考古研究等,「山东滕州市西康留遗址调查·钻探·试掘简报」,『海岱考古』2012年第5辑.

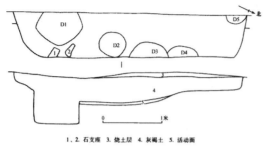

1、2. 石支座 3. 烧土层 4. 灰褐土 5. 活动面

图8.滕州西康留F4平剖面图

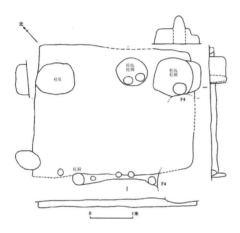

图9.济宁玉皇顶F2平剖面图

方形房址仍有保留, 但主要是小型半地穴式椭圆形或近圆形房址比较流行.

方形或长方形房址在滕州西康留发现了4座, 在济宁玉皇顶发现了5座, 有半地穴式和地面式两种. 前者如西康留F4, 内斜直壁, 底不甚平整. 暴露部分东西约3.95米, 南北0.75米. 发现5个大柱洞, 多呈圆形, 直径50、深80厘米左右. 在东北部发现两个石支座, 支座周围地面经烧烤. 出土遗物以陶器为主, 器类有陶釜、鼎、钵、壶、石凿、支座等. 此房址南部未清理, 发掘者依据现有部分判断口部为圆形或椭圆形, 实际上完整形状很可能是圆角方形或长方形(图8). 后者如玉皇顶F2, 东西长3.5—3.7米, 南北宽2.7—3.3米, 面积约10平米. 四周有10个柱坑和柱洞, 集中分布在北、西、南三侧, 东侧不见. 该房址的上部已被破坏, 活动面、内部设施均已不见, 门道所在也不清楚(图9).

这一时期比较常见的是小型半地穴式椭圆形或近圆形房址, 在泰安大汶口发现了13座, 在汶上东贾柏有2座. 如东贾柏F2, 整体呈瓢形, 居室呈椭圆形, 方向为460°. 最长3.6、最宽3、深0.75米, 面积近10平米. 东北侧有阶梯状门道, 由两块大而坚硬、表面较平整的红烧土块铺垫而成. 坑壁较直, 室内地面较平, 残留有较硬的青灰色居住

面. 残存3个柱洞, 直径约20、深15—25厘米. 室外南侧亦有3个小柱洞. 室内填充大量的红烧土, 应与房屋的立柱、墙体或屋顶倒塌有关. 出土遗物有陶鼎、钵、罐等残片, 还有兽骨和炭化种籽颗粒等(图10). 又如大汶口F207, 方向93°, 椭圆形, 东西2.4米, 南北约2.1米, 面积约近4平米. 居住面系两次加工而成, 靠近周壁有稍高出居住面的原生黄土台, 可能是专为陈放日常生活用器而设. 房址周围发现20个小柱洞, 其中门道南北两侧各有柱洞3个, 室内有14个, 直径7—10厘米、深6—13厘米. 根据平面布局和柱洞分布特点, 推测可能是一种有木骨泥墙围护、并附有门棚的圆锥形攒尖建筑(图11). 东贾柏F2也应是这种形式, 只不过要简单一些.

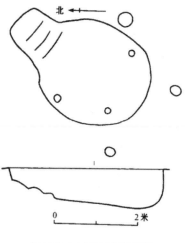

图10.汶上东贾柏F2平剖面图

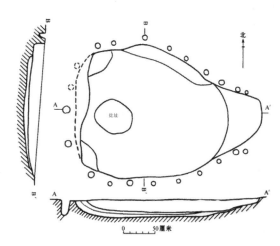

图11.泰安大汶口F207平剖面图

整体看, 北辛文化发现的房址数量没有后李文化多, 但从出土陶器石器骨器等综合判断, 可以肯定当时的生产力水平比后李文化有了较大幅度地提高, 人均占有的物质财富增多. 这就导致社会关系产生了一些微妙的变化, 整个社会应处在由母系氏族社会向父系氏族社会过渡的时期, 所有制形式则开始由氏族公有制向家族私有制转化. 反映房屋结构上也有一些重

要变化, 首先是房屋面积显著变小, 后李文化那种面积数十平米房屋消失, 一般只有5平米左右, 超过10平米的很少, 这这种小房子应是个体家庭居住使用的. 室内布局也有明显变化, 主要表现在灶的数量减少, 后李文化那种多组灶的房址消失, 这也应是家庭产生的标志. 所以可以认为, 北辛文化的社会结构产生了较大的变化, 即家庭做为一种社会单位开始从大家族中分化出来, 尽管可能还不是最基本的生产单位.

北辛文化比较流行的圆形(或椭圆形、近圆形)房址, 为年代更早的后李文化所不见, 这是一个值得注意的现象, 目前情况下推断这种圆形房址很可能不是山东本地起源的. 在现有的可比资料中, 分布于中原地区河南中南部一带的裴李岗文化的房址值得注意. 该文化的年代整体比北辛文化要早, 为距今9000—7100年, 但晚期有约200年与北辛文化曾经共存. 根据考古资料, 该文化的圆形房址较多较流行, 而且起源年代较早, 例如河南舞阳贾湖遗址就发现属于该文化早期的圆形房址[6]. 而据有学者研究, 裴李岗文化曾沿淮河流域下游向东传播, 北辛文化的陶鼎和陶钵等器形的起源就与该文化有关[7], 由北辛文化发展而来的大汶口文化流行的以龟壳占卜和手握獐牙习俗也应与裴李岗文化有关[8]. 在这一背景下我们初步推断, 北辛文化流行的圆形房址很可能是从中原地区的裴李岗文化传播而来.

III. 大汶口文化房址

大汶口文化是由北辛文化发展而来, 年代在距今6100—4600年之间. 现已发现该文化的遗址550多处, 经过发掘的有50余处. 主要分布在山东省泰山山脉周围地区, 东达

---

6) 河南省文物考古研究所,『舞阳贾湖』,科学出版社1999年.
7) 栾丰实,『海岱地区考古研究』,山东大学出版社1997年
8) 张居中,「试论贾湖类型的特征及其与周围文化的关系」,『文物』1989年第1期.

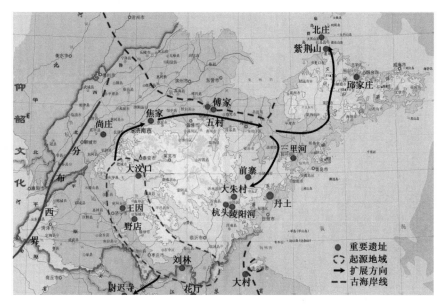

图12.大汶口文化主要遗址分布图

黄海之滨, 北抵渤海海峡, 西到大运河一线, 南及苏北、皖北及豫东等地. 其中重要遗址有泰安大汶口、兖州王因、邹城野店、曲阜西夏侯、茌平尚庄、广饶五村、胶州三里河、莒县陵阳河和大朱村、五莲丹土、蓬莱紫荆山、长岛北庄, 以及江苏邳州刘林和大墩子、新沂花厅、安徽蒙城尉迟寺等(图12).

　　大汶口文化的房址现已发掘200座左右, 主要包括泰安大汶口10座、兖州王因14座、邹城野店6座、枣庄建新28座、广饶傅家5座、广饶五村3座、潍坊前埠下2座、胶州三里河5座、即墨北阡21座、长岛北庄97座、栖霞古镇都6座, 另在诸城呈子、滕州西公桥等遗址也有零星房址发现9). 其中胶州三里河有的房址应为储粮窖穴, 广饶五村的3座则

9) 山东省文物管理处·济南市博物馆, 『大汶口』, 文物出版社1974年；山东省文物考古研究所, 『大汶口续集』, 科学出版社1997年；中国社会科学院考古研究所, 『山东王因——新石器时代遗址发掘报告』, 科学出版社2000年；山东省博物馆等, 『邹县野店』, 文物出版社1985年；山东

可能与煮盐作坊有关[10]. 这些房址从建筑规模看可分为两大类, 第一类是面积在20平方米左右的大型房址(有的甚至达到30平米), 方形或长方形, 多为地面式, 少数为半地穴式; 第二类是面积不足10平方米的小型房址, 圆形或椭圆形, 多为半地穴式, 少数为地面式. 年代上小型房址多属于大汶口文化早期, 而大型房址多是大汶口文化中晚期出现的.

大型房址在泰安大汶口遗址发现了10座, 为地面式或半地穴式的圆角方形, 面积多近20平米. 如2012年发掘的F6, 平面为方形, 边长4.2米, 面积17.6平米. 上覆较厚的红烧土堆积, 可见残留的大块墙皮. 房址周围有一圈烧土带, 宽约30厘米, 外侧还有一圈黑色烧灰, 可能与墙体有关. 共发现20个较大柱洞, 多数为圆

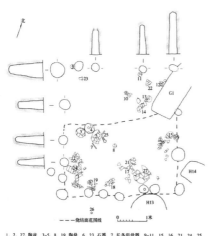

1, 2, 27. 陶盆 3~5, 8, 19. 陶鼎 6, 23. 石器 7. 长条形骨器 9~11, 15, 16, 21, 24, 25. 陶罐 12. 陶器盖 13, 14, 17, 18, 20, 22. 陶杯 26. 石球

图13. 泰安大汶口12F6平面图

省文物考古研究所等, 『枣庄建新——新石器时代遗址发掘报告』, 科学出版社1996年; 山东省文物考古研究等, 「枣庄建新遗址2006年发掘报告」, 『海岱考古』2011年第5辑; 郑笑梅, 「广饶五村 · 傅家大汶口文化遗址和墓地」, 『中国考古学年鉴1986』, 文物出版社1988年; 山东省文物考古研究所等, 「广饶县五村遗址发掘报告」, 『海岱考古』1989年第1辑; 山东省文物考古研究所等, 「山东潍坊前埠下遗址发掘报告」, 『山东省高速公路考古报告集』, 科学出版社2000年; 中国社会科学院考古研究所山东队, 「胶县三里河」, 文物出版社1988年; 山东大学考古系等, 「山东即墨市北阡遗址2007年发掘简报」, 『考古』2011年第11期; 北京大学考古实习队等, 「山东长岛北庄遗址发掘简报」, 『考古』1987年第5期; 昌潍地区文物管理组等, 「山东诸城呈子遗址发掘报告」, 『考古学报』1980年第3期; 山东省文物考古研究所, 「山东滕州市西公桥大汶口文化遗址发掘简报」, 『考古』2000年第10期.

10) 中国社会科学院考古研究所山东队, 『胶县三里河』, 文物出版社1988年; 王青, 「山东北部沿海先秦时期的海岸变迁与聚落功能研究」, 『东方考古』2005年第3集(收入拙著, 『环境考古与盐业考古探索』, 科学出版社2014年).

形, 直径22—50厘米, 洞内填土为红褐色, 质地坚硬, 结构密实. 这座房址可能分南北两小间, 中间以一道残高10、宽5厘米的矮墙为界. 南面一间地面经过烧烤, 坚硬光滑, 西部隆起, 其上发现3件倒扣的陶鼎, 集中放置于烧结面北部, 周围还发现多件残碎陶器及两组细长条形的骨器 (图13、14).

长岛北庄遗址在上世纪80年代曾经大规模发掘, 清理房址97座, 排列比较有规律, 可知聚落应事先经过统一规划 (图15). 从已发表的16座看, 多数为圆角方形或长方形, 面积在二三十平米. 如F16, 东

图14.泰安大汶口12F6发掘现场

图15.长岛北庄房址发掘现场

西长6.2、南北宽5.2米, 门道略朝西南, 方向210°. 坑壁经过特别加工处理, 修整均较陡直, 并挂抹一层细密纯净的墙皮泥, 厚度约2—10厘米. 居住面保存很好, 比较平坦坚硬, 系分两次加工而成. 下层是灰色土, 直接铺垫于黄褐色生土坑底之上, 厚约2~8厘米. 上层为黄褐色土, 厚约4~6厘米. 灶有3个, 门道两侧各1个 (灶C、灶B), 形状略小, 正对门道方向还有1个大灶 (灶A). 柱洞共有25个, 其中周壁有17个, 居住面中部有2个, 门道处有4个, 都较小, 深度一般在0.5—1米 (图16). 依据房基的形状结构和柱洞的排

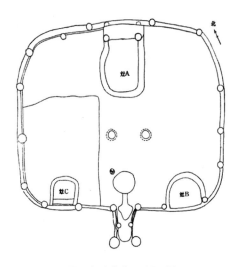

图16.长岛北庄F16平面图

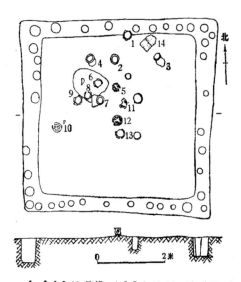

1—3、6、8、11.陶罐　4、5、7、9、10、12、13.陶鼎
14.盘状石器

图17.枣庄建新F7平剖图

列情况, 复原出来应是有木骨泥墙支撑、并有两面坡式门棚的方锥形攒尖建筑.

枣庄建新遗址发现的28座房址也多为地面式圆角方形, 但出现了墙下先挖有基槽的新做法. 如F7, 东西5.5、南北5.45米, 室内面积23平米. 周围的基槽一般宽40、深70厘米左右, 拐角处略宽略深. 基槽直壁平底, 填土呈灰褐色, 结构较紧密, 包含有陶片和红烧土粒(块). 基槽内发现柱洞38个, 呈筒状, 底较平, 口径一般10—30厘米, 多数20厘米左右. 另有2个柱洞在房内, 南北排列, 口径20—30、深40厘米左右. 洞内填土为红褐色, 包含陶片、红烧土粒及少量木灰. 室内置10余件陶器和1件长方形盘状石器. 陶器附近发现一片红烧土堆积, 可能与灶有关(图17). 复原的形式应与北庄F16一样, 也是方锥形攒尖建筑, 只不过建的更加规整, 墙体因为基础比较牢固也建的更高一些.

小型房址在兖州王因遗址发现了13座, 为半地穴式椭圆形或近圆形.

多数面积较小, 也有面积超过20平米的. 如F8, 近椭圆形, 南北长3.2、东两宽4.61、深0.45米. 室内地面不平整, 底部有一层红黄色硬土居住面. 未见灶坑遗迹. 共发现柱洞9个, 少数柱洞底部垫有红烧土渣、砂土并加以夯实. 由于南侧略有破坏, 门道已不存在. 出土有陶釜形鼎、钵形鼎、豆、罐等, 还有磨石、砺石, 及少量猪、牛、鳄鱼等动物骨骼. 又如F3, 面积较大, 南北长6.60、东西宽4.24、深1.08米. 门向

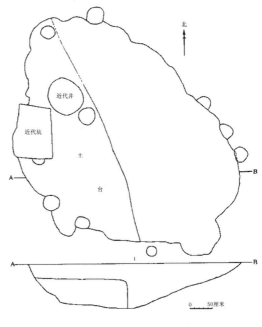

图18.兖州王因F7平剖面图

132°, 门道长65、最宽96厘米, 斜坡状. 房址底部不平整, 局部保存有居住面, 为2—3厘米厚的黄色硬土面, 西侧有高出居住面70厘米的土台, 约占室内面积三分之一. 室内未见灶坑. 房址周围发现10个柱洞. 在房址以西3米处发现1个小坑, 坑内埋有狗骨架一具, 此坑外边还有一堆猪骨, 狗骨、猪骨与F3同层出土, 或许该房址在起建时举行过奠基仪式(图18).

根据学术界的研究, 多认为大汶口文化的社会演进比较剧烈[11]. 根据已发掘的1300多座墓葬资料, 大汶口早期出现了小墓区或分群、分组埋葬现象, 随葬品的数量、质量差别不甚悬殊, 但贫富分化现象已经产生, 并有逐渐加重的趋势, 男女社会分工已

---

11) 栾丰实, 『东夷考古』, 山东大学出版社1996年.

十分明确. 说明初步完成了由氏族所有制向家族所有制的转化, 私有制经济成分已超过公有制. 中期时, 在墓葬规模、葬具、随葬品方面都显示出贫富差别, 说明家族私有制已经巩固. 到晚期, 贫富分化进一步加剧, 贵族阶层已经出现, 有的墓简陋狭小, 随葬品很少或空无一物, 而有的墓却十分宽大, 如大汶口M10, 有结构复杂的棺椁, 随葬品数量超过百件, 死者佩戴精致的玉石饰物, 随葬玉铲、象牙器和精美陶器, 还有兽骨、猪头和可能是重要礼器"鼍鼓"残留下来的成堆鳄鱼骨板. 最近在章丘焦家遗址也发现了大汶口晚期的大墓, 规格不亚于大汶口遗址. 这都说明, 大汶口文化晚期贵族阶层已经出现, 部分社会发展较快的区域应已率先建立了原始国家或酋邦. 与这种情况相对应, 大汶口文化的房址早期多是小型半地穴式建筑, 中晚期出现大型地面式建筑, 说明家庭已经定型成为社会的基本生产单位, 而且中晚期的大型房址可能是贵族阶层所居住使用的.

IV. 龙山文化房址

山东龙山文化是由大汶口文化发展而来的, 年代在距今4600—4000年间, 局部区域结束的时间可能略晚. 该文化的遗址已发现1000多处, 经过发掘的有60余处, 分布范围可覆盖山东全省, 还包括苏北、皖北和豫东的部分地区, 比较重要的有章丘城子崖、邹平丁公、临淄田旺、寿光边线王、潍坊姚官庄、临朐西朱封、潍县鲁家口、栖霞杨家圈、日照两城镇、东海峪和尧王城、临沂大范庄、泗水尹家城、兖州西吴寺、阳谷景阳冈、河南永城王油坊、鹿邑栾台等(图19).

龙山文化的房址已发掘约150座, 主要包括邹平丁公数十座、日照两城镇35座、日照尧王城28座、日照东海峪9座、潍坊鲁家口11座、泗水尹家城20座、枣庄二疏城12座等, 另在济南马安、昌乐谢家埠、寿光边线王、淄博房家、博兴利戴、日照六甲庄、兖

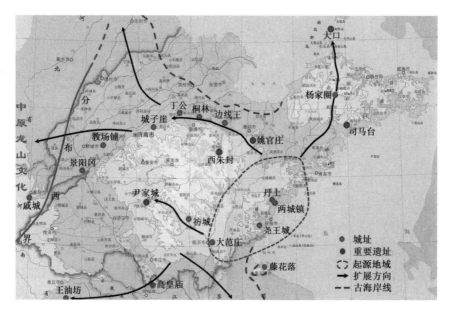

图19.山东龙山文化主要遗址分布图

州西吴寺、邹城野店等遗址也有少量发现[12]. 这些房址的面积多在10平米左右, 少数

---

12) 山东大学历史系考古专业等, 「山东邹平丁公遗址试掘简报」, 『考古』1989年第5期; 山东大学
历史系考古专业, 「山东邹平丁公遗址第二·三次发掘简报」, 『考古』1992年第6期; 山东大学历
史系考古专业, 「山东邹平丁公遗址第四·五次发掘简报」, 『考古』1993年第4期; 山东大学历史
系考古教研室, 「邹平丁公发现龙山文化城址」, 『中国文物报』1992年1月12日; 中美联合考古
队, 『两城镇——1998~2001年发掘报告』, 文物出版社2016年; 临沂地区文管会等, 「日照尧王
城龙山文化遗址试掘简报」, 『史前研究』1985年第4期; 中国社会科学院考古研究所山东工作
队等, 「山东日照市尧王城遗址2012年的调查与发掘」, 『考古』2015年第9期; 东海峪发掘小组,
「一九七五年东海峪遗址的发掘」, 『考古』1976年第6期; 中国社会科学院考古所山东工作队等,
「潍县鲁家口新石器时代遗址」, 『考古学报』1985年第3期; 山东大学历史系考古专业教研室,
『泗水尹家城』, 文物出版社1990年; 枣庄市博物馆, 「枣庄市二疏城遗址发掘简报」, 『海岱考古』
2012年第6辑; 济南市考古研究所等, 「山东章丘马安遗址的发掘」, 『东方考古』2009年第5集;
潍坊市文管办公室等, 「山东昌乐县谢家埠遗址的发掘」, 『考古』2005年第5期; 山东省文物考
古研究所等, 「寿光边线王龙山文化城址的考古发掘」, 『海岱考古』2015年第9辑; 山东省文物考

只有四五平米. 主要是圆角方形或长方形, 以及规整圆形. 其中方形房址多为地面式, 并采用挖基槽、土坯砌墙和高土台基等新技术, 建筑质量较高; 圆形房址多为半地穴式, 也有不少挖基槽或土坯砌墙的地面式. 龙山文化的房址还有一个明显特征, 就是分布在城址里的普遍等级较高, 建筑技术也较高, 应是贵族居住使用的. 当然城内也有小型房址, 应是社会一般成员居住使用的. 城外的一般聚落, 发现的房址则普遍为小型, 建筑质量也不高, 显然, 这些小聚落是被中心聚落——城址所控制的, 社会成员的地位要比城内居民低很多.

目前所知, 龙山文化的城址在山东地域已发现了近10座, 尤以鲁东南的日照沿海一带城址分布最密集, 包括了五莲丹土和日照两城镇、尧王城, 东海峪也有城的线索, 向南不远的江苏连云港藤花落也发现有龙山城址. 其中两城镇遗址的房址比较有代表

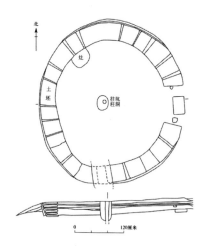

图20.日照两城镇F65平剖面图

性. 如F65, 为圆形地面式土坯建筑, 直径3.84米, 建筑面积11.6平方米, 室内面积约7平方米. 整体由土坯墙体、室内地面、灶、中心柱、门道和墙外护坡、室外活动面等部分组成. 墙体保存较好, 有基槽、土坯墙、内外墙皮和墙外护坡等. 墙体采用预制好的长方形土坯错缝砌成, 土坯长度多在四五十厘米. 室内有中心柱坑和柱洞、铺垫层和居住面、灶址等(图20). 又如F36, 平面长方形, 南北长约5.3、东西宽4.6—4.7米, 建筑面积近25平方米. 主

古研究所等, 「淄博市房家遗址发掘报告」, 『海岱考古』2011年第6辑 ; 博兴县文管所, 「山东博兴县利戴遗址清理简报」, 『华夏考古』2009年第1期 ; 山东大学历史文化学院考古系, 「山东日照市六甲庄遗址2007年发掘简报」, 『考古』2016年第11期 ; 国家文物局考古领队培训班, 『兖州西吴寺』, 文物出版社1990年 ; 山东省博物馆等, 『邹县野店』, 文物出版社1985年.

要由四周基槽、柱洞、门道和基础垫土等部分组成. 基槽较为规整, 挖得较深, 内填红褐色生黏土, 结构紧密, 质地坚硬. 基槽内有整齐排列的柱洞, 残存53个, 分布密集. 该房址还采用了在拟建房的位置先铺垫土, 再在上面挖槽立柱的建筑方法, 形成了高出周围地表的高台式房子(图21). 此外还能看出, 这种房址屋内中央没有了用于支撑屋顶的立柱, 这就使得室内空间的分割使用更为灵活, 同时也要求屋顶的梁架结构更加复杂坚固, 才能支撑起跨度较大的方锥形房体.

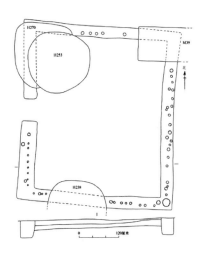

图21. 日照两城镇F36平剖面图

邹平丁公也是一座龙山文化城址, 已发掘房址数十座, 目前已发表的多为小型房址, 应是社会一般成员居住的. 如F1, 圆形半地穴式, 直径2.38—2.75、残深0.15米. 在穴壁北部残存一段厚22—25、高50—70厘米的黄土墙, 墙下有20厘米深的基槽, 墙上有5个小柱洞. 门向正东, 宽80厘米, 两边各有1个小柱洞. 门外两侧又有2个柱洞, 间距为1.75米, 应是门棚的立柱. 门内有一个向下的台阶, 再向内有两排弧形排列的小柱洞, 将室内地面分为三部分. 室内地面浅灰色, 厚3—4厘米, 较坚硬, 其下垫土二层, 垫土以下是H42的灰土堆积. 房内出土陶罐1件、陶杯3件(图22).

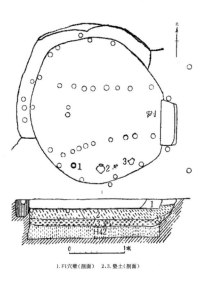

1. F1穴壁(剖面)　2.3.垫土(剖面)

图22. 邹平丁公F1平剖面图

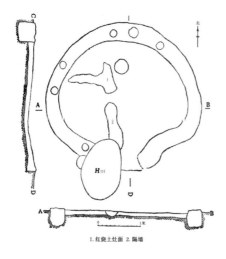

图23.潍坊鲁家口F1平剖面图

1.红烧土灶面 2.隔墙

潍坊鲁家口遗址是一处比较普通的龙山聚落, 发现房址11座, 多为地面式带基槽的圆形或方形房址. 如F106, 圆形, 东西3.78、南北3.8米. 门道向南. 墙下先挖基槽, 槽深40厘米, 槽底填黄灰土及红烧土块, 其上再填较纯净的黄土筑起墙体, 墙残高2—12厘米, 厚三四十厘米, 内外两侧均用白灰涂抹一层墙皮, 厚0.5厘米. 居住面平整坚硬, 东半部先铺少量烧土块和草木灰, 再加草拌泥筑成, 西半部用黄灰土筑成, 厚9—10厘米. 居住面西北隅有一片高出2厘米的红烧土硬面, 形状不规则, 东西长1.1、南北宽0.9米, 应是灶址所在. 墙内发现小柱洞7个, 室内一个柱洞较大, 直径36厘米, 应是支撑房顶的中心柱(图23). 依据柱洞的这种布局复原出来, 显然是有较高墙体围护的圆锥体攒尖房子.

由此可见, 龙山文化的房址无论是中心聚落城址的内部成员之间, 还是与城外普通小聚落之间, 在房址的等级上已出现较大差别, 这表明贵族和普通社会成员之间在居住方面的差别已经比较明显, 贵族集团在房址建筑的规格和技术上都表现出很大的优越性. 这说明龙山文化时期山东地域的社会已经在加剧演进, 有些区域如鲁东南日照沿海一带尤其剧烈. 这与墓葬反映的社会演进是相符的. 目前已在临朐西朱封、泗水尹家城等遗址发现了面积在20平米的龙山文化大型墓葬, 都有复杂的棺椁和高大的二层台, 有的甚至椁内还筑有多个边箱和脚箱, 用于盛放随葬品. 随葬品以精美的陶器和玉器为主, 极少用生产工具随葬, 而且这些陶器和玉器多是礼仪性用器, 如黑陶蛋壳高柄杯、刻纹黑陶盆和黑陶罍, 以及玉冠、玉钺等, 都说明墓主人生前应是高

级贵族甚至最高统治者[13]. 日照沿海的龙山城址也有大墓存在的. 这些都说明, 龙山时期社会分化已经比较严重, 城乡差别及社会成员的差别已普遍存在, 各地普遍以城为中心建立了相对独立的政治实体, 应已进入早期国家阶段. 此外, 龙山文化还有六七处遗址(如胶州三里河、栖霞杨家圈、长岛店子、日照尧王城、诸城呈子和临沂大范庄等)发现了冶铜遗存, 出土有铜钻、铜锥、铜片、铜块以及铜渣等[14], 这与龙山社会的演进是相符的, 表明龙山文化已临近进入青铜时代.

V. 新石器时代房址的总体特点

综上所述可以看出, 山东地域发现的新石器时代房址数量是比较丰富的, 地域特点比较明显, 前后继承演变也是比较清楚的, 反映出山东作为东夷人的主要活动地域, 其房址方面的文化传统具有悠久历史和传承脉络. 在总体符合整个东亚地区古代一直流行土木建筑的前提下, 山东地域的新石器时代房址还有三个显著特点, 这三个特点有的可能与来自域外的影响有关, 有的则能体现出山东向外施展影响的信息.

首先, 山东地域新石器时代主要流行方形(或长方形)和圆形(或椭圆形、近圆形)两种形式的房址, 其它形式的房址(如"吕"字形前后开间房址、窑洞式房址、单纯地穴式或深穴式房址、石筑房址等)很少. 但方形房址出现的时间较早, 从距今8000多年的后李文化开始就已存在, 目前资料的前提下, 只有北方地区长城地带的兴隆洼文化与之比较类似, 都流行方形房址, 表现出明显的同一时代特色, 二者之间可能存在某种交

---

13) 于海广,「山东龙山文化大型墓葬分析」,『考古』2000年第1期.
14) 此据山东省文物考古研究所编著『山东20世纪的考古发现和研究』246页统计, 科学出版社2005年.

往. 圆形房址则是从北辛文化开始出现, 而且与方形房址都流行于后来的大汶口文化和龙山文化. 由于后李文化基本不见这种形式的房址, 圆形房址的起源很可能不在山东本地, 而应来自西边的中原地区裴李岗文化.

其次, 随着时代的演变发展, 房址的建筑技术在不断进步. 后李文化和北辛文化至大汶口早中期, 无论方形或圆形房址, 普遍流行在房址周围栽立木柱形成木骨泥墙的做法, 再于屋内中央栽立一个或数个较大的木柱用来支撑整个房屋的顶部, 这就建成了比较原始的由矮墙围护的攒尖式房子. 到大汶口晚期逐渐出现了先挖基槽再立柱的做法, 这就使得攒尖式房子的基础更加牢固, 墙体也可以建的更高. 到龙山时期除了流行挖基槽之外, 还出现了土坯砌墙的做法, 这可以减少或不再使用木柱, 而且这种土坯房往往屋内中央不见或少见立柱, 减少了屋内活动的障碍, 使空间面积更好得到利用. 龙山时期还出现了夯土加固房基的做法, 出现了地基高出地面的高台式建筑, 这对后世中原地区夏商周王朝宫殿建筑的出现有重要影响. 此外, 后李至大汶口早期基本都是半地穴式房址, 而大汶口中晚期和龙山时期则地面式房址逐渐增多, 半地穴式明显减少, 这也是建筑技术不断进步的表现所在.

第三, 房址建筑技术的进步与社会演进的步伐存在密切关系. 在后李文化时期, 由于社会整体处于比较均等的母系氏族社会或原始氏族公有制阶段, 所以推测大中型房址很可能是大家族共同居住和生活的场所, 小型房址则可能是它们的附属建筑. 到北辛文化时期, 整个社会处在由母系氏族社会向父系氏族社会过渡的时期, 所有制形式则开始由氏族公有制向家族私有制转化, 家庭做为基本的社会单位开始出现, 所以造成房屋面积显著变小, 后李文化那种面积数十平米的房屋已消失不见. 到大汶口时期, 随着家族所有制和私有制经济的的出现, 贫富分化不断加重, 出现了贵族阶层, 所以就有专供贵族阶层居住使用的大型房址. 进入龙山时期, 随着社会分化比较严重, 城乡差别及社会成员之间的差别普遍存在, 房址无论是中心聚落城址的内部成员之间, 还是与城外普通小聚落之间, 不同阶层居住使用的房址已出现明显的等级差别,

贵族集团在房址建筑的规格和质量上都存在明显的优越性.

VI. 青铜时代至早期铁器时代房址

为了保持房址演变脉络的完整性考虑, 本文最后对历史时期早期山东地域的房址也做简要概括. 按照中国学术界的一般认识, 距今4000—2500年为青铜时代, 山东地区经历了相当于夏王朝时期的岳石文化(距今4000—3500年), 以及中原地区商王朝(公元前1600—公元前1046年)和西周王朝(公元前1046—公元前771年)的大举东扩. 距今2500—2100年为早期铁器时代, 山东地区经历了东周时期的春秋(公元前770—公元前476年)和战国(公元前475—公元前221年)两个阶段. 截至目前, 山东青铜时代至早期铁器时代的房址发现数量较少, 只有不足100座, 与新石器时代的400余座无法相比, 资料的限制必然使得研究大受影响, 研究结论也难以做到深入和准确.

岳石文化的房址迄今只发掘10余座, 主要是泗水尹家城发现的11座, 另在章丘马安和牟平照格庄也有发现[15]. 尹家城的房址为地面式方形或长方形, 有单间或双间之分. 如F114, 方形单间, 东西约3.20、南北约3.05米, 室内面积约6.5

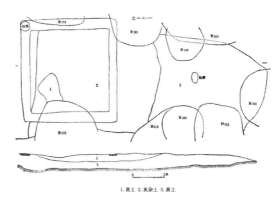

图 24.泗水尹家城F114平剖面图

---

15) 济南市考古研究所等,「山东章丘马安遗址的发掘」,『东方考古』2009年第5集 ; 中国社会科学院考古研究所山东队等,「山东牟平照格庄遗址」,『考古学报』1986年第4期.

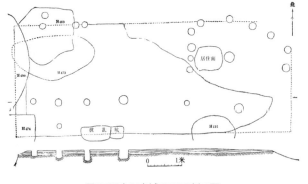

图25.泗水尹家城F102平剖面图

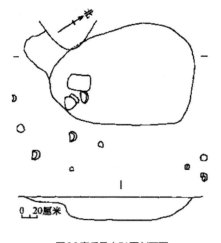

图26.章丘马安F1平剖面图

平米. 房基内外铺垫大片黄土, 以南侧面积最大, 伸出南墙之外达4.5米, 可能是房址的附属院落. 基槽挖在经过夯打的黄土和灰褐土之上, 拐角较直. 居住面已破坏殆尽, 仅在中部偏西发现一小片红烧土面. 柱洞只发现2个, 1个位于东北角基槽内, 另1个在房外向南2.4米的垫土上, 为椭圆形(图24). 又如F102, 长方形地面建筑, , 现存范围东西长约8、南北宽约3.2米. 地面加工平整而坚硬, 自上而下分三小层, 每层厚约5厘米, 为筑打过的黄褐色土, 表面较光滑坚硬. 共发现圆形柱洞22个, 直径一般为20厘米, 深度一般在25—30厘米. 室内东部3米处有5个南北排列的柱洞, 将房址分为东西两半, 形成双开间房屋(图25). 章丘马安遗址发现的1座房址(F1)为半地穴式椭圆形, 长径1.8、短径1.1、深0.2米, 面积约3平米. 居住面光滑坚硬, 一角有三块石块堆在一起, 经火烧过, 应是灶址所在. 房外东南有两排直径为10、深6厘米的小柱洞, 柱洞底部经过加工(图26).

山东地域商代和西周时期(公元前1600—公元前771年)的房址已发掘近80座, 主要有济南大辛庄14座、济南唐冶5座、平阴朱家桥21座、长清仙人台8座、昌乐后于刘6座、

昌乐邹家庄7座、青州赵铺5座, 另在青州杨姑桥、章丘董东、泗水尹家城等地也有所发现[16]. 这些房址也是圆形(或近圆形、椭圆形)和方形(或长方形)两种建筑形式, 及地面式和半地穴式两种建筑方式. 面积超过10平米的很少, 多是面积不足10平米的小房子, 墙体都是木骨泥墙, 墙下挖基槽的很少, 土坯砌墙则未见. 如济南大辛庄2F4, 年代约在商代中期, 为地面式圆角方形, 残长4.4米. 墙基挖有梯形基槽, 宽有三四十厘米, 内填黄土逐层夯打建成墙体, 土质坚硬. 房内逐层填土, 东北、西北拐角处各发现一柱洞, 直径27、深15厘米. 房内出土遗物甚少, 仅有折沿鬲、绳纹罐、盆陶片及青铜镞1件. 又如章丘董东F1, 属商代晚期, 为半地穴式圆角长方形, 南北向, 长3.05、宽2.75—1.8、残高0.45米, 面积近7平米. 屋内地面用黄土加工而成, 经红烧质地坚硬. 周围及内部有柱洞7个, 直径一般为15、深40厘米. 室内中央的柱洞较大, 直径40、深65厘米. 室内西南角发现椭圆形灶址, 由火门、火膛和烟道组成, 是在原地面上直接挖筑而成. 灶口之上置完整陶鬲1件(图27). 又如昌乐后于刘F5, 属于西周早期, 为圆形半地穴式, 方向125°, 口径2.55、底径2.75、深0.95米. 穴壁用灰黄土加工, 厚20厘米左右, 居住面较硬, 火塘因受破坏而未发现, 台阶式门道位于东部. 木骨泥墙内发现5个小柱洞(图28). 又如长清仙人台F4, 西周晚期, 为长方形半地穴式建筑, 东西残长3.6、南北宽3、深0.34—0.44米, 面积近11平米. 房址四壁垂直, 四壁及底部经过加工处理平整光滑, 非常坚硬, 居住面也坚硬光滑. 室内西北角有一圆形灶, 周壁经过烧烤. 室内东部偏北挖有一圆形坑, 直

16) 山东大学考古系,「济南大辛庄遗址在1984年秋试掘报告」『东方考古』2009年第4集 ; 潍坊市博物馆等,「昌乐县后于刘遗址发掘报告」『海岱考古』2012年第5辑 ; 青州市博物馆,「青州杨姑桥遗址调查报告」『海岱考古』20112年第5辑 ; 济南市文物考古研究所等,「济南市唐冶遗址考古发掘报告」『海岱考古』2013年第6辑 ; 北京大学考古实习队等,「山东昌乐县邹家庄遗址发掘简报」『考古』1987年第5期 ; 中国科学院考古研究所山东发掘队「山东平阴朱家桥殷代遗址」『考古』1961年第2期 ; 山东省文物考古研究所,「山东章丘县董东村遗址试掘简报」『考古』2002年第7期 ; 山东大学考古系,「山东长清县仙人台遗址发掘简报」『考古』1998年第9期 ; 青州博物馆,「青州市赵铺遗址的清理」『海岱考古』1989年第1辑 ; 山东大学历史系考古专业教研室,『泗水尹家城』文物出版社1990年.

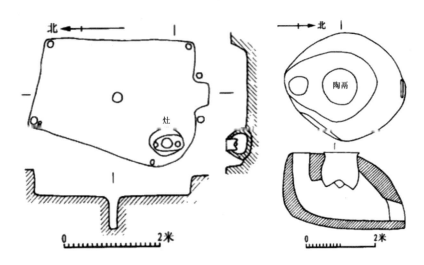

图27.章丘董东F1及灶平剖面图

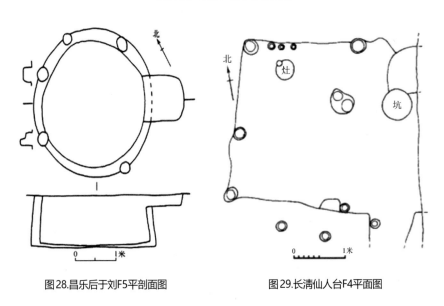

图28.昌乐后于刘F5平剖面图   图29.长清仙人台F4平面图

径60、深50厘米, 壁及底均经加工和火烤, 光滑平整. 柱洞共发现12个, 室内靠近中央部
位的1个柱洞较大形成柱坑, 向南的门道位于南壁偏东处(图29).

东周时期(公元前770—公元前221年)的房址只发掘了不到10座, 主要是济南唐冶4座和青州凤凰台3座, 详细发表的只有3座[17]. 凤凰台F101, 地面式方形, 保存相当完好, 有宽大的夯筑地基, 其上的墙基挖有基槽, 墙体也是夯筑, 残高普遍超过1米, 宽有七八十厘米. 室内边长近3.5米, 面积约12平米. 门向东, 宽1.1米. 四壁墙面抹黄沙土, 室内地面也用黄沙铺成, 平整光滑. 东墙和北墙下部各有1个壁龛, 室内西南角有一灶台, 高24厘米. F102紧接在F101东侧, 没有明显的地基和基槽, 残存北墙和东墙大部, 墙体为黄泥夹瓦片垒砌而成, 室内地面用白灰色土铺成. 推测F102应是F101的附属建筑(图30). 济南唐冶F4, 为半地穴式不规则长方形, 东西长3.5、南北宽2.3米. 室内西北角有灶1个, 附近有大量的陶片及兽骨. 中央部位有一柱洞, 直径约18、残深20厘米. 房址周围没有发现柱洞及门道, 可能是后世破坏严重造成的(图31). 尽管发表的只有这3座方形房址, 但圆形房址也发掘了不少, 只是尚未发表.

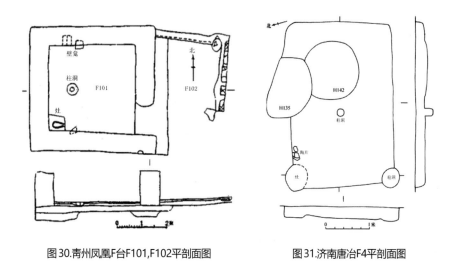

图30.青州凤凰台F101,F102平剖面图   图31.济南唐冶F4平剖面图

---

17) 济南市文物考古研究所等,「济南市唐冶遗址考古发掘报告」,『海岱考古』2013年第6辑; 山东省文物考古研究所等,「青州市凤凰台遗址发掘」,『海岱考古』1989年第1辑.

纵观山东地域青铜时代至早期铁器时代房址的演变脉络, 与距今4000年以来中原夏商周王朝的大举东扩、造成东夷人社会及文化走向衰落的历史大背景密切相关. 距今4000—3500年的岳石文化遗址发现有340余处, 尽管分布范围基本能覆盖山东地区, 但已发掘的10余处遗址堆积普遍很薄, 出土的遗存也较为贫乏, 与大汶口和龙山文化无法比拟, 尽管从陶器组合及形制所展示的文化面貌能看出, 岳石文化整体上是由龙山文化发展而来的, 但也表现出明显的突变和衰落. 这应与距今4000年前后大范围的环境恶化和中原地区夏王朝向东扩张有关, 东夷人的社会、经济和文化发展因此遭受了剧烈冲击而走向衰落[18]. 与此相应, 岳石文化的房址也趋于简单甚至简陋化, 尤其像章丘马安发现的面积只有3平米、灶用三块石块简单搭建的房子, 其建筑技术甚至不如四五千年前的后李文化, 至于龙山时期的土坯房、高台房等独具东夷人特色的建筑传统更是从此绝迹. 当然, 岳石时期的东夷人对传统的方形和圆形房址也在延续和继承, 而泗水尹家城F102这样的面积达20多平米的双开间房址则是史前时期所未见的, 一定程度上也反映了社会及时代的发展.

商王朝和西周王朝在军事殖民的背景下继续向东方扩张, 强度超过夏王朝, 陆续在山东地域建立起上百个方国或诸侯国, 山东经历华夏文明化的进程显著加快. 济南大辛庄就是商王朝建立的军事重镇, 近年在这里已发现面积达几百平米的大型夯土基址, 成排的大柱洞都以石块作础石[19], 这都是商王朝高级贵族居住的宫殿风格传统, 显然, 大辛庄的这种夯筑宫殿应是从商王朝派来统治东夷人的高级贵族, 该遗址发现较多较大的方形房址也应是统治者居住. 西周王朝因推行宗法制和分封制, 在全国各地的统治更加稳固, 在山东地域已普遍建立城池, 如临淄齐故城和曲阜鲁故城等城址

---

18) 王青, 「距今4000年前后的环境变迁与社会发展」, 『东方文明之光』, 海南新闻出版集团1992年 (收入拙著, 『环境考古与盐业考古探索』, 科学出版社2014年).
19) 山东大学考古系2010年发掘资料

都始建于这一时期, 近年在高清陈庄等地发现的城址也是证明[20]. 只不过现在很少对城内的夯土基址进行发掘, 有待今后考古工作的加强. 但值得注意的是, 在沂源姑子坪遗址近年发现了2座西大型夯土基址, 残长12米, 厚达1米, 复原出来无疑也是宫殿建筑. 还发现了随葬多件青铜器的贵族墓葬, 从青铜器的组合及形制看应在西周晚期, 而且有的贵族墓还随葬保存完好的岳石文化陶盆, 这说明姑子坪遗址所在应是土著夷人所建国家的中心聚落[21]. 很显然, 这时的土著夷人上层贵族已接受了西周王朝的统治, 遵从华夏文明的礼制建起了宫殿建筑, 这是此前东夷人自己所没有的建筑传统. 至于商周时期广大的夷人社会下层成员, 居住的仍应是很简单的房屋, 如章丘董东和昌乐后于刘等普通聚落所见的方形和圆形房址, 就是很传统的夷人自身建筑形式. 在已发现的近千处这时期的遗址中, 大遗址或中心聚落占极少数, 绝大多数都是普通的小聚落, 可以推测, 这些小聚落多数应是处于被统治地位的土著夷人的普通村落, 其居住的房屋应主要还是很传统的方形和圆形小房子.

进入东周时期, 尽管周天子的权威日渐衰微, 但各地诸侯国竞相发展, 使得全国包括山东地域的华夏文明化进程已不可逆转并基本完成, 山东土著夷人文化已经比较彻底得融入了齐、鲁等大国所代表的文化系统之中, 由于这些大国逐渐走向强大, 各国的社会发展都较为繁荣, 山东已发现的东周时期遗址和墓葬可达上千处就是证明[22]. 这种繁荣和发展表现在房屋建筑上也是如此. 目前, 山东已发现了包括临淄齐故城、曲阜鲁故城等在内的面积达几十平方公里的大型城址, 城内大型夯土基址连片成群, 如齐故城的"桓公台"一带就是高达14米、面积达4300余平米的宫殿建筑群, 近年

---

20) 山东省文物考古研究所, 『临淄齐故城』, 文物出版社2013年; 山东省文物考古研究所, 『曲阜鲁国故城』, 齐鲁书社1982年; 山东省文物考古研究所, 「高青县陈庄西周遗存发掘简报」, 『海岱考古』2011年第4辑.

21) 山东大学考古系等, 「山东沂源县姑子坪遗址的发掘」, 『考古』2003年第1期.

22) 王青, 『海岱地区周代墓葬与文化分区研究』, 科学出版社2012年.

在鲁故城中部"周公庙"一带也有类似发现[23]，为此前所未见，充分说明东周时期建筑技术的发达程度. 与此相应的，普通聚落的建筑技术也得到发展，房屋建造的质量和结构都有较大提高. 尽管目前山东东周考古的重点一直是城址和墓葬，普通村落房址的发掘很少，但从有限的考古资料也能看出这一点. 像青州凤凰台F101就能说明问题，其夯筑宽大房基、挖基槽开分筑墙体的做法与龙山时期比较类似，但屋内墙上设有壁龛、墙体夹筑瓦片、并有附属小房子的结构形式，却为此前所未见，墙上挖壁龛可以盛放什物，扩展室内利用空间，夹筑瓦片可以加固墙体，附属小屋则可存放生产工具等不适于进正屋的什物，都说明建筑技术的进步和使用理念的多元化发展. 凤凰台遗址是当时齐国境内比较普通的聚落，其建筑形式可能反映了普通村落的民居水平，当然像济南唐冶F4这种简单的半地穴式方形或圆形小房子也应是比较常见的普通民居. 至于公元前221以后的秦汉时期，由于帝国体制的建立和发展，全国各地进一步走向繁荣和富庶，建筑样式和建筑技术更加发达多元，从中原地区兴起的以砖砌墙、以瓦覆顶的房屋新样式逐渐传播开来，山东地域也是如此，与此有关的内容已超出本文范围，不再详述.

---

23) 山东省文物考古研究所，『临淄齐故城』，文物出版社2013年；山东省文物考古研究所近年发掘资料.

일본열도 古墳時代의 마한계 취락

亀田修一 日本·岡山理科大学

번역 : **최영주** 전남대학교

1. 시작하며

우선, 「마한」이란 어떤 지역을 가리키는 것인가. 일본의 대표적인 사전의 하나인 「고지엔(広辞苑)」 제6판(新村出 編 2013, 岩波書店)에 따르면 「고대조선 삼한 중의 하나. 오십여 부족국가로 이루어져 있고, 한반도 남서부(지금의 전라·충청의 2개의 도 및 경기도의 일부)를 차지했다. 4세기 중반 그 중의 일국인 백제국(伯済國)을 중핵으로 한 백제에 의해 통일」이라고 한다. 즉 「한반도의 남서부에 위치하고 백제 건국 후, 4세기 중반 백제에 통합됐다」고 되어 있지만, 최근의 고고학적 발굴조사의 진전에 의해 적어도 전남지역에서는 6세기 전반 무렵까지는 묘제, 토기 등에서 그 개성을 유지하고 있었던 것이 확인되고 있다[1].

그 중심적인 범위는 전남, 「영산강유역」이라는 용어가 상대적으로 사용되고 있지만, 본고에서는 일본열도 고분시대의 「마한계 취락」을 대상으로 하기 때문에, 이 「마한」이라는 지역을 전라도 지역을 기본으로 백제가 남하해서 영역화하기 이전의 충청도 지역 등을 포함한 지역으로 보고자 한다.

그리고 본고의 목적은 「고분시대 일본열도의 마한계 취락」의 대표적인 사례를 거론하면서 그 실체, 거기에 살던 사람들의 모습과 업무 등을 검토하고자 한다.

---

1) 林永珍, 2002, 「百済の成長と馬韓勢力, そして倭」, 『検証古代日本と百済』, 大巧社; 韓国考古学会編, 2010改訂新版, 『韓国考古学講義』, 社会評論(武末純一監訳, 2013, 『概説韓国考古学』, 同成社)등.

2. 「마한계 취락」을 찾기

우선, 본고에서 「일본열도의 마한계 취락」에 대해서 서술하고자 한다. 일반적으로 이러한 표기에 의하면, 마한계 사람들의 의해서만 형성된 취락을 이미지하기 쉽지만, 후술하는 것처럼 일본열도 내에서 그러한 마한계 사람들만의 취락은 거의 존재하지 않는 것으로 보인다. 이주 당초에는 그들만의 작은 마을이 있었을 가능성은 있지만, 얼마 후 새롭게 한반도의 타 지역에서 이민자와 일본열도의 재래한 사람들(왜인)도 함께 살게 된 것은 아닐까 추측하고 있다. 이들을 포함해 「마한계 취락」이라고 부르고자 한다.

다음으로 「마한계 취락」을 인증하기 위한 작업을 하는데, 먼저 마한계 사람들도 포함한 한반도로부터의 이주자들(도래인)의 존재를 확인해야 한다. 그 인증 방법은 지금까지 가메다가 발표해 온 것[2]에 의해 이루어졌지만 이번은 그 중에서 「마한」지역 사람들의 마을을 찾고자 한다. 즉 「마한계 취락」에 관련된 유구 및 유물을 발견해야만 한다.

이하, 마한지역과의 관계를 추측 할 수 있는 몇 가지 자료를 거론하고자 한다.

(1) 유구

마한계 도래인의 마을을 생각할 경우, 먼저 주거가 대상이 된다. 도래인 연구에서는 온돌 주거, 초기의 부뚜막 주거, 그리고 대벽건물이 대상이 되는데, 이러

---

2) 亀田修一, 1993, 「考古学から見た渡来人」, 『古文化談叢』30(中), 九州古文化研究会; 亀田修一, 2003, 「渡来人の考古学」, 『七隈史学』4, 七隈史学会; 亀田修一, 2005, 「地域における渡来人の認定方法」, 『九州における渡来人の受容と展開』, 第8回九州前方後円墳研究会実行委員会등.

한 것으로 한반도 내의 지역을 한정하는 것은 어렵다. 다만 대벽건물은 아오야기 다이스케[3]와 권오영·이형원[4] 등의 연구 성과에서 마한이 아니라 백제계의 건물이라고 판단되어 마한지역과의 관계는 별로 없기 때문에 여기에서는 다루지 않는다. 다만, 사비시대의 것이 전북 익산 사덕유적과 전남 순천 검단산성 등에서 검출되고 있고, 이러한 유적에 관련된 마한지역의 사람들이 백제 멸망 후에 일본열도로 건너 올 가능성은 충분히 있을 수 있다.

온돌 주거 온돌 주거는 다음에서 서술하는 일반적인 부뚜막 주거와는 다르게 연도가 L자형, 역L자형으로 휜 부뚜막이 설치된 것을 이렇게 부른다. 기본적으로 일본열도의 사람들에게 받아들여지지 않았던 주거이고, 지금까지 확인된 사례를 봐도 한반도와의 관계, 도래인과의 관계로 이해되고 문제가 없는 것처럼 보인다. 마한지역에서도 전남 해남 신금유적[5] 등 많은 유적에서 볼 수 있다. 단, 이 형태만으로 마한지역이라고 한정할 수도 없다고 생각된다.

일본열도에서 초기의 대표적인 사례는 고분시대 전기를 중심으로 한 시기인 후쿠오카현 니시진마치(西新町)유적 것으로, 많은 한반도계 자료도 출토되고 있다(그림 3·4). 그림 3-2의 주거 81에서는 마한지역에서 많이 볼 수 있는 평저에 구멍이 많은(平底多孔) 시루와 일본열도 고분시대 전기의 하지키가 공반하고 있다[6].

초기 부뚜막 주거 한반도에서의 일반적인 부뚜막은 무문토기시대 후기(초기

---

3) 靑柳泰介, 2002, 「大壁建物'考」, 『百済研究』35; 靑柳泰介, 2003, 「大壁建物'再考」, 『橿原考古学研究所論集』14, 八木書店.

4) 權五榮·李亨源, 2006, 「壁柱(大壁)建物研究のために」, 『日韓集落研究の現状と課題(Ⅱ)』, 日韓集落研究会.

5) 湖南文化財研究院, 2005, 『海南新今遺蹟』.

6) 福岡市教育委員会, 1982~2002, 『西新町遺跡』1~7; 福岡県教育委員会, 1985~2009, 『西新町遺跡』Ⅰ~Ⅸ.

철기시대)까지 거슬러 올라가며, 원삼국시대에는 각지에서 볼 수 있게 된다[7]. 마한지역에서도 이때부터 볼 수 있게 된다[8].

일본열도에서는 5세기가 되어서 전개되는데, 그 이전의 고분시대 초기 3세기의 것이 앞서서 후쿠오카현 니시진마치유적 등에서 보인다(그림 3-1). 그리고 이형태의 부뚜막은 신출한 L사형 부뚜막과는 달리 일본열도의 사람들에게 받아들여진다. 5세기 전반 단계의 것은 일본열도에 그다지 퍼져 있지 않고, 이 단계의 부뚜막 주거에서 생활한 사람들이 도래인과 그 후손들, 그리고 일부 그들과 관계가 깊었던 일본열도의 사람들이었다고 생각된다. 5세기 후반이 되면, 일본열도의 사람들도 부뚜막을 사용하게 되고, 6세기가 되면 부뚜막은 일본열도의 일반적인 조리용 시설이 되어 도래인과의 관계를 언급하는 것이 어려워진다. 부뚜막 주거에서 출토된 유물도 5세기 중엽 이전에는 한반도와의 관계를 추측할 수 있는 것이 비교적 보이지만, 그 이후는 잘 모르게 된다.

사주식 방형 수혈주거 마한계의 주거로 자주 거론되는 것이 사주식 방형 수혈주거이다[9]. 광역의 마한지역에서 사주식 주거의 초기의 것으로는 원삼국시대에서 볼 수 있으며, 4세기 무렵에는 마한 내에서 지역성을 가지면서 전개되고 있는 것으로 보인다.

---

7) 高久健二, 2016, 「竈」, 『季刊考古学』137, 雄山閣등.

8) 金承玉, 2007, 「錦江流域原三国〜三国時代聚落の展開過程研究」, 韓日聚落研究会韓国支部編, 『韓日聚落研究会第3回共同研究会, 韓日聚落研究の現況と課題(Ⅲ)』; 趙圭宅, 2010, 「湖南地域 馬韓·百済 住居構造와 展開」, 『馬韓·百済-사람들의 日本列島 移住와 交流-』, 国立公州博物館·中央文化財研究院·百済学会등.

9) 鄭一, 2006, 「全南地域 四柱式住居址의 構造的 変遷 및 展開過程」, 『韓国上古史学報』54, 韓国上古史学会; 李東熙, 2007, 「全南東部地域における馬韓·百済住居跡の変遷」, 韓日聚落研究会韓国支部編, 『韓日聚落研究会第3回共同研究会, 韓日聚落研究の現況と課題(Ⅲ)』; 趙圭宅, 2010, 「湖南地域 馬韓·百済 住居構造와 展開」, 『馬韓·百済-사람들의 日本列島 移住와 交流-』, 国立公州博物館·中央文化財研究院·百済学会등.

다만 일본열도의 사주식 방형 수혈주거는 마한지역과 형태적인 차이는 있지만, 적어도 야요이시대 후기(A.D. 1~3세기)에는 볼 수 있으며, 고분시대에 들어가면 지역성은 있으나 서일본 각지에서 그 수가 증가한다. 4세기 이후는 비교적 대형의 방형 4개 기둥, 중간의 방형 2개 기둥, 소형의 방형 기둥이 없는 것이라는 기능의 차이가 있었지만, 조합이 성립 · 전개하게 된다(그림 1, 寺井 2012).

그리고 이러한 상황 속에서 5세기 초부터 북부큐슈 · 기비 · 긴키지방 등에서 방형 부뚜막 주거가 볼 수 있게 된다. 이러한 부뚜막 주거는 한반도계의 토기 등이 보이는 경우가 많으며, 한반도 내의 지역은 특정 할 수 없지만, 도래인들의 이주로 볼 수 있게 된다. 즉 현시점에서는 방형 · 사주식 · 부뚜막이 세트로 마한지역에서 들어왔는지, 일본열도의 방형 · 사주식에 새롭게 부뚜막이 부가된 것인지는 판단하기 어렵다. 단지, 주거 중에서 출토된 한반도계 토기의 계보를 검토하는 것으로 마한지역과의 관계를 추측할 수는 있을 것이다.

배수구가 있는 주거 위와 같은 마한지역의 사주식 방형 수혈주거를 검토 할 때, 또 다른 특징인 배수구가 방형의 모서리부분에서 밖으로 나가는 구조인 것은 주목된다. 일본학계에서는 아마도 처음으로 이 구조에 주목한 인물이 시게후지 데루유키[10]로 후쿠오카 현 무나카타(宗像)지역의 주거를 검토하는 가운데 마한지역의 주거와 비교하고, 양자의 관계를 검토하고 있다. 일본열도에서도 수혈주거에 배수구를 부설하는 사례는 있어서, 단순히 배수구가 있는 것이 마한계이라고는 말할 수 없다. 그러나 일본열도 것은 그림 1-4-1에 보이는 것처럼 중앙의 토갱에서 구를 가진 것이 많고, 마한지역의 것(그림 5-2)과 같이 방형 주거의 모서

---

10) 重藤輝行, 2011, 「宗像地域における古墳時代首長の対外交渉と沖ノ島祭祀」, 『宗像 · 沖ノ島と関連遺産群』研究報告 I 』, 「宗像 · 沖ノ島と関連遺産群」世界遺産推進会議; 重藤輝行, 2013, 「古墳時代の4本主柱竪穴住居と渡来人 - 北部九州を事例として - 」, 『第37回韓国考古学全国大会住居の考古学』, 韓国考古学会.

리부분에서 구를 내는 것은 잘 알지 못한다. 향후의 검토 과제로, 모서리부분에 배수구를 부설하는 사주식 방형 수혈주거는 마한지역과의 관계를 생각해 보아도 좋을지도 모른다. 다만, 이것도 전술한 바와 같이 주거 내에서 출토된 토기 등과 함께 검토해야 한다고 생각된다.

(2) 유물

토기　유물에 의해 도래인의 존재를 검토하는 경우, 일본열도 사람들이 받아들이지 않았던 기종이나 타날 문양 등은 중요하다.

5세기 한반도에서 도입된 부뚜막 등 관련 토기 중에 시루와 장동옹 등은 받아들여지고, 나중에 하지키의 기종 구성에 포함된 것이 있는데, 평저의 심발과 천발 등은 어째서인지 일본열도의 사람들에게 받아들여지지 않았던 것 같고, 그 후 하지키에서는 전개되지 않는 것이다. 그리고 흥미로운 점은 평저 천발과 백제·마한지역과의 관계를 추측 할 수 있다[11].

또한 받아들여지지 않았던 타날 문양으로 「승석문」과 「조족문」이 있다. 그리고 후자는 백제·마한지역과의 강한 관계를 보이는 것 중 하나이다. 이 조족문 타날토기에 대해서는 비교적 오래전부터 검토가 시작되어 북부큐슈와 긴키지방에 편재되고 있으며, 다른 지역에서는 거의 발견되지 않는 등 특징적인 성과가 나오고 있다[12].

---

11) 寺井誠, 2002, 「第1節韓国全羅南道に系譜が求められる土器について」, 『大坂城跡Ⅴ』, (財)大阪市文化財協会.

12) 田中清美, 1994, 「鳥足文タタキと百済系土器」, 『韓式系土器研究』Ⅴ, 韓式系土器研究会; 竹谷俊夫, 1995, 「日本と韓半島出土の鳥足形タタキ文土器の諸例 - その分布と系譜 -」, 『西谷眞治先生古稀記念論文集』, 勉誠社; 朴仲煥, 1999, 「鳥足文土器考」, 『考古学誌』10, 韓国考古美術研究所; 白井克也, 2002, 「土器からみた地域間交流 - 日本出土の馬韓土器・百済土器」, 『検証古代日本と百済』, 大巧社; 金鍾萬(寺岡洋訳), 2008, 「日本出土百済系土器の研究 - 西日本地域を

또한 시루나 솥 등의 홈이 있는 파수(有溝把手)도 받아들여지지 않았다. 파수(손잡이)가 있는 시루와 솥 등은 받아들이고 있음에도 불구하고, 어째서인지 그 파수에 홈을 내는 행위는 전개하지 않았다. 한반도 사람들과 일본열도 사람들은 무언가 다르다는 것일까. 다만, 한반도 내에서의 지역성 등은 잘 모르기에 마한계 토기를 찾는 것은 현시점에서는 사용할 수가 없다.

한편, 일본열도 사람들에게 받아들여진 토기인 시루나 솥, 장동옹 등도 5세기 중엽 정도까지는 주로 도래인과 그 후손들이 생산·사용했던 것으로 생각되며, 도래인을 찾는데 도움이 되리라고 생각된다. 그리고 시루에 관해서는 한국·일본 모두 연구가 진행되어, 대략적인 지역을 파악할 수 있다.

마한지역의 시루는 평저다공 시루가 주류인 것 같고, 일본열도 고분시대의 유적에서 비교적 많이 볼 수 있다[13].

이외에도 마한지역과의 관계를 보이는 토기로 양이부호[14] 등이 있다.

부뚜막 아궁이테 부뚜막 아궁이테로 생각되는 U자형판상 토제품도 일본열도 사람들에게 받아들여지지 않았던 것 같고, 현시점에서는 오사카를 중심으로 나라현 등에서만 출토되고 있다. 지역이 매우 한정된 자료이다. 시기는 5세기 전반

中心に-」,『朝鮮古代硏究』9, 朝鮮古代硏究刊行会; 金鍾萬(比嘉えりか訳), 2010, 「鳥足文土器の起源と展開様相」,『古文化談叢』63, 九州古文化硏究会; 崔榮柱, 2006,『鳥足文土器考察』, 全南大学校碩士学位論文 등.

13) 李海蓮, 1993, 「嶺南地域의 시루에 대해서 - 三国時代를 中心으로 - 」,『博物館研究論集』2, 釜山直轄市立博物館; 杉井健, 1994, 「甑形土器の基礎的研究」,『待兼山論叢』28, 大阪大学文学部; 酒井清治, 1998, 「日韓の甑の系譜からみた渡来人」,『楢崎彰一先生古稀記念論文集』, 楢崎彰一先生古稀記念論文集刊行会; 朴敬信, 2003,『韓半島 中部以南地方 土器시루의 成立과 展開』, 崇實大学校大学院史学科碩士学位論文; 寺井誠, 2016,『日本列島における出現期の甑の故地に関する基礎的研究』, 平成25~27年度(独)日本学術振興会科学研究費補助金基盤研究(C)研究成果報告書 1 등.

14) 金鍾萬, 1999, 「馬韓圈域 両耳付壺小考」,『考古学誌』10, 韓国考古美術研究所.

에서 6세기 대의 것으로 확인되고 있다. 한반도에서는 고구려와 백제의 사례가 있으며, 신라·가야에서는 확인되지 않은 것처럼 보인다. 그리고 일본열도의 것과 유사한 자료는 백제의 서울지역, 마한의 영산강유역에 있으며, 후자의 지역과의 관계가 깊다고 생각된다[15].

원통형토제품 연통으로 생각되는 원통형토제품은 나발 모양의 것, 상하로 직경의 차이가 거의 없는 것, ⟨ 자로 구부러지는 것, 고리 모양의 돌대가 붙는 것, 파수가 붙은 것으로 여러 가지 형태가 있는데, 현시점에서는 후쿠오카현 니시진마치유적의 사례가 산인형 시루가 아니라면, 가장 오래된 것으로 4세기까지 거슬러 올라간다. 지역적으로는 북부큐슈에서 간토지방까지 분포하고 있다. 한반도에서는 백제·마한지역에 사례가 있으며, 그 계보의 것으로 이해되고 있다. 일본열도의 원통형토제품이 모두 한반도계 고고자료라고 할 수 있는지, 향후 보다 더 검토해야 하지만, 5·6세기 대에는 그다지 사례가 없으며, 이 시기의 것은 도래인과의 관계로 이해 할 수 있을지도 모른다[16]. 또한 산인형 시루도 원통형토제품처럼 연통이라고 생각하는 의견이 있다. 그리하면 야요이시대 종말기까지 원통형토제품(연통)이 거슬러 올라가는 것이다[17].

---

15) 田中淸美, 2003,「造付け竈の付属具」,『続文化財学論集』, 文化財学論集刊行会; 濱田延充, 2004,「U字形板状土製品考」,『古代学研究』167; 徐賢珠(大竹弘之訳), 2004,「三国時代の竈の焚き口枠についての考察」,『韓式系土器研究』Ⅷ, 韓式系土器研究会; 權五榮·李亨源, 2006,「壁柱(大壁)建物研究のために」,『日韓集落研究の現状と課題(Ⅱ)』, 日韓集落研究会.

16) 德網克己, 2005,「カマドに伴う円筒形土製品について」,『龍谷大学考古学論集Ⅰ』龍谷大学考古学論集刊行会; 權五榮·李亨源, 2006,「壁柱(大壁)建物研究のために」,『日韓集落研究の現状と課題(Ⅱ)』, 日韓集落研究会; 坂靖, 2007,「筒形土製品からみた百済地域と日本列島」,『考古学論究』, 小笠原好彦先生退任記念論集刊行会; 鄭一, 2012,「全南地域 煙筒形土器에 대한 検討」,『光陽 龍江里 石停遺蹟』, 大韓文化財研究院.

17) 長友朋子, 2008,「弥生時代終末期における丸底土器の成立とその歴史的意義」,『吾々の考古学』, 和田晴吾先生還暦記念論集刊行会.

주판옥형 방추차 주판옥형 방추차는 한반도와의 관계에서 오래 전부터 지적되어 온 자료이다[18]. 일반적인 방추차와 달리 그 단면형이 육각형을 이루는 특징이 있어, 일본열도에서는 받아들여지지 않았던 것이다. 5세기의 것이 많은 듯하지만, 6세기에서도 보인다. 이 주판옥형 방추차 자체도 그렇지만 이를 부장하는 행위도 일본열도 사람들에게 받아들여지지 않았던 것 같고, 도래인을 찾는 데에는 유효한 자료이다[19]. 단, 한반도의 지역성은 잘 모르지만 마한계의 가능성을 포함하는 자료로 취급해야 할 것이다.

3. 북부큐슈지역의 마한계 취락

(1) 후쿠오카 평야

니시진마치(西新町)유적 후쿠오카시 사와라구 니시진에 위치한 니시진마치 유적은 모래 언덕에 운영된 취락유적으로, 3 · 4세기의 수혈주거가 약 500동(부뚜막 주거 · 온돌 주거 포함), 다수의 한반도계 토기가 확인되고, 가야지역과 백제 · 마한지역으로부터의 도래인의 존재가 추정되고 있다(그림 3, 그림 4, 福岡縣敎育委員會 1985~2009 ; 福岡市敎育委員會 1982~2002). 특히 이 시기의 부뚜막은 일본열도에서는 기본적으로 보이지 않고, 한반도로부터의 사람들이 많은데, 이 유적에 넘어와 있었던 것으로 추측되고 있다. 또한 긴키, 기비, 산인 등과

---

18) 西谷正, 1983,「伽耶地域と北部九州」,『大宰府古文化論叢』上, 吉川弘文館 ; 門田誠一, 1992,『海から見た日本の古代』, 新人物往来社.
19) 滋賀県立安土城考古博物館, 2001,『韓国より渡り来て』; 平尾和久, 2010,「墳墓に副葬 · 供献される紡錘体の基礎的考察」,『還暦、還暦？、還暦！』, 武末純一先生還暦記念事業会.

관련된 하지키 등도 출토되어 당시 일본열도와 한반도의 교류의 거점으로서 주목 받고 있다.

그리고 흥미로운 점은 이 취락을 작은 계곡으로 크게 동서로 구분한 경우, 동쪽에는 가야계의 토기가 많고, 서쪽에는 백제·마한계의 토기가 많다는 점이다. 특히 가야와 백제·마한지역의 사람들이 공존하고 있었을 가능성이 추측된다.

이 취락의 묘지는 서쪽에 인접한 후지사키(藤崎)유적으로, 한반도계 자료는 극히 적고, 한반도계의 매장시설도 확인되지 않았다. 현시점에서는 니시진마치유적에서 살았던 도래인 사람들이 주변에 묻혔는지, 아니면 고향에 돌아가서 묻혔는지 알지 못한다. 정착이 아니라 왕래·교류한 사람들의 거점이었을 가능성도 생각할 수 있다[20].

니시진마치유적은 4세기 대에 종언을 맞이하고, 이후의 모습은 모르지만, 이 부근에서 5세기 대 한반도계 자료가 많이 출토되는 유적은 남서 약 6km의 요시타케(吉武)유적군이다[21]. 주거 등의 유구는 잘 모르겠지만, 가야계, 백제·마한계, 신라계의 연질토기·도질토기, 주판옥형 방추차 등이 출토되고 있다. 인접한 5세기 전반~6세기 말의 요시타케고분군에서도 가야계를 중심으로 한 도질토기나 주조철부, 철탁, 철재(鐵滓) 등이 출토되어, 이 주변지역에서의 도래인·그 후손들에 의한 철기 생산 등의 가능성이 추측되고 있다. 배수구가 있는 주거도 확인되고 있지만, 주거·업무 장소 등에 관해서는 아직 불명인 점이 많다. 다량이고 다양한 한반도계 자료의 존재에서 5·6세기의 對한반도의 거점이었을 가능성이 추측되고 있지만, 바다에서 다소 떨어져 있다.

야쿠시노모리(藥師の森)유적 후쿠오카현 오노죠시 오토가나의 언덕 자락 측

20) 武末純一, 2016, 「集落」, 『季刊考古学』137, 雄山閣.
21) 福岡市教育委員会, 1986~2007, 『吉武遺跡群』 I ~ XIX.

에 위치하는 고분시대 후기를 중심으로 한 시기의 취락유적이다. 일부에 일본화
된 연질계토기, 홈이 있는 파수 시루, 주판옥형 방추차 등이 출토되어, 한반도와
의 관계가 추정되었다[22]. 그리고 수혈주거유적 중에 그림 5-1과 같은 모서리부분
배수구가 있는 사주식 방형 수혈주거(제17차 SC02)가 1기 발견되어 주목되었다.
이 주거유적 출토 토기는 6세기 후반의 일본열도산의 스에키만으로, 한반도·마
한지역과의 관계는 불분명하다. 이 유적에서는 스에키 생산, 철기 생산 등의 작
업이 추측되고 있다. 한편, 유적의 북동쪽으로 약 800m에서 신라토기 등이 출토
된 오키야마(王城山)고분군과 기이치다(喜一田)고분군 등이 위치하고 있다[23].

이 복잡한 관계를 어떻게 정리하면 좋을지 앞으로 주의해야 할 유적으로 다루
고자 한다.

(2) 무나카타(宗像)지역

A. 츠야자키(津屋崎) 해안부지역
누야마후지바루(奴山伏原)유적　고분시대, 육지 쪽으로 깊숙이 들어간 해안
모양을 띠고 있었다고 추측되는 장소의 동쪽에 배수구가 있는 사주식 방형 수혈
주거가 확인된 누야마후지바루유적이 있다(그림 6 지도 3). 무나카타의 수장분
군인 신바루·누야마(新原·奴山)고분군에 인접해 있다[24]. 그림 7에 일부 지구
의 주거유적의 분포를 나타내고 있는데, 5·6세기의 배수구가 있는 주거(SC117,

---

22) 大野城市教育委員会, 2009~2016,『乙金地区遺跡群』1~15; 林潤也, 2013,「2.溝付き竪穴住居に
　　ついて」,『乙金地区遺跡群6』, 大野城市教育委員会; 上田龍児, 2013,「御笠川流域の古墳時代
　　－集落·古墳の動態からみた画期とその背景－」,『福岡大学考古学論集2 – 考古学研究室開設
　　25周年記念 – 』, 福岡大学考古学研究室.

23) 上田龍児, 2016,『乙金地区遺跡群15』, 大野城市教育委員会.

24) 池ノ上宏編, 2002,『奴山伏原遺跡』, 津屋崎町教育委員会.

SC122, SC127 등), 온돌 주거(SC112), 일반의 부뚜막 주거(SC114, SC125 등), 일반 부뚜막이 없는 주거유적(SC118 등) 등이 발견되고 있다.

온돌 주거 SC112에서는 일반적인 스에키와 하지키밖에 출토되고 있지 않지만, 배수구가 있는 주거인 6세기 중엽의 SC57 주거와 6세기 전반의 SC108 주거에서는 각각 연질토기 옹, 승석문 노질토기편이 출토되고 있다. 배수구가 없는 일반 방형 4개 기둥의 부뚜막 주거인 5세기 후반~6세기 전반의 SC114 주거에서 승석문 도질토기편, 배수구도 부뚜막도 없는 5세기~6세기 전반의 SC118 주거에서는 승석문 도질토기편 등이 출토되고 있다. 또한 SC57의 연질토기 옹(그림 8-9)에 대해 시게후지 데루유키는 마한계토기로 생각하고 있다[25]. 이렇게 누야마후지바루유적에서 6세기 전반 무렵을 중심으로 한반도와의 관계가 깊고, 마한지역으로부터 도래인의 존재를 추측해도 좋을 것이다.

또한 일본열도의 온돌 주거와 한반도계 토기 등은 일반적으로 5세기 대의 것이 많고, 6세기 전반 대의 것은 드물다. 배수구가 있는 주거의 존재와 함께 이 지역의 특징 중 하나일까.

또한 신바루·누야마고분군·누야마후지바루유적 등의 남쪽에 위치한 유쿠에쿠기가우라(生家釘ヶ裏)유적(그림 6)에서 6세기 전반의 조족문 타날을 시문한 이동식 부뚜막이 출토되고 있다[26]. 이 유적에서는 이밖에도 도질토기, 연질 평저발, 평저다공 시루 등이 출토되고 있어, 마한·백제지역과의 관계, 도래인·도래계의 사람들의 존재를 추측할 수 있다.

아라지(在自)유적군 육지 쪽으로 깊숙이 들어간 해안(入り海) 남동부 아라지유적(그림 6 지도 11~16)에서도 배수구가 있는 집이 검출되었으며, 아라지시모

---

25) 重藤輝行, 2011,「宗像地域における古墳時代首長の対外交渉と沖ノ島祭祀」,『宗像·沖ノ島と関連遺産群』研究報告Ⅰ』,「宗像·沖ノ島と関連遺産群」世界遺産推進会議.
26) 池ノ上宏編, 1998,『生家釘ヶ裏遺跡』, 津屋崎町教育委員会.

노하루(在自下ノ原)유적(16)은 5세기 중엽 온돌 주거 SC55도 확인되고 있다[27]. 이 주거에서 한반도계 토기는 확인되지 않았지만 다른 주거유적 등에서는 4세기 후반의 도질토기, 5세기 전반~6세기 후반의 승석문 도질토기, 6세기 후반의 조족문 타날 도질토기 옹도 출토되고 있으며, 이 유적에서 4세기 후반에서 6세기 후반까지의 지속적인 마한지역을 포함한 한반도와의 교류를 추측 할 수 있다. 덧붙여서 이 아라지시모노하루유적은 고분시대 전기부터 나라시대까지 취락이 계속되고 있어 거점적인 취락이며, 해상 교통의 거점이었다고 추측된다.

또한 이 아라지시모노하루유적에 인접한 아라지오다(在自小田)유적에서는 승석문토기, 조족문 타날토기, 고령계 도질토기 등이 출토되고, 아라지우에노하라(在自上ノ原)유적의 5세기 전반의 SK03 토갱에서 조족문 타날토기, 도질토기 등이 출토되고 있다.

이 동서 약 1200m, 남북 약 500m의 아라지유적군 범위에서는 온돌 거주, 홈이 있는 파수(有溝把手)가 있는 시루, 조족문 타날토기 등 도래인의 존재를 추측하는 유구·유물이 많고, 그 외에도 취락에서의 출토가 드문 고령계의 도질토기 호가 보이는 등, 적어도 도래계 사람들의 존재는 충분히 짐작할 수 있다. 그 지리적 위치, 당시의 바다가 어디까지 들어가 있었는지는 더욱 추구해야 하겠지만, 바다와의 관계는 당연히 추측되는 반면, 육상의 길과의 관계도 순순히 상상할 수 있다.

이상과 같이 이 무나카타지역은 가야·신라계의 자료 이외에, 마한·백제지역의 자료가 많이 보인다. 조족문 타날토기·평저 천발·평저다공 시루 등이다. 조족문 타날토기는 북부큐슈와 긴키지방에 편재되지만, 이 무나카타지역에서도 많이 출토되는 점을 주목하고 싶다. 그리고 배수구 있는 주거를 포함하여 마한지역으로부터의 도래인의 존재는 틀림없는 것이다.

---

27) 池ノ上宏·安武千里編, 1996,『在自遺跡群Ⅲ』, 津屋崎町教育委員会.

B. 무나가타 내륙부지역

무나카타의 내륙부지역의 미츠오카로쿠스케(光岡六助)유적에서 5세기 중엽의 온돌 주거가 확인되며[28], 근처의 자연수로에서 도질토기 호가 1점이 출토되고 있다.

또한 5세기 중엽의 노사가잇쵸마(野坂一町間)유적의 1호 수거에서는 Y자형 배수구가 부설되고, Y자 내측에 단야로가 검출되고 있다[29]. 또한 4호 주거에서 변형 Y자 배수구가 검출되고 있다. 한편, 이에 근접하는 2·3호 주거는 마한지역에 볼 수 있는 방형 주거의 모서리부분에서 배수구가 부설되어 있는 것으로 보인다.

이밖에 관련은 불명확하지만, 주변의 후지와라코야자키(冨地原神屋崎)유적 등으로 배수구가 있는 주거유적이 발견되고, 반대로 배수구가 있는 주거는 검출되지 않았지만, 인접한 후지와라가와하라다(冨地原川原田)유적 SB27호 주거에서는 5세기 전반~중반의 한반도산으로 추측되는 타날 옹, 승석문 도질토기, 평행 타날과 격자 타날의 연질계토기, 일부 일본화 되고 있는 것으로 추측된 평저천발, 평저 심발, 평저다공 시루 등이 출토되고 있다[30]. 아직 일본열도에서 일반화되지 않은 초기 부뚜막 주거이며, 출토된 토기에 많은 한반도계 토기가 존재하는 것에서 아마도 이 무나카타 내륙부지역에도 마한계 도래인 1세, 2세의 사람들이 생활하고 있었을 가능성이 추측된다. 이 후지와라지역에는 야요이시대 후기 후반의 연질계토기가 출토된 후지와라이와노(冨地原岩野)유적[31]도 있고, 도래인들이 들어가기 쉬운 장소였을지도 모른다.

---

28) 第8回九州前方後円墳研究会実行委員会, 2005,『九州における渡来人の受容と展開』.
29) 原俊一, 1985,「野坂一町間遺跡」,『宗像市埋蔵文化財発掘調査報告書-1984年度-』, 宗像市教育委員会.
30) 白木英敏編, 1994,『冨地原川原田Ⅰ』, 宗像市教育委員会.
31) 安部裕久, 1994,「第4章 冨地原岩野B遺跡」,『冨地原上瀬ヶ浦遺跡』, 宗像市教育委員会.

4. 긴키지역의 마한계 취락

(1) 오사카부

시토미야키타(蔀屋北)유적　오사카부 시조나와테시 시토미야, 세간에 舊카와치호 북동부, 당시의 유구면에서 1~2m의 낮은 부분에 위치하는 유적이다[32]. 이 유적은 말 사육과 관련된 유적으로 유명한데, 많은 한반도계 특히 마한지역과 관련된 5세기 전반에서 6세기 후반 무렵까지의 유구·유물(조족문 타날토기, 평저다공 시루, 부뚜막 아궁이테, 그리고 원통형토제품? 등)이 검출되고 있다. 단, 배수구가 있는 집은 확인되지 않았다. 업무로는 주로 말 사육을 생각할 수 있지만, 그에 동반하여 추측되는 단야, 그리고 그림 10-1에 나열된 하지키질 무문 박자 존재에 의해 주로 자신들이 사용하기 위해 토기 만들기·가마 구축?도 추측할 수 있다.

1기의 5세기 전반에는 이 주변에 마한지역에서 도래인들이 존재하는 것으로 추측되고, 2기의 5세기 전반~중반이 되면 마을이 확인되며, 각 거주구역에서 마한계의 토기가 출토된다. 그리고 이 단계에는 하지키의 기법인 목판긁기 조정을 사용한 연질계토기도 출토되고 도래계의 사람들과 재지 사람들의 동화가 시작된 것으로 생각된다. 그러나 3기의 5세기 중엽~후반이 되면, 마한지역으로부터 도래인의 새로운 이주가 추측되고, 말 사육이 성행된 것으로 추측되고 있다(그림 9). 새로운 도래인들은 처음에는 「한반도형 생활」, 또는 당초부터 「일부 일본형 생활」을 하다가 점차 보다 「일부 일본형 생활」로 변화해 갔던 것으로 추측된다[33].

---

32) 大阪府教育委員会, 2010·2012, 『蔀屋北遺跡』Ⅰ·Ⅱ；藤田道子, 2011, 「蔀屋北遺跡の渡来人と牧」, 『ヒストリア』229, 大阪歴史学会.

33) 龜田修一, 1993, 「考古学から見た渡来人」, 『古文化談叢』30(中), 九州古文化研究会.

4기의 5세기 말~6세기 전반이 되면, 한반도계 토기가 거의 보이지 않으며, 재지 토기에 동화되었다고 볼 수 있다. 「일부 일본형 생활」에서 「대부분 일본형 생활」로 변화해 가는 단계 일까. 그리고 5기의 6세기 중엽~후반에는 다소 특이한 토기는 보이지만, 기본적으로 재지 토기를 사용하고 있다. 「대부분 일본형 생활」이니, 일부 정신적인 부분도 포함한 「완전 일본형 생활」로 변천해 가는 사람들도 있었을지도 모른다.

이처럼 시토미야키타유적에 관해서는 유적의 장점, 잔존상태 장점, 그리고 조사담당자의 노력의 성과로 많은 것이 해명되고 있다. 「시간과 함께 변화해 가는 도래인의 마을」을 알 수 있는 모델적인 유적 중의 하나이다.

(2) 나라현

난고(南郷)유적군　나라현 가츠라기시, 나라 분지의 남서부, 곤고산 기슭에 위치한 면적은 2㎢의 거대한 유적이다[34]. 5세기를 중심으로 하는 다양한 유적으로 구성되어 있다(그림 11).

유적군의 중앙부 높은 곳에 위치한 난고카도타(南郷角田)유적에서는 철제품·금동제품·은제품·유리제품·녹각제품 등 다양한 제품을 만들었다고 추측된다. 그 북동쪽으로 약 800m 아래에 위치하는 난고시모차야카마다(南郷下茶屋カマ田遺跡)유적에서는 철기 생산과 옥 제작을 하고 있었다고 추측된다. 그 수혈

---

34) 奈良県立橿原考古学研究所, 1996~2000, 『南郷遺跡群』Ⅰ~Ⅴ; 坂靖, 2010, 「葛城の渡来人－豪族の本拠を支えた人々－」, 『研究紀要』15, 由良大和古文化研究協会; 坂靖·青柳泰介, 2011, 『葛城の王都南郷遺跡群』, 新泉社; 坂靖·中野咲, 2016, 『古墳時代の渡来系集団の出自と役割に関する考古学的研究』, 平成24~27年度科学研究費補助金基盤研究(C)研究成果報告書; 青柳泰介編, 2017, 『国家形成期の畿内における馬の飼育と利用に関する基礎的研究』, 平成26~28年度科学研究費基盤(C)(一般)成果報告書など.

주거는 방형 사주식으로 부뚜막이 부설되어 있다. 단 배수구는 확인되지 않았다. 풀무 송풍관과 철재가 출토되고 있으며, 토기의 사용 흔적 등으로 공인들의 삶의 터전으로 추측되고 있다. 또한 상하 2단으로 이어진 원통형토제품(그림 11-3)도 출토되어 백제·마한지역 사람들의 존재가 추측된다.

이 2지점의 성격의 차이는 바로 고분시대의 대호족인 가츠라기씨(葛城氏)의 공방의 크기를 나타내고 있는 것으로 추측된다. 양 지점의 제품에 관해서는 도검·갑주 등의 철제 무기·무구, 철지금동제품, 그리고 곡인겸을 포함한 농공구류 등이 추측되고 있다. 또한 말 사육도 행해지고 있었던 것으로 밝혀지고 있다.

이 난고유적군에서는 경남, 마한, 충청도 등 다양한 지역의 토기, 주판옥형 방추차 등 한반도계 자료가 출토되고 있으며(그림 12), 유적군의 남쪽에 위치한 모리(林)유적에서는 온돌 주거(토기는 일본열도의 것)도 검출되고 있다. 마한계의 사람들이 어디서 무엇을 하고 있었는지, 세세한 부분은 잘 모르겠지만, 가야계의 사람들과 혼재하여 여러 가지 일을 하고 있었던 것으로 추측된다.

(3) 효고현

데아이(出合)유적　효고현 고베시 니시구 데아이에 위치한 유적으로 데아이 가마터는 4세기 말경의 스에키 가마터이다[35]. 오사카부 스에무라 가마터군의 TG232 가마터 등 보다 이전 단계의 것으로 생각되며, 현시점으로 일본열도에서 가장 오래된 스에키 가마터라고 추정된다.

가마터는 반지하식 등요(아나가마窯窯)로 구조상의 특징은 소성부와 연소부

---

35) 龜田修一, 2008, 「播磨出合窯跡の檢討」, 『岡山理科大学埋蔵文化財研究論集』, 岡山理科大学埋蔵文化財研究会.

사이에 단이 있고, 연소부가 깊은 구멍 모양을 보이고 있다(그림 13-1). 일본열도의 스에키 가마터의 연소 부에도 배의 바닥 모양 피트라는 구멍이 있는데, 이 정도 깊이의 구멍은 확인되지 않는다. 당시의 지표면을 복원하면 깊이는 적어도 1.1m 였다고 추측된다.

일본열도에서는 이러한 스에키 가마터의 사례가 없고, 한반도에서는 충북 진천 삼룡리 가마터군·산수리 가마터군[36], 전북 익산시 사덕유적[37], 광주 광역시 효천 2지구 주택건설부지유적[38], 전남 승주 대곡리 36호 가마터[39] 등이 있다(그림 13-2~4). 승주 대곡리 36호 가마터도 연소부의 깊이는 1m 정도로 유사하다고 할 수 있다.

현시점에서는 데아이 가마터는 구조적으로는 백제·마한지역에 그 원류가 구해지는 것처럼 보인다. 그 중에서도 전남 승주 대곡리 36호 가마터가 가장 구조적으로는 가깝고, 일단 그 남부지역과의 관계를 의식하고 싶다. 연대적으로는 대곡리 36호 가마터는 3·4세기로 생각된다.

데아이 가마터 관련 토기는 스에키, 와질토기, 연질계토기, 하지키가 있으며, 기종은 호, 옹, 평저의 천발·심발, 시루 등이다. 그림 14에 나타난 것(1·5·7~10)은 당시 일본열도에서는 볼 수 없는 것으로, 백제·마한지역의 충남 서천 봉선리유적[40], 충남 천안 청당동유적[41], 충북 진천 삼룡리 88-2호 가마터[42], 전북

36) 崔秉鉉외, 2006, 『鎮川三龍里·山水里土器窯跡群』, 韓南大学校中央博物館.

37) 湖南文化財研究院, 2005, 『海南新今遺蹟』.

38) 鄭一, 2007, 「光州孝泉2地区住宅建設敷地発掘調査」(『季刊韓国の考古学』5, 2007秋号).

39) 崔夢龍·權五榮·金承玉, 1989, 「大谷里住居址」, 全南大学校博物館, 『住岩댐水没地域文化遺跡発掘調査報告書(VI)』, pp.145-394.

40) 李勲외, 2005, 『舒川 - 公州間 高速道路工事敷地内(6工区)舒川鳳仙里遺跡』, 忠清南道歴史文化院.

41) 韓永熙·咸舜燮, 1993, 「天安清堂洞第4次発掘調査報告」, 『清堂洞』, 国立中央博物館.

42) 崔秉鉉외, 2006, 『鎮川三龍里·山水里土器窯跡群』, 韓南大学校中央博物館.

완주군 반교리유적[43], 전남 해남군 군곡리 패총[44], 전남 보성군 조성리유적[45] 등의 사례에서 볼 수 있다.

그림 14-14의 도제 무문 박자도 한반도계 자료로 생각하고 있다. 일본열도에서는 박자의 출토 예는 많지 않고, 목제, 도제, 토제로 만든 것이 있고, 목제, 도제의 것에는 동심원문을 새긴 것이 보인다[46]. 한편, 무문 박자도 수량은 많지 않지만, 확인된다. 일본열도의 스에키 옹류 내면의 박자 흔적을 보면, 기본적으로 6세기 이후는 목제의 동심원문 박자에 의한 것이 많다. 도(토)제 무문 박자는 한반도에서는 일반적이며, 데아이 가마터 예는 시기적으로도 한반도계의 것이라고 생각하고 있다. 다만 그 계보는 잘 알지 못한다.

또한 이 가마터에 관한 주거나 무덤 등은 확인되지 않는다. 단, 가마만이 이 장소에서 만들어 졌다고 생각하기 어렵고, 마한계의 사람들이 이 지역에서 토기를 생산하고 있었던 것으로 추측된다.

5. 서일본의 마한계 취락 이야기

이상으로 수량은 적지만, 마한지역과 관련 가능성이 있는 유적을 살펴보았다. 시기적으로는 3·4세기의 후쿠오카현 니시진마치유적이 오래되고, 많은 마한계 사람들의 삶의 터전이 확인되고 있다. 배수구가 있는 주거는 확인되진 않았지만,

---

43) 安承模·俞炳夏·尹台映, 1996,『完州盤橋里遺跡』, 国立全州博物館.

44) 崔盛洛, 1987,『海南郡谷里貝塚Ⅰ』, 木浦大学博物館; 崔盛洛, 1989,『海南 郡谷里貝塚Ⅲ』, 木浦大学博物館

45) 崔仁善외, 2003,『寶城鳥城里遺跡』, 順天大学校博物館.

46) 亀田修一, 1989,「陶製無文当て具小考-播磨出合遺跡出土例の紹介をかねて-」,『横山浩一先生退官記念論文集Ⅰ 生産と流通の考古学』, 横山浩一先生退官記念事業会.

초기 부뚜막 주거나 온돌 주거에서 생활하고 있었던 것으로 추측된다. 그들의 업무로서는「교역」이 자주 거론되고 있다.

4세기 후반대는 잘 모르겠지만, 효고현 데아이 가마터는 4세기 말경의 가능성이 있고, 한반도계 자료가 증가하는 5세기 단계보다 조금 이르게 들어온 것으로 보인다. 현시점에서 일본열도에서 가장 오래된 스에키 가마로, 백제·마한계 사람들에 의해 일본열도의 스에키 생산이 시작된 것이다. 또한 본고에서는 다루진 않았지만, 야마토왕권이 관련된 스에무라 가마에 관해서도 가야계와 마한계 공인들의 참여가 추측되고 있다[47].

5세기 전반대는 나라현 난고유적군에서 백제·마한계 자료가 가야계 자료와 함께 출토되어 당시의 야마토왕권의 대호족인 가츠라기씨 아래에서 가야계의 사람들과 함께 철제품·금동제품·은제품·유리제품·녹각제품 등 다양한 제품을 만들고, 또한 말 사육 등에도 관여하고 있었던 것으로 추측된다.

5세기 후반 무렵에 규모가 커진 오사카부 시토미야키타유적에서는 마한계의 사람들에 의해 대규모의 말 사육이 이루어지고 있었다고 추측된다. 또한 말 사육에 관한 철기 생산 등도 이루어지고 있으며, 스스로 사용하기 위한 토기 만들기도 이루어지고 있었다. 조족문 타날토기, 평저다공 시루뿐만 아니라 다른 유적에서는 별로 볼 수 없는 부뚜막 아궁이테도 출토되어, 마한지역과 관계의 깊이를 알 수 있다. 단 사주식 방형 부뚜막 주거는 확인되지만, 배수구가 있는 주거는 확인되지 않는다.

또한, 이 시토미야키타유적에서는 5세기 전반~중반의 도래 당초의「한반도형

---

47) 田辺昭三, 1981,『須恵器大成』, 角川書店; 中村浩, 1981,『和泉陶邑窯の研究』, 柏書房; 中村浩, 2001,『和泉陶邑窯の歴史的研究』, 芙蓉書房出版; 藤田憲司·奥和之·岡戸哲紀編, 1995,『陶邑·大庭寺遺跡IV』, 大阪府教育委員会·(財)大阪府埋蔵文化財協会; 岡戸哲紀編, 1996,『陶邑·大庭寺遺跡V』, 大阪府教育委員会·(財)大阪府文化財調査研究センター등.

생활」, 점차 「일부 일본형 생활」로 변화가 보이며, 5세기 말~6세기 전반이 되면, 한반도계 토기가 거의 보이지 않으며, 재지 토기에 동화되었다고 볼 수 있다. 「일부 일본형 생활」에서 「대부분 일본형 생활」로 변화되었다.

후쿠오카현 무나카타지역에서는 5세기 대에서 마한계 자료를 볼 수 있으며, 다른 지역에서는 별로 볼 수 없는 6세기 단계의 것도 비교적 많이 볼 수 있다. 유물뿐만 아니라 온돌 주거나 배수구가 있는 사주식 방형 수혈주거도 볼 수 있다. 이것은 해상교통로의 관계가 깊은 츠야자키 해안부뿐만 아니라 무나카타 내륙부에서도 볼 수 있다.

무나카타지역 도래인들의 업무로서는 해상교통뿐만 아니라 철기 생산도 확인되고 있어 더욱 톱(鋸) 수량의 많음이 주목된다. 5~7세기의 수장묘, 소고분에서 10점 이상 출토되고 있다[48]. 일본열도 고분시대의 톱에 대해서는 한반도와의 관계가 예상되고 있지만[49], 전남 신촌리 9호분 을관의 편병부 톱 외에는 거의 알려져 있지 않고, 향후 검토 과제이다. 톱의 용도를 솔직하게 판단하면 목제품 가공 등이 예상되지만, 이 무나카타지역에는 제사유적으로 유명한 오키노시마(沖ノ島)가 있다. 오키노시마와 무나카타대사 등의 제사에 관한 목제품 만들기에 한반도계의 톱이 사용되었을 가능성도 생각할 수 있는 것은 아닐까.

마지막으로, 6세기 후반의 후쿠오카현 오노죠시 야쿠시노모리유적의 17차 SC02에 대해서 서술하고자 한다. 주거 내의 벽체 구를 가진 모서리 부분에 배수

---

48) 原俊一, 1997, 「第4章 古墳時代 第3節 宗像の古墳時代」, 宗像市史編纂委員会編, 『宗像市史 通史編 第1巻』, 宗像市; 原俊一, 1997, 「第5章 特色ある古墳文化 第1節 出土遺物からみた宗像の特色」, 宗像市史編纂委員会編, 『宗像市史 通史編 第1巻』, 宗像市; 伊藤実, 1993, 「日本古代の鋸」, 広島大学考古学研究室編, 『考古論集-潮見浩先生退官記念論文集-』, 潮見浩先生退官記念事業会.
49) 伊藤実, 1993, 「日本古代の鋸」, 広島大学考古学研究室編, 『考古論集-潮見浩先生退官記念論文集-』, 潮見浩先生退官記念事業会.

구를 붙인 전형적인 배수구가 있는 사주식 방형 수혈주거이다. 그러나 출토유물에는 마한과의 관계를 보이는 것은 확인되지 않는다. 유적 전체에서 일본화된 연질계토기는 있지만, 계보는 불분명하다. 그리고 이 취락의 북동쪽으로 약 800m에 신라토기가 출토된 고분군이 있다. 이러한 고분군과 이 취락이 관련된 것으로 추측된다. 비발굴 구역에 각각 신라계의 유물을 드러내는 주거, 마한계의 유물을 드러내는 고분이 있을지도 모른다. 상황을 솔직하게 보면, 이 유적군에는 마한계의 사람들과 신라계의 사람들, 그리고 기존의 왜인이 있었던 것으로 추측된다.

6. 마무리하며

이상으로 마한계의 유구, 유물이 출토되는 여러 유적을 거론하며 「마한계 취락」을 검토해 보았다. 많게는 마한계 주거가 있는 마을, 조금 밖에 없는 마을, 당연히 여러 가지 양상이 있는 것으로 생각된다.

또한 예를 들면, 마한계 유물의 대표적인 것인 조족문 타날토기는 일부 예외를 제외하고 현시점에서는 북부큐슈와 긴키에서만 확인되고 있다. 한반도계의 자료가 지방으로는 상대적으로 출토된 기비지역에서도 조족문 타날토기는 확인되지 않았다. 다만 당시의 항구였던 것으로 추측되고 있는 수고쇼갓고우라야마(菅生小学校裏山)유적에서는 마한계의 평저다공 시루와 평저 천발은 출토되고 있다[50]. 즉 야마토 중추부를 목표로 하고 가는 과정이거나 돌아오는 길에 기비의 항

---

50) 龜田修一, 2004, 「5世紀の吉備と韓半島」, 『吉備地方文化研究』14, 就実大学吉備地方文化研究所.

구에도 기항하고 있는 것이다. 그러나 정착하지 않은 것처럼 보인다.

이즈모(出雲)의 중추부인 오우(意宇)평야의 이즈모국부 하층유적에서도 마한계 자료는 출토되고 있다[51]. 수량은 적지만, 교류하고 있는 것이다.

이렇게 마한계의 사람들은 각지를 이동하는 것처럼 보인다. 다만, 그 흔적은 북부큐슈와 긴키지방 이외에서는 그다지 잘 알지 못한다. 마한지역과의 역사적인 관계의 차이인 것일까.

마지막으로, 마한계 사람들의 일이지만, 철기 생산, 스에키 생산, 말 사육 등 당시의 일본열도 사람들이 기대한 것을 기본적으로 대응한 것으로 보인다. 이번에는 충분히 검토하지 못했지만, 새로운 농지 개발과 수로의 굴착 등에도 관여하고 있었던 것으로 추측된다. 이밖에 무언가 특별한 업무가 있는지, 향후 한층 더 검토해 보고자 한다.

본고를 작성하면서 다음의 분들에게 신세를 겼습니다. 글을 마무리하면서 기록하여 감사드립니다. 실례입니다만 경칭은 생략하겠습니다.

青柳泰介, 坂靖, 土生田純之, 林永珍, 金鍾萬, 金武重, 重藤輝行, 高久健二, 高田貫太, 武末純一, 寺井 誠

---

51) 角田德幸, 2008, 「出雲国府下層の古墳時代集落」, 『島根考古学会誌』25, 島根考古学会.

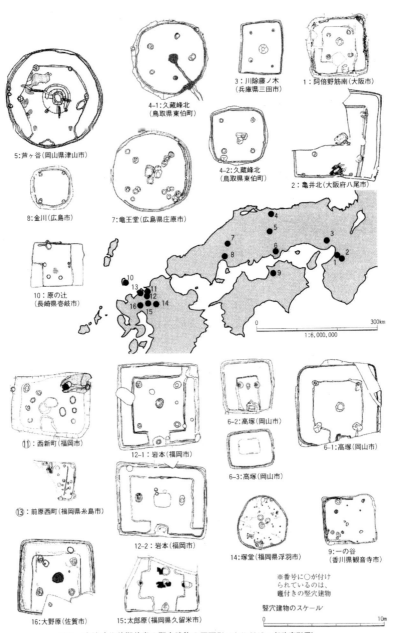

図1 古墳時代前期前半の竪穴建物の平面形（寺井 2012 一部改変引用）

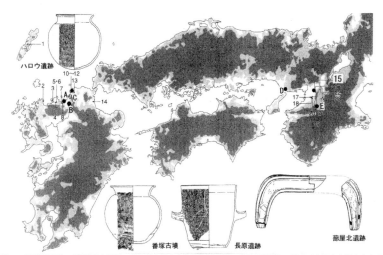

図2　馬韓系遺物・遺構出土遺跡（大阪府立弥生文化博物館2004 一部改変引用）（数字は鳥足文土器出土遺跡）
A　西新町遺跡　B　薬師の森遺跡　C　奴山伏原遺跡　D　出合窯跡　E　南郷遺跡群
1　ハロウ遺跡　2　相賀遺跡　3　御床松原遺跡　4　井ノ浦古墳　5　井原塚廻遺跡　6　井原上学遺跡
7　**吉武遺跡群** 8　梅林古墳　9　夜臼・三代地区遺跡群　10　在自上ノ原遺跡　11　在自下ノ原遺跡
12　在自小田遺跡　13　冨地原川原田遺跡　14　番塚古墳　15　**蔀屋北遺跡**　16　メノコ遺跡　17　瓜破遺跡
18　長原遺跡　19　城山遺跡　20　八尾南遺跡　21　星塚1号墳　22　布留遺跡　23　杣之内古墳群

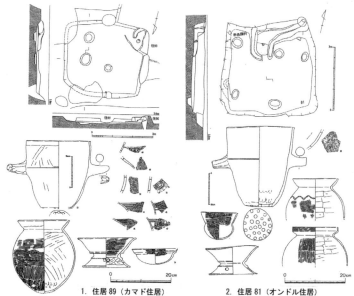

1. 住居89（カマド住居）　　　　2. 住居81（オンドル住居）
図3　福岡県西新町遺跡の住居(1/120)と出土土器(1/8)（亀田2003 一部改変引用）

図4　福岡県西新町遺跡の韓半島系遺構と遺物（武末 2010 一部改変引用）

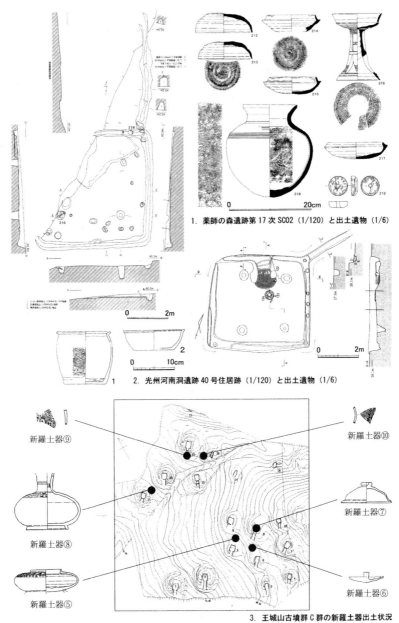

1. 薬師の森遺跡第 17 次 SC02（1/120）と出土遺物（1/6）

2. 光州河南洞遺跡 40 号住居跡（1/120）と出土遺物（1/6）

新羅土器⑨

新羅土器⑩

新羅土器⑧

新羅土器⑦

新羅土器⑤

新羅土器⑥

3. 王城山古墳群 C 群の新羅土器出土状況

図5　福岡県乙金地区遺跡群の遺構・遺物と関連資料
（1：上田 2013、2：湖南文化財研究院 2008、3：上田 2016、いずれも一部改変引用）

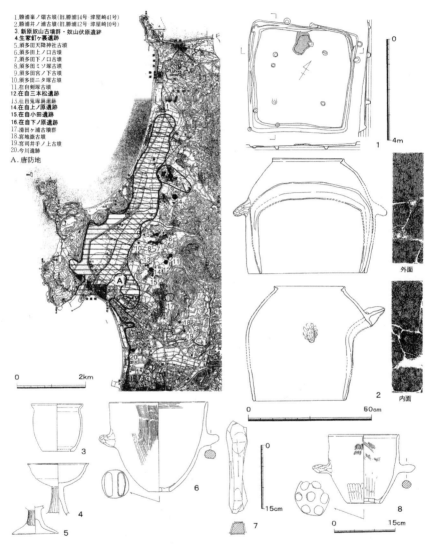

1.勝浦峯ノ畑古墳(旧.勝浦14号·津屋崎41号)
2.勝浦井ノ浦古墳(旧.勝浦12号·津屋崎10号)
3.新原奴山古墳群・奴山伏原遺跡
4.生家釘ヶ裏遺跡
5.須多田天降神社古墳
6.須多田上ノ口古墳
7.須多田下ノ口古墳
8.須多田ミソ塚古墳
9.須多田宮ノ下古墳
10.須多田二タ塚古墳
11.在自剣塚古墳
12.在自三本松遺跡
13.壮目兒塚美遺跡
14.在自上ノ原遺跡
15.在自小田遺跡
16.在自下ノ原遺跡
17.濟田ヶ浦古墳群
18.宮地嶽古墳
19.宮司井手ノ上古墳
20.今川遺跡

A.唐防地

外面

内面

図6　福岡県宗像津屋崎海岸部地域の韓半島系考古資料出土遺跡と遺物（池ノ上 1998、いずれも一部改変引用）
（分布図：1/70,000、遺構：1/100、遺物：2：1/10、2 拓本：1/5、その他：1/6）
1～7：生家釘ヶ裏遺跡 SC188 住居、8：同 SD200 自然流路

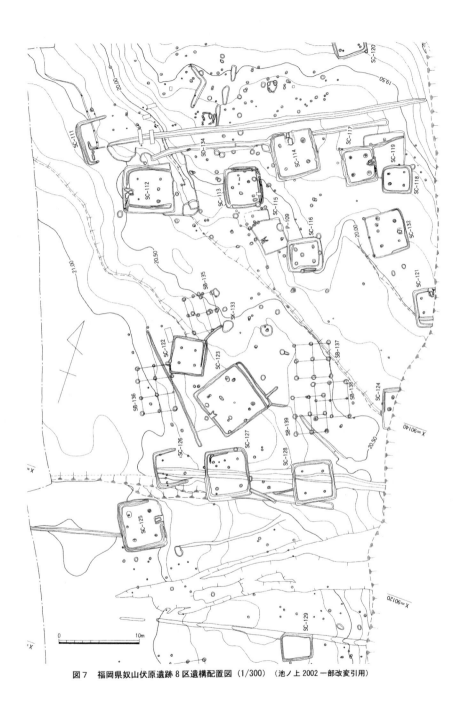

図7　福岡県奴山伏原遺跡 8 区遺構配置図（1/300）（池ノ上 2002 一部改変引用）

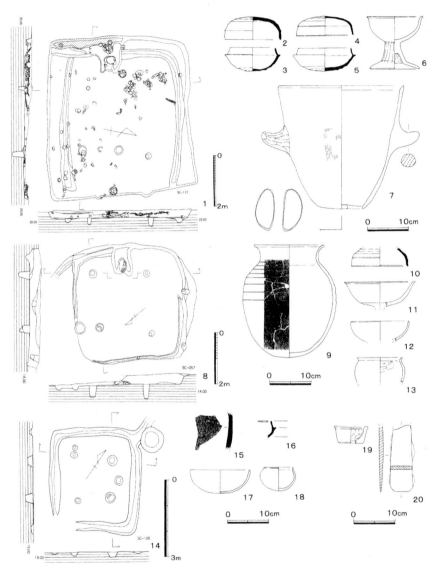

図8　福岡県奴山伏原遺跡の韓半島系考古資料（遺構：1/100、遺物：1/6）（池ノ上 2002 一部改変引用）

1～7：奴山伏原遺跡 SC112 住居、8～13：同 SC57 住居、14～18：SC108 住居、19：SC58 住居、20：SC56 住居

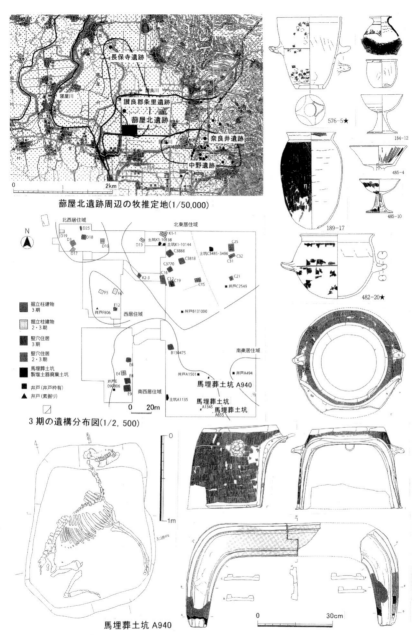

蔀屋北遺跡周辺の牧推定地(1/50,000)

3期の遺構分布図(1/2,500)

馬埋葬土坑 A940

図9　大阪府蔀屋北遺跡3期の遺構・遺物（馬土坑：1/30、遺物：1/10）
（藤田2011、大阪府教育委員会2010、いずれも一部改変引用）

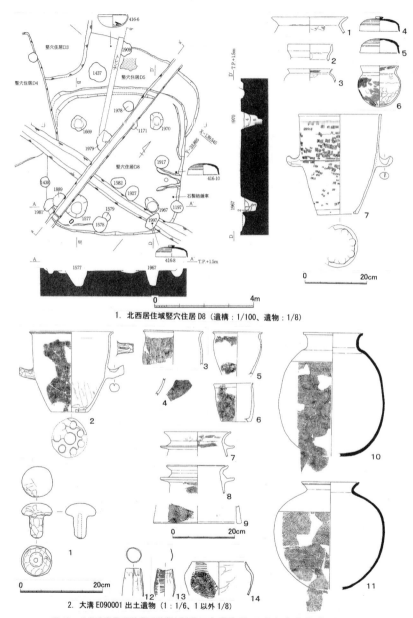

1. 北西居住域竪穴住居 D8 (遺構：1/100、遺物：1/8)

2. 大溝 E090001 出土遺物 (1：1/6、1 以外 1/8)

図 10　大阪府蔀屋北遺跡の遺構と遺物 (大阪府教育委員会 2010 一部改変引用)

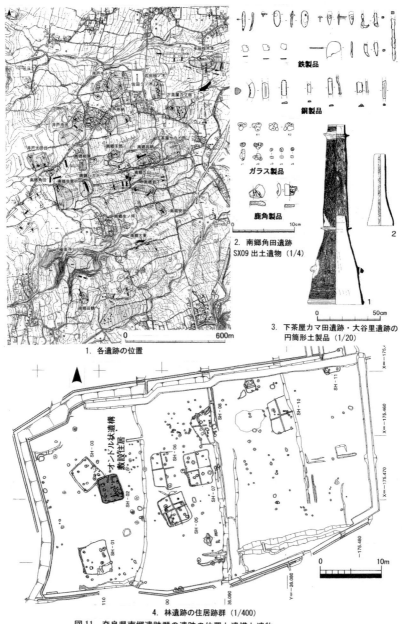

鉄製品

銅製品

ガラス製品

鹿角製品

0　　　　　　　　10cm

1. 各遺跡の位置

0　　　　　　　　600m

2. 南郷角田遺跡
SX09 出土遺物（1/4）

0　　　　　　50cm

3. 下茶屋カマ田遺跡・大谷里遺跡の
円筒形土製品（1/20）

4. 林遺跡の住居跡群（1/400）

0　　　　　　10m

図11　奈良県南郷遺跡群の遺跡の位置と遺構と遺物
（奈良県教育委員会1996、木下2006、坂2010、いずれも一部改変引用）

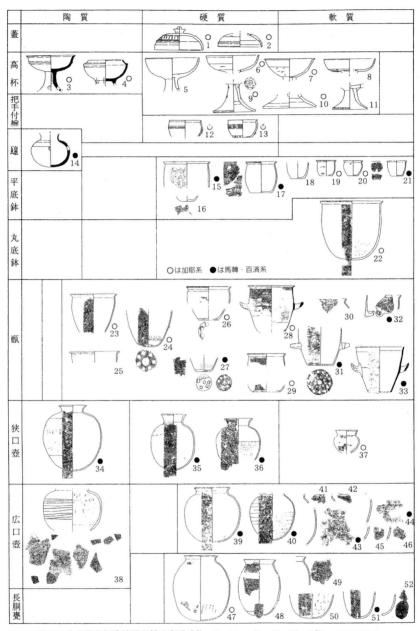

図12　奈良県南郷遺跡群の韓半島系遺物　（1〜14：1/4、15〜52：1/8）　（酒井 2006）

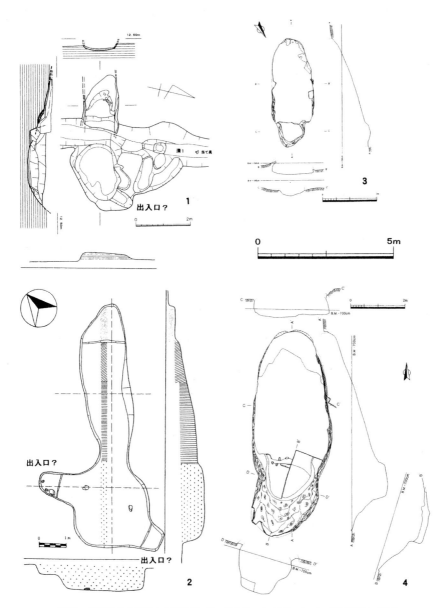

図 13　兵庫県出合窯跡と関連資料（2：崔夢龍ほか 1989、3・4：崔秉鉉ほか 2006）

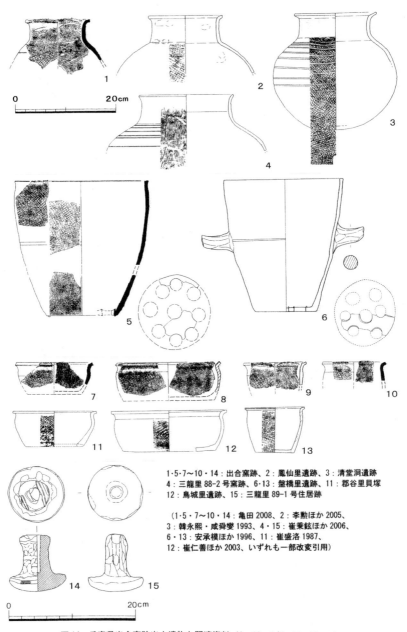

0 ⎯⎯⎯⎯⎯ 20cm

1・5・7～10・14：出合窯跡、2：鳳仙里遺跡、3：清堂洞遺跡
4：三龍里88-2号窯跡、6・13：盤橋里遺跡、11：郡谷里貝塚
12：烏城里遺跡、15：三龍里89-1号住居跡

　(1・5・7～10・14：亀田2008、2：李勲ほか2005、
3：韓永熙・咸舜燮1993、4・15：崔秉鉉ほか2006、
6・13：安承模ほか1996、11：崔盛洛1987、
12：崔仁善ほか2003、いずれも一部改変引用)

0 ⎯⎯⎯⎯⎯ 20cm

図14　兵庫県出合窯跡出土遺物と関連資料（1～13：1/5、14・15：1/4）

●●●●●●
日本列島古墳時代の馬韓系集落

亀田修一 日本・岡山理科大学

1. はじめに

まず、「馬韓」とはどのような地域を指すのか. 日本の代表的な辞典の一つである『広辞苑』第6版(新村出編2013、岩波書店)によれば、「古代朝鮮の三韓の一つ. 五十余の部族国家から成り、朝鮮半島南西部(今の全羅・忠清二道および京畿道の一部)を占めた. 四世紀半ば、その一国伯済国を中核とした百済によって統一.」とある. つまり「韓半島の南西部に位置し、百済建国後、4世紀半ばに百済に統一された」となっているのであるが、近年の考古学的な発掘調査の進展により、少なくとも全羅道地域では6世紀前半頃までは、墓制、土器などにその個性を維持していたことが確認されている[1].

その中心的な範囲は全羅南道、「栄山江流域」という用語が比較的使用されているが、小稿では日本列島の古墳時代の「馬韓系集落」を対象とすることから、この「馬韓」という地域を、全羅道地域を基本とし、百済が南下して領域化していく以前の忠清道地域なども含めた地域としておきたい.

そして、小稿の目的であるが、「古墳時代日本列島の馬韓系集落」の代表的な例を取り上げ、その実体、そこに住んだ人々のあり方、仕事などを検討することである.

---

1) 林永珍, 2002,「百済の成長と馬韓勢力, そして倭」『検証古代日本と百済』, 大巧社; 韓国考古学会編, 2010改訂新版,『韓国考古学講義』, 社会評論(武末純一監訳, 2013,『概説韓国考古学』, 同成社).

2.「馬韓系集落」をさがす

　まず、小稿における「日本列島の馬韓系集落」について述べておく．一般的に
このような表記にすると、馬韓系の人々のみによって形成された集落をイメー
ジしやすいが、後述するように日本列島内では、そのような馬韓系の人々のみ
の集落はほとんど存在しないと思われる．移住当初は彼らだけの小さなムラが
あった可能性はあるが、しばらくして、新たな韓半島他地域からの移住者や日
本列島の在来の人々(倭人)も一緒に住むようになったのではないかと推測して
いる．これらを含めて「馬韓系集落」と呼んでおく．

　次に、「馬韓系集落」を認定するための作業を行うが、まず、馬韓系の人々も
含め、韓半島からの移住者たち(渡来人)の存在を確認しなければならない．そ
の認定方法としては、これまで亀田が発表してきたもの[2]よって行うが、今回
は、そのなかで「馬韓」地域の人々のムラをさがすことになる．つまり「馬韓系集
落」に関わる遺構や遺物を検出しなければならないのである．

　以下、馬韓地域との関わりを推測できるいくつかの資料を挙げておく．

(1) 遺構

　馬韓系渡来人のムラを考える場合、まず住居が対象となる．渡来人研究では、
オンドル住居、初期のカマド住居、そして大壁建物が対象になるのであるが、

---

2) 亀田修一, 1993,「考古学から見た渡来人」『古文化談叢』30(中), 九州古文化研究会; 亀田修
　一, 2003,「渡来人の考古学」『七隈史学』4, 七隈史学会; 亀田修一, 2005,「地域における渡来
　人の認定方法」『九州における渡来人の受容と展開』, 第8回九州前方後円墳研究会実行委員
　会など.

これらでは韓半島内の地域を限定することは難しい．ただ、大壁建物は青柳泰介[3]や權五榮・李亨源[4]などの研究成果にあるとおり、馬韓ではなく、百済系の建物と判断され、馬韓地域との関わりはあまりないようであるので、ここでは外しておく．ただ、泗沘時代のものが全羅北道益山射徳遺跡や全羅南道順天剣丹山城などで検出されており、これらの遺跡に関わった馬韓地域の人々が百済滅亡後に日本列島へ渡って来る可能性は十分ありえる．

　オンドル住居　オンドル住居は、次に述べる一般的なカマド住居と違い、煙道がL字形、逆L字形に曲がるカマドが取り付けられたものをこのように呼んでいる．基本的に日本列島の人々に受け入れられなかった住居のようであり、これまでの確認例を見ても、韓半島との関わり、渡来人との関わりで理解して問題はないようである．馬韓地域においても全羅南道海南新今遺跡[5]など多くの遺跡で見ることができる．ただ、この形態のみで馬韓地域と限定することはできないと思われる．

　日本列島での初期の代表的な例が、古墳時代前期を中心とする時期の福岡県西新町遺跡のもので、多くの韓半島系資料も出土している(図3・4)．図3-2の住居81では馬韓地域に多く見られる平底多孔甑と日本列島の古墳時代前期の土師器が共伴している[6]．

　初期カマド住居　韓半島における一般的なカマドは、無文土器時代後期(初期

3) 青柳泰介, 2002,「'大壁建物'考」『百済研究』35; 青柳泰介, 2003,「'大壁建物'再考」『橿原考古学研究所論集』14, 八木書店.
4) 權五榮・李亨源, 2006,「壁柱(大壁)建物研究のために」『日韓集落研究の現状と課題(Ⅱ)』, 日韓集落研究会.
5) 湖南文化財研究院, 2005,『海南新今遺蹟』.
6) 福岡市教育委員会, 1982~2002,『西新町遺跡』1~7; 福岡県教育委員会, 1985~2009,『西新町遺跡』Ⅰ~Ⅸ.

鉄器時代)まで遡り、原三国時代には各地でみられるようになる[7]. 馬韓地域でもこの頃から見られるようになる[8].

　日本列島では5世紀になって展開するようになるが、それ以前の古墳時代初期の3世紀のものが先駆け的に福岡県西新町遺跡などで見られる(図3-1). そしてこの形態のカマドは前述のL字形カマドとは違い、日本列島の人々に受け入れられる. 5世紀前半段階のものは日本列島にさほど広がっておらず、この段階のカマド住居で生活した人々は渡来人やその子孫たち、そして一部彼らと関わりが深かった日本列島の人々であったと考えられる. 5世紀後半になると日本列島の人々もカマドを使用するようになり、6世紀になるとカマドは日本列島の一般的な調理用の施設となり、渡来人との関わりを述べることは難しくなる. カマド住居から出土する遺物も、5世紀中葉以前は韓半島との関わりが推測できるものが比較的みられるが、それ以降はよくわからなくなる.

　四柱式方形竪穴住居　馬韓系の住居としてよく取り上げられるものが四柱式方形竪穴住居である[9]. 広域の馬韓地域での四柱式住居の初期のものとしては、原三国時代から見られるようであり、4世紀頃には馬韓内で地域性を持ちながら展開しているようである.

---

7) 高久健二, 2016,「竈」,『季刊考古学』137, 雄山閣など.
8) 金承玉, 2007,「錦江流域原三国~三国時代聚落の展開過程研究」, 韓日聚落研究会韓国支部編,『韓日聚落研究会第3回共同研究会, 韓日聚落研究の現況と課題(Ⅲ)』; 趙圭宅, 2010,「湖南地域 馬韓・百済 住居構造와 展開」,『馬韓・百済-사람들의 日本列島 移住와 交流-』, 国立公州博物館・中央文化財研究院・百済学会など.
9) 鄭一, 2006,「全南地域 四柱式住居址의 構造的 変遷 및 展開過程」,『韓国上古史学報』54, 韓国上古史学会; 李東熙, 2007,「全南東部地域における馬韓・百済住居跡の変遷」, 韓日聚落研究会韓国支部編,『韓日聚落研究会第3回共同研究会, 韓日聚落研究の現況と課題(Ⅲ)』; 趙圭宅, 2010,「湖南地域 馬韓・百済 住居構造와 展開」,『馬韓・百済-사람들의 日本列島 移住와 交流-』, 国立公州博物館・中央文化財研究院・百済学会など.

ただ日本列島の四柱式方形竪穴住居は、馬韓地域のものとは形態的な違いはあるものの、少なくとも弥生時代後期(A.D.1~3世紀)には見ることができ、古墳時代に入ると、地域性はあるものの西日本各地でその数が増す. 4世紀以降は、比較的大型の方形4本柱、中間の方形2本柱、小型の方形無柱という機能の違いを持ったものの組み合わせが成立・展開するようになる(図1、寺井2012).

　そしてこのような状況のなかで、5世紀初め頃から北部九州・吉備・近畿地方などで方形カマド住居が見られるようになる. これらのカマド住居には韓半島系の土器などが見られることが多く、韓半島内の地域は特定できないが、渡来人たちの移住が見られるようになる. つまり現時点では、方形・四柱式・カマドがセットで馬韓地域から入ってきたのか、日本列島の方形・四柱式に新たにカマドが付加されたのか、判断が難しい. ただ、住居の中から出土する韓半島系の土器の系譜を検討することで、馬韓地域などとの関わりを推測できる可能ではありそうである.

　排水溝付き住居　上記のような馬韓地域の四柱式方形竪穴住居を検討するときに、もう一つの特徴である排水溝が方形の隅部から外に出る構造のものは注目できそうである. 日本の学界でおそらく初めてこの構造に注目した人物が重藤輝行である[10]. 福岡県宗像地域の住居を検討するなかで馬韓地域の住居と比較を行い、両者の関わりを検討している. 日本列島においても竪穴住居に排水溝を付設する例はあり、単純に排水溝があるものが馬韓系であるとは言えない. しかし、日本列島のものは図1-4-1に見られるように中央の土坑から溝を持つも

---

10) 重藤輝行, 2011,「宗像地域における古墳時代首長の対外交渉と沖ノ島祭祀」,『宗像・沖ノ島と関連遺産群』研究報告Ⅰ』,「宗像・沖ノ島と関連遺産群」世界遺産推進会議; 重藤輝行, 2013,「古墳時代の4本主柱竪穴住居と渡来人 - 北部九州を事例として - 」,『第37回韓国考古学全国大会住居の考古学』韓国考古学会.

のが多く、馬韓地域のもの(図5-2)のように方形住居の隅部から溝を出すものは
よくわからない. 今後の検討課題であるが、隅部に排水溝を付設する四柱式方
形竪穴住居は馬韓地域との関わりを考えても良いかもしれない. ただ、これも、
前述のように住居内で出土する土器などとあわせ検討すべきと思っている.

(2) 遺物

　土器　遺物によって渡来人の存在を検討する場合、日本列島の人々が受け入
れなかった器種やタタキ文様などは重要である.

　5世紀に韓半島から導入されたカマドなどに関連する土器の中で、甑や長胴
甕などは受け入れられ、のちの土師器の器種構成に含まれるのであるが、平底
の深鉢や浅鉢などはなぜか、日本列島の人々に受け入れられなかったようで、
その後の土師器には展開していないようである. そして興味深い点は平底浅鉢
と百済・馬韓地域との関わりが推測できることである[11].

　また受け入れられなかったタタキの文様として、「縄蓆文」と「鳥足文」がある.
そして後者は百済・馬韓地域との強い関わりを示すものの一つである. この鳥
足文タタキ土器については比較的古くから検討が始められ、北部九州と近畿地
方に偏在し、他地域ではほとんど見つかっていないことなど特徴的な成果が上
がっている[12].

---

11) 寺井誠, 2002,「第1節韓国全羅南道に系譜が求められる土器について」『大坂城跡Ⅴ』、(財)大
　　阪市文化財協会.
12) 田中清美, 1994,「鳥足文タタキと百済系土器」『韓式系土器研究』Ⅴ, 韓式系土器研究会; 竹谷
　　俊夫, 1995,「日本と韓半島出土の鳥足形タタキ文土器の諸例 - その分布と系譜 - 」『西谷眞治
　　先生古稀記念論文集』, 勉誠社; 朴仲煥, 1999,「鳥足文土器考」『考古学誌』10, 韓国考古美術研

さらに甑や鍋などの有溝把手も受け入れられていない．把手付きの甑や鍋などは受け入れているにも関わらず、なぜかその把手に溝を付ける行為は展開しない．韓半島の人々と日本列島の人々でなにか違うのであろうか．ただ韓半島内での地域性などはよくわからず、馬韓系土器捜しには現時点では使用できない．

一方、日本列島の人々に受け入れられた土器である甑や鍋、長胴甕なども、5世紀中葉くらいまではおもに渡来人やその子孫たちが生産・使用していたものと考えられ、渡来人さがしに役立つと考えている．そして甑に関しては、韓国・日本ともに研究が進み、おおよその地域性を把握できる．

馬韓地域の甑は、平底多孔甑が主体のようであり、日本列島の古墳時代の遺跡で比較的多く見ることができる[13]．

これら以外にも馬韓地域との関わりを示す土器として、両耳付壺[14]なども
ある．

カマド焚き口枠　カマドの焚き口枠と考えられているU字形板状土製品も日本列島の人々には受け入れられなかったようで、現時点では大阪を中心として

究所; 白井克也, 2002,「土器からみた地域間交流－日本出土の馬韓土器・百済土器」『検証古代日本と百済』, 大巧社; 金鍾萬(寺岡洋訳), 2008,「日本出土百済系土器の研究－西日本地域を中心に－」『朝鮮古代研究』9, 朝鮮古代研究刊行会; 金鍾萬(比嘉えりか訳), 2010,「鳥足文土器の起源と展開様相」『古文化談叢』63, 九州古文化研究会; 崔榮柱, 2006,『鳥足文土器考察』, 全南大学校碩士学位論文など.

13) 李海蓮, 1993,「嶺南地域의 시루에 대해서－三国時代를 中心으로－」『博物館研究論集』2, 釜山直轄市立博物館; 杉井健, 1994,「甑形土器の基礎的研究」『待兼山論叢』28, 大阪大学文学部; 酒井清治, 1998,「日韓の甑の系譜からみた渡来人」『楢崎彰一先生古稀記念論文集』, 楢崎彰一先生古稀記念論文集刊行会; 朴敬信, 2003,『韓半島 中部以南地方 土器시루의 成立과 展開』, 崇實大学校大学院史学科碩士学位論文; 寺井誠, 2016,『日本列島における出現期の甑の故地に関する基礎的研究』, 平成25～27年度(独)日本学術振興会科学研究費補助金基盤研究(C)研究成果報告書1など.

14) 金鍾萬, 1999,「馬韓圏域 両耳付壺小考」『考古学誌』10, 韓国考古美術研究所.

奈良県などでしか出土していない. かなり地域が限定された資料である. 時期は5世紀前半から6世紀代のものが確認されている. 韓半島では高句麗や百済に類例があり、新羅・伽耶では確認されていないようである. そして日本列島のものと類似した資料は百済ソウル地域、馬韓の栄山江流域にあり、後者の地域との関わりが深いと考えられている[15].

　円筒形土製品　煙突と考えられている円筒形土製品は、ラッパ状のもの、上下で直径の差がほとんどないもの、くの字に曲がるもの、つば状の突帯がつくもの、把手がつくものなどいろいろな形態があるが、現時点では福岡県西新町遺跡の例が山陰型甑でないならば、最も古いようで、4世紀まで遡る. 地域的には北部九州から関東地方まで分布している. 韓半島では百済・馬韓地域に類例があり、その系譜のものと理解されている. 日本列島の円筒形土製品がすべて韓半島系考古資料といえるのか、今後さらに検討しなければならないが、5、6世紀代にはあまり例がないようであり、この時期のものは渡来人との関わりで理解できるかもしれない[16]. また山陰型甑もこの円筒形土製品と同じように煙突であると考える意見が出されている. そうすると弥生時代終末期まで、円筒形土製品(煙突)が遡ることになる[17].

---

15) 田中清美, 2003,「造付け竈の付属具」,『続文化財学論集』, 文化財学論集刊行会; 濱田延充, 2004,「U字形板状土製品考」『古代学研究』167; 徐賢珠(大竹弘之訳), 2004,「三国時代の竈の焚き口枠についての考察」『韓式系土器研究』Ⅷ, 韓式系土器研究会; 權五榮・李亨源, 2006,「壁柱(大壁)建物研究のために」,『日韓集落研究の現状と課題(Ⅱ)』, 日韓集落研究会.

16) 徳網克己, 2005,「カマドに伴う円筒形土製品について」,『龍谷大学考古学論集Ⅰ』, 龍谷大学考古学論集刊行会; 權五榮・李亨源, 2006,「壁柱(大壁)建物研究のために」,『日韓集落研究の現状と課題(Ⅱ)』, 日韓集落研究会; 坂靖, 2007,「筒形土製品からみた百済地域と日本列島」,『考古学論究』, 小笠原好彦先生退任記念論集刊行会; 鄭一, 2012,「全南地域 煙筒形土器에 대한 검토」,『光陽 龍江里 石停遺蹟』, 大韓文化財研究院.

17) 長友朋子, 2008,「弥生時代終末期における丸底土器の成立とその歴史的意義」,『吾々の考古

算盤玉形紡錘車　算盤玉形紡錘車は韓半島との関わりが古くから指摘されてきた資料である[18]．一般的な紡錘車と異なり、その断面形が六角形をなす特徴があり、日本列島では受け入れられなかったものである．5世紀のものが多いようであるが、6世紀にもみられる．この算盤玉形紡錘車自体もそうであるが、これを副葬する行為も日本列島の人々には受け入れられなかったようで、渡来人さがしには有効な資料である[19]．ただ、韓半島内での地域性はよくわからず、馬韓系の可能性を含んでいる資料として扱うべきであろう．

3. 北部九州地域の馬韓系集落

(1) 福岡平野地域

西新町遺跡(にしじんまちいせき)　福岡市早良区西新に位置する西新町遺跡は、砂丘上に営まれた集落遺跡で、3、4世紀の竪穴住居が約500棟(カマド住居・オンドル住居を含む)、多数の韓半島系土器が確認され、伽耶地域や百済・馬韓地域からの渡来人の存在が推測されている(図3、図4、福岡県教育委員会1985~2009、福岡市教育委員会1982~2002)．特にこの時期のカマドは日本列島では基本的に見られず、韓半島からの人々が多く、この遺跡に来ていたことが

学』和田晴吾先生還暦記念論集刊行会.
18) 西谷正, 1983,「伽耶地域と北部九州」『大宰府古文化論叢』上, 吉川弘文館; 門田誠一, 1992,『海から見た日本の古代』新人物往来社.
19) 滋賀県立安土城考古博物館, 2001,『韓国より渡り来て』; 平尾和久, 2010,「墳墓に副葬・供献される紡錘体の基礎的考察」『還暦, 還暦?, 還暦!』武末純一先生還暦記念事業会.

推測されている. また、近畿、吉備、山陰などと関わる土師器なども出土しており、当時の日本列島と韓半島の交流の拠点として注目されている.

そして興味深い点は、この集落を小さな谷で大きく東西に区分した場合、東側には伽耶系の土器が多く、西側には百済・馬韓系の土器が多いことである. つまり伽耶と百済・馬韓地域の人々が住み分けていた可能性が推測されるのである.

この集落の墓地は西に近接する藤崎遺跡であるが、韓半島系資料は極めて少なく、韓半島系の埋葬施設も確認されていない. 現時点では西新町遺跡で暮らした渡来人たちが　この周辺に葬られたのか、それとも故郷に戻って埋葬されたのか、わからない. 定着ではなく、往来・交流した人々の拠点であった可能性も考えられている[20].

西新町遺跡は4世紀代に終焉を迎え、それ以後の様子はわかっていないが、この付近で5世紀代の韓半島系資料を多く出土する遺跡は南西約6kmの吉武遺跡群である[21]. 住居などの遺構はよくわからないが、伽耶系、百済・馬韓系、新羅系の軟質土器・陶質土器、算盤玉形紡錘車などがまとまって出土している. 隣接する5世紀前半~6世紀末の吉武古墳群においても伽耶系を中心とする陶質土器や鋳造鉄斧、鉄鐸、鉄滓などが出土し、この周辺地域での渡来人・その子孫たちによる鉄器生産などの可能性が推測されている. 排水溝付き住居も確認されているが、住居・仕事場などに関してはまだ不明の点が多い. 多量かつ多様な韓半島系資料の存在から、5、6世紀の対韓半島の拠点であった可能性が推測されているが、海からはやや離れている.

---

20) 武末純一, 2016,「集落」『季刊考古学』137, 雄山閣.
21) 福岡市教育委員会, 1986~2007,『吉武遺跡群』I~XIX.

薬師の森遺跡(やくしのもりいせき)福岡県大野城市乙金の丘陵裾側に位置する古墳時代後期を中心とする時期の集落遺跡である．一部日本化した軟質系土器、有溝把手甕、算盤玉形陶製紡錘車などが出土して、韓半島との関わりが推測されていた[22]．そして竪穴住居跡の中に図5‐1のような隅部排水溝付き四柱式方形竪穴住居(第17次SC02)が1基検出され、注目された．この住居跡の出土土器は6世紀後半の日本列島産の須恵器のみで、韓半島・馬韓地域との関わりは不明である．この遺跡では須恵器生産、鉄器生産などの仕事が推測されている．一方、遺跡の北東約800mにはまとまって新羅土器などを出土した王城山古墳群や喜一田古墳群などが位置している[23]．

この複雑な関係をどのように整理すればいいのか、今後注意すべき遺跡としてあげておく．

(2) 宗像地域

A. 津屋崎海岸部地域

奴山伏原遺跡(ぬやまふじばるいせき) 古墳時代、入り海状を呈していたと推測される場所の東側に排水溝付き四柱式方形竪穴住居がまとまって確認された奴山伏原遺跡がある(図6地図3)．宗像の首長墳群である新原・奴山古墳群に隣接する[24]．図7に一部地区の住居跡の分布状況を示しているが、5、6世紀の排

---

22) 大野城市教育委員会, 2009~2016,『乙金地区遺跡群』1~15; 林潤也, 2013,「2. 溝付き竪穴住居について」『乙金地区遺跡群6』, 大野城市教育委員会; 上田龍児, 2013,「御笠川流域の古墳時代 ‐ 集落・古墳の動態からみた画期とその背景 ‐ 」『福岡大学考古学論集2 ‐ 考古学研究室開設25周年記念 ‐ 』, 福岡大学考古学研究室.

23) 上田龍児, 2016,『乙金地区遺跡群15』, 大野城市教育委員会.

24) 池ノ上宏編, 2002,『奴山伏原遺跡』, 津屋崎町教育委員会.

水溝付き住居(SC117、SC122、SC127など)、オンドル住居(SC112)、一般のカマ
ド住居(SC114、SC125など)、一般のカマドを持たない住居跡(SC118など)などが
検出されている.

　オンドル住居SC112では一般的な須恵器と土師器しか出土していないが、排
水溝付き住居である6世紀中頃のSC57住居と6世紀前半のSC108住居ではそれ
ぞれ軟質土器甕、縄蓆文陶質土器片が出土している. 排水溝のない一般の方形
4本柱カマド住居である5世紀後半~6世紀前半のSC114住居では縄蓆文陶質土
器片、排水溝もカマドもない5世紀~6世紀前半のSC118住居では縄蓆文陶質土
器片などが出土している. なお、SC57の軟質土器甕(図8-9)について、重藤輝行
は馬韓系土器と考えている[25]. このように奴山伏原遺跡では6世紀前半頃を中
心として韓半島との関わりが深く、馬韓地域からの渡来人の存在を推測しても
良さそうである.

　なお日本列島のオンドル住居や韓半島系土器などは一般的に5世紀代のもの
が多く、6世紀前半代のものは珍しい. 排水溝付き住居の存在とあわせて、この
地域の特徴の一つであろうか.

　また、新原・奴山古墳群・奴山伏原遺跡などの南に位置する生家釘ヶ裏遺跡
(図6)で6世紀前半の鳥足文タタキを施した移動式カマドが出土している[26]. こ
の遺跡ではこのほかにも陶質土器、軟質平底鉢、平底多孔甑などが出土してお
り、馬韓・百済地域との関わり、渡来人・渡来系の人々の存在が推測できそう
である.

　在自遺跡群(あらじいせきぐん) 入り海南東部の在自遺跡群(図6地図11~16)

---

25) 重藤輝行, 2011, 「宗像地域における古墳時代首長の対外交渉と沖ノ島祭祀」『宗像・沖ノ島と
　　関連遺産群」研究報告Ⅰ』、「宗像・沖ノ島と関連遺産群」世界遺産推進会議.
26) 池ノ上宏編, 1998, 『生家釘ヶ裏遺跡』、津屋崎町教育委員会.

においても排水溝付き住居が検出されており、在自下ノ原遺跡(16)では5世紀中頃のオンドル住居SC55も確認されている[27]。この住居では韓半島系土器は確認されていないが、ほかの住居跡などでは4世紀後半の陶質土器、5世紀前半〜6世紀後半の縄蓆文陶質土器、6世紀後半の鳥足文タタキ陶質土器甕も出土しており、この遺跡群における4世紀後半から6世紀後半までの継続的な馬韓地域を含めた韓半島との交流が推測できる。ちなみにこの在自下ノ原遺跡は古墳時代前期から奈良時代まで集落が続いており、拠点的な集落であり、海上交通の拠点であったと推測される。

　さらにこの在自下ノ原遺跡に近接する在自小田遺跡では縄蓆文土器、鳥足文タタキ土器、高霊系陶質土器などが出土し、在自上ノ原遺跡の5世紀前半のSK03土坑において鳥足文タタキ土器、陶質土器などが出土している。

　この東西約1200m、南北約500mの在自遺跡群の範囲ではオンドル住居、有溝把手付きの甑、鳥足文タタキ土器など渡来人の存在を推測させる遺構・遺物が多く、そのほかにも集落での出土が珍しい高霊系の陶質土器壺がみられるなど、少なくとも渡来系の人々の存在は十分推測できる。その地理的な位置、当時の海がどこまで入り込んでいたかはさらなる追求が必要であろうが、海との関わりは当然推測され、一方、陸上の道との関わりも素直に想像できる。

　以上のようにこの宗像地域では、伽耶・新羅系の資料以外に、馬韓・百済地域の資料が多く見られる。鳥足文タタキ土器・平底浅鉢・平底多孔甑などである。鳥足文タタキ土器は北部九州と近畿地方に偏在するが、この宗像地域の多さには注目したい。そして排水溝付き住居も含め、馬韓地域からの渡来人の存在は間違いないであろう。

---

27) 池ノ上宏・安武千里編, 1996, 『在自遺跡群Ⅲ』, 津屋崎町教育委員会.

B. 宗像内陸部地域

宗像の内陸部地域においても、光岡六助遺跡で5世紀中頃のオンドル住居が確認され[28]、近くの自然流路から陶質土器壺が1点出土している.

また、5世紀中頃の野坂一町間遺跡1号住居跡ではY字形の排水溝が付設され、Y字の内側に鍛冶炉が検出されている[29]. さらに4号住居跡にも変形Y字排水溝が検出されている. 一方、これらに近接する2、3号住居は、馬韓地域に見られるような方形住居の隅部から排水溝が付設されているように見える.

このほか関連は不明であるが、周辺の冨地原神屋崎遺跡などで排水溝付き住居跡が検出され、逆に排水溝付き住居は検出されていないが、隣接する冨地原川原田遺跡SB27号住居では5世紀前半～中頃の韓半島産と推測される特殊タタキの甕、縄蓆文陶質土器、平行タタキや格子タタキの軟質系土器、一部日本化していると推測される平底浅鉢、平底深鉢、平底多孔甑などが出土している[30]. 未だ日本列島において一般化していない初期カマド住居であり、出土する土器に多くの韓半島系土器が存在することなどから、おそらくこの宗像内陸部地域にも馬韓系の渡来人1世、2世の人々が生活していた可能性が推測される. この冨地原地域には弥生時代後期後半の軟質系土器を出土する冨地原岩野遺跡[31]もあり、渡来人たちが入りやすい場所であったのかもしれない.

---

28) 第8回九州前方後円墳研究会実行委員会, 2005, 『九州における渡来人の受容と展開』.
29) 原俊一, 1985, 「野坂一町間遺跡」『宗像市埋蔵文化財発掘調査報告書-1984年度-』, 宗像市教育委員会.
30) 白木英敏編, 1994, 『冨地原川原田Ⅰ』, 宗像市教育委員会.
31) 安部裕久, 1994, 「第4章 冨地原岩野B遺跡」『冨地原上瀬ヶ浦遺跡』, 宗像市教育委員会.

4. 近畿地域の馬韓系集落

(1) 大阪府

　蔀屋北遺跡(しとみやきたいせき) 大阪府四條畷市蔀屋ほかの、旧河内湖北東部、当時の遺構面で1~2mの低位部に位置する遺跡である[32]. この遺跡は馬飼いに関わる遺跡として有名であるが、多くの韓半島系、特に馬韓地域と関わる5世紀前半から6世紀後半頃までの遺構・遺物(鳥足文タタキ土器、平底多孔甑、カマド焚き口枠、そして円筒形土製品？など)が検出されている. ただ、排水溝付き住居は確認されていないようである. 仕事としては、おもに馬飼いが考えられているが、それに付随すると推測される鍛冶、そして図10-1に挙げた土師質無文当て具の存在によっておもに自分たちが使用するための土器作り・窯の構築？も推測できる.

　1期の5世紀前半にはこの周辺に馬韓地域からの渡来人たちが存在したことが推測され、2期の5世紀前半~中葉になるとムラが確認され、各居住域で馬韓系の土器が出土する. そしてこの段階には土師器の技法であるハケ調整を使用した軟質系土器も出土し、渡来系の人々と在地の人々の同化が始まったものと考えられている. しかし、3期の5世紀中葉~後半になると、馬韓地域からの渡来人の新たな移住が推測され、そして馬飼いが盛んに行われたことが推測されている(図9). 新たな渡来人たちは当初は「韓半島型生活」、または当初から「一部日本型生活」をして、徐々により「一部日本型生活」へと変化していったものと推測

---

32) 大阪府教育委員会, 2010・2012, 『蔀屋北遺跡』Ⅰ・Ⅱ; 藤田道子, 2011, 「蔀屋北遺跡の渡来人と牧」『ヒストリア』229, 大阪歴史学会.

される[33].

4期の5世紀末～6世紀前半になると、韓半島系土器がほとんど見られなくなり、在地土器に同化したと見られている.「一部日本型生活」から「大部分日本型生活」へ変化していく段階であろうか. そして5期の6世紀中葉～後半にはやや特異な土器はみられるが、基本的に在地の土器を使用している.「大部分日本型生活」であり、一部精神的な部分も含めて「完全日本型生活」へ移り変わっていく人々もいたのかもしれない.

このように蒜屋北遺跡に関しては、遺跡の良さ、残りの良さ、そして調査担当者の努力の成果で多くのことが解明されている.「時間とともに変化していく渡来人のムラ」がわかるモデル的な遺跡の一つである.

(2) 奈良県

南郷遺跡群(なんごういせきぐん) 奈良県葛城市、奈良盆地の南西部、金剛山麓に位置する面積約2km2の巨大な遺跡である[34]. 5世紀を中心とするいろいろな遺跡で構成されている(図11).

遺跡群内の中央部高所に位置する南郷角田遺跡では、鉄製品・金銅製品・銀製品・ガラス製品・鹿角製品など多様な製品を作っていたと推測されてい

---

33) 亀田修一, 1993,「考古学から見た渡来人」,『古文化談叢』30(中), 九州古文化研究会.
34) 奈良県立橿原考古学研究所, 1996~2000,『南郷遺跡群』I~V; 坂靖, 2010,「葛城の渡来人 - 豪族の本拠を支えた人々 -」,『研究紀要』15, 由良大和古文化研究協会; 坂靖・青柳泰介, 2011,『葛城の王都南郷遺跡群』, 新泉社; 坂靖・中野咲, 2016,『古墳時代の渡来系集団の出自と役割に関する考古学的研究』, 平成24~27年度科学研究費補助金基盤研究(C)研究成果報告書; 青柳泰介編, 2017,『国家形成期の畿内における馬の飼育と利用に関する基礎的研究』, 平成26~28年度科学研究費基盤(C)(一般)成果報告書など.

る．その北東約800m下方に位置する南郷下茶屋カマ田遺跡では鉄器生産と玉作りを行っていたと推測されている．その竪穴住居は方形四柱式でカマドが付設されている．ただ、排水溝は確認されていない．フイゴ羽口と鉄滓が出土しており、土器の使用痕跡などから、工人たちの生活の場と推測されている．また上下2段に繋いだ円筒形土製品(図11-3)も出土しており、百済・馬韓地域の人々の存在を推測させる．

　この2地点の性格の違いは、まさに古墳時代の大豪族である葛城氏の工房の大きさを示しているものと推測される．両地点の製品に関しては、刀剣・甲冑などの鉄製武器・武具、鉄地金銅製品、そして曲刃鎌を含む農工具類などが推測されている．さらに、馬飼いも行われていたことが明らかになっている．

　この南郷遺跡群では慶尚南道、馬韓、忠清道を含む多様な地域の土器、算盤玉形紡錘車など韓半島系資料が出土しており(図12)、遺跡群の南に位置する林遺跡ではオンドル住居(土器は日本列島のもの)も検出されている．馬韓系の人々がどこで何をしていたのか、細かなところはよくわからないが、伽耶系の人々などと混在していろいろな仕事をしていたものと推測される．

(3) 兵庫県

　出合遺跡(であいいせき)　兵庫県神戸市西区出合に位置する遺跡で、出合窯跡は4世紀末頃の須恵器窯跡である[35]．大阪府陶邑窯跡群内のTG232窯跡などより古い段階のものと考えられており、現時点で日本列島最古の須恵器窯跡と

---

35) 亀田修一, 2008,「播磨出合窯跡の検討」『岡山理科大学埋蔵文化財研究論集』, 岡山理科大学埋蔵文化財研究会.

考えられている.

　窯跡は半地下式登窯(窖窯)で、構造上の特徴は、焼成部と燃焼部の間に段があり、燃焼部が深い穴状を呈することである(図13-1). 日本列島の須恵器窯跡の燃焼部にも舟底状ピットと呼ばれる穴はあるが、これほどの深さの穴は確認できていない. 当時の地表面を復元すると、深さは少なくとも1.1mあったと推測される.

　日本列島ではこのような須恵器窯跡の類例がなく、韓半島では忠清北道鎮川三龍里窯跡群・山水里窯跡群36)、全羅北道益山市射徳遺跡37)、光州広域市孝泉2地区住宅建設敷地遺跡38)、全羅南道昇州大谷里36号窯跡39)などがある(図13-2~4). 昇州大谷里36号窯跡も燃焼部の深さは1mほどあり、類似していると言えよう.

　現時点では出合窯跡は構造的には、百済・馬韓地域にその源流が求められるようである. 中でも全羅南道の昇州大谷里36号窯跡が最も構造的には近いようであり、ひとまずその南部地域との関わりを意識しておきたい. 年代的には大谷里36号窯跡は3、4世紀と考えられている.

　出合窯跡関連の土器は、須恵器、瓦質土器、軟質系土器、土師器があり、器種は壺、甕、平底の浅鉢・深鉢、甑などである. 図14に示したもの(1、5、7~10)は、当時の日本列島ではみることができないもので、百済・馬韓地域の、忠清南道舒川鳳仙里遺跡40)、忠清南道天安清堂洞遺跡41)、忠清北道鎮川三龍里88-2号窯

---

36) 崔秉鉉외, 2006, 『鎮川三龍里・山水里土器窯跡群』, 韓南大学校中央博物館.

37) 湖南文化財研究院, 2005, 『海南新今遺蹟』.

38) 鄭一, 2007, 「光州孝泉2地区住宅建設敷地発掘調査」(『季刊韓国の考古学』5, 2007秋号).

39) 崔夢龍・權五榮・金承玉, 1989, 「大谷里住居址」, 全南大学校博物館, 『住岩댐水没地域文化遺跡発掘調査報告書(VI)』, pp.145-394.

40) 李勳외, 2005, 『舒川－公州間 高速道路工事敷地内(6工区)舒川鳳仙里遺跡』, 忠清南道歴史文化院.

41) 韓永熙・咸舜燮, 1993, 「天安清堂洞第4次発掘調査報告」, 『清堂洞』, 国立中央博物館.

跡[42]、全羅北道完州盤橋里遺跡[43]、全羅南道海南郡谷里貝塚[44]、全羅南道寶城鳥城里遺跡[45]などに類例を見ることができる.

　14の陶製無文当て具も韓半島系資料と考えている. 日本列島では当て具の出土例は多くなく、木製、陶製、土製のものがあり、木製、陶製のものには同心円文を彫ったものがみられる[46]. 一方、無文当て具も数は多くはないが、みることができる. 日本列島の須恵器甕類の内面の当て具痕跡を見ると、基本的に6世紀以降は木製の同心円文当て具によるものが多い. 陶(土)製無文当て具は、韓半島では一般的であり、出合窯跡例は時期的にも韓半島系のものであると考えている. ただ、その系譜はよくわからない.

　また、この窯跡に関わる住居や墓などは確認できていない. ただ、窯だけがこの場所につくられたとは考えづらく、馬韓系の人々がこの地域で土器を生産していたものと推測している.

5. 西日本の馬韓系集落の語るもの

　以上、数は少ないが、馬韓地域と関わる可能性がある遺跡を見てきた. 時期的には3、4世紀の福岡県西新町遺跡が古く、多くの馬韓系の人々の生活の場が

---

42) 崔秉鉉외, 2006, 『鎭川三龍里・山水里土器窯跡群』, 韓南大学校中央博物館.

43) 安承模・兪炳夏・尹台映, 1996, 『完州盤橋里遺跡』, 国立全州博物館.

44) 崔盛洛, 1987, 『海南郡谷里貝塚Ⅰ』, 木浦大学博物館; 崔盛洛, 1989, 『海南 郡谷里貝塚Ⅲ』, 木浦大学博物館

45) 崔仁善외, 2003, 『寶城鳥城里遺跡』, 順天大学校博物館.

46) 亀田修一, 1989, 「陶製無文当て具小考-播磨出合遺跡出土例の紹介をかねて-」, 『横山浩一先生退官記念論文集Ⅰ 生産と流通の考古学』, 横山浩一先生退官記念事業会.

確認されている. 排水溝付き住居は確認できていないが、初期のカマド住居や
オンドル住居で生活していたものと推測される. 彼らの仕事としては「交易」が
よく取り上げられている.

4世紀後半代はよくわからないが、兵庫県出合窯跡は4世紀末頃の可能性があ
り、韓半島系資料が増加する5世紀段階より、少し古く入ってきたようである.
現時点で日本列島最古の須恵器窯で、百済・馬韓系の人々によって日本列島の
須恵器生産が始まったことになる. また小稿では取り上げなかったが、ヤマト
王権が関わる陶邑窯に関しても、伽耶系と馬韓系の工人たちの関与が推測され
ている[47].

5世紀前半代は、奈良県南郷遺跡群において百済・馬韓系資料が伽耶系資料
とともに出土しており、当時のヤマト王権の大豪族である葛城氏のもと、伽耶
系の人々とともに鉄製品・金銅製品・銀製品・ガラス製品・鹿角製品など多
様な製品を作り、また馬飼いなどにも関わっていたものと推測される.

5世紀後半頃に規模が大きくなる大阪府蔀屋北遺跡では、馬韓系の人々によ
って大規模な馬飼いがなされていたと推測されている. また馬飼いに関わる鉄
器生産なども行われており、さらに自ら使用するための土器作りもなされてい
たようである. 鳥足文タタキ土器、平底多孔甑などだけでなく、ほかの遺跡で
はあまりみられないカマド焚き口枠も出土しており、馬韓地域との関わりの深
さがわかる. ただ、四柱式方形カマド住居は確認されているが、排水溝付き住
居は確認されていないようである.

---

47) 田辺昭三, 1981,『須恵器大成』, 角川書店; 中村浩, 1981,『和泉陶邑窯の研究』, 柏書房; 中村浩,
2001,『和泉陶邑窯の歴史的研究』, 芙蓉書房出版; 藤田憲司・奥和之・岡戸哲紀編, 1995,『陶
邑・大庭寺遺跡Ⅳ』, 大阪府教育委員会・(財)大阪府埋蔵文化財協会; 岡戸哲紀編, 1996,『陶邑
・大庭寺遺跡Ⅴ』, 大阪府教育委員会・(財)大阪府文化財調査研究センターなど.

また、この蔀屋北遺跡では、5世紀前半～中葉の渡来当初の「韓半島型生活」、徐々に「一部日本型生活」への変化がみられ、5世紀末～6世紀前半になると、韓半島系土器がほとんど見られなくなり、在地土器に同化したと見られている．「一部日本型生活」から「大部分日本型生活」へ変化してったようである．

　福岡県宗像地域では、5世紀代からの馬韓系資料を見ることができるが、他地域ではあまりみられない6世紀段階のものも比較的多く見ることができる．遺物だけでなく、オンドル住居や排水溝付き四柱式方形竪穴住居もまとまってみることができる．これは海上交通との関わりが深い津屋崎海岸部だけでなく、宗像内陸部においても見ることができる．

　宗像地域の渡来人たちの仕事としては、海上交通だけでなく、鉄器生産も確認されており、さらに鋸の多さが注目されている．5～7世紀の首長墳、小古墳から10点以上出土している[48]．日本列島古墳時代の鋸については韓半島との関わりが想定されている[49]が、全羅南道新村里9号墳乙棺の片柄付鋸以外にはほとんど知られておらず、今後の検討課題である．鋸の用途を素直に判断すれば、木製品加工などが想定されるが、この宗像地域には祭祀遺跡として著名な沖ノ島がある．沖ノ島や宗像大社などの祭祀に関わる木製品作りに韓半島系の鋸などが使用された可能性も考えられるのではないであろうか．

　最後に、6世紀後半の福岡県大野城市薬師の森遺跡の17次SC02について述べ

---

48) 原俊一, 1997, 「第4章 古墳時代 第3節 宗像の古墳時代」, 宗像市史編纂委員会編, 『宗像市史 通史編 第1巻』, 宗像市; 原俊一, 1997, 「第5章 特色ある古墳文化 第1節 出土遺物からみた宗像の特色」, 宗像市史編纂委員会編, 『宗像市史 通史編 第1巻』, 宗像市; 伊藤実, 1993, 「日本古代の鋸」, 広島大学考古学研究室編, 『考古論集-潮見浩先生退官記念論文集-』, 潮見浩先生退官記念事業会.

49) 伊藤実, 1993, 「日本古代の鋸」, 広島大学考古学研究室編, 『考古論集-潮見浩先生退官記念論文集-』, 潮見浩先生退官記念事業会.

る. 住居内に壁体溝を持ち隅部に排水溝をつけた、典型的な排水溝付き四柱式方形竪穴住居である. しかし出土遺物には馬韓との関わりを示すものは確認できていない. 遺跡全体で日本化した軟質系土器はあるが、系譜は不明である. そしてこの集落の北東約800mには新羅土器をまとまって出土する古墳群がある. これらの古墳群とこの集落は関わると推測される. 木免地区にそれぞれ新羅系の遺物を出す住居、馬韓系の遺物を出す古墳があるのかもしれない. 現状を素直にみれば、この遺跡群には馬韓系の人々と新羅系の人々、そして在来の倭人がいたものと推測される.

6. おわりに

　以上、馬韓系の遺構、遺物を出土するいくつかの遺跡を取り上げ、「馬韓系集落」を検討してきた. 多くの馬韓系住居があるムラ、わずかしかないムラ、当然いろいろな様相があると思われる.

　また例えば、馬韓系遺物の代表的なものである鳥足文タタキ土器は一部の例外を除いて、現時点では北部九州と近畿でしか確認されていない. 韓半島系の資料が地方としては比較的出土する吉備地域でも鳥足文タタキ土器は確認されていない. ただ、当時の港であったと推測されている菅生小学校裏山遺跡では馬韓系の平底多孔甑や平底浅鉢は出土している[50]. つまりヤマト王権中枢部を目指す過程で、または帰りに吉備の港にも寄港しているのである. しかし、定

---

50) 亀田修一, 2004,「5世紀の吉備と韓半島」『吉備地方文化研究』14, 就実大学吉備地方文化研究所.

着はしていないようである.

　出雲の中枢部である意宇平野の出雲国府下層遺跡でも馬韓系の資料は出土している[51]. 数は少ないが、交流はしているようである.

　このように馬韓系の人々は各地を移動しているようである. ただ、その痕跡は北部九州や近畿地方以外ではあまりよくわからない. 馬韓地域との歴史的なつながりの差なのであろうか.

　最後に、馬韓系の人々の仕事であるが、鉄器生産、須恵器生産、馬飼いなど当時の日本列島の人々が期待したものは基本的に対応していたようである. 今回十分検討できていないが、新たな農地の開発や水路の開削などにも関わっていたものと推測される. このほか何か特別な仕事もあるのか、今後さらに検討してみたい.

　小稿をなすにあたり、下記の方々にお世話になった.

　末筆ながら記して謝意を表します. 失礼ながら敬称は省略させていただきました.

　青柳泰介、坂靖、土生田純之、林永珍、金鍾萬、金武重、重藤輝行、高久健二、高田貫太、武末純一、寺井誠

---

51) 角田徳幸, 2008, 「出雲国府下層の古墳時代集落」, 『島根考古学会誌』25, 島根考古学会.

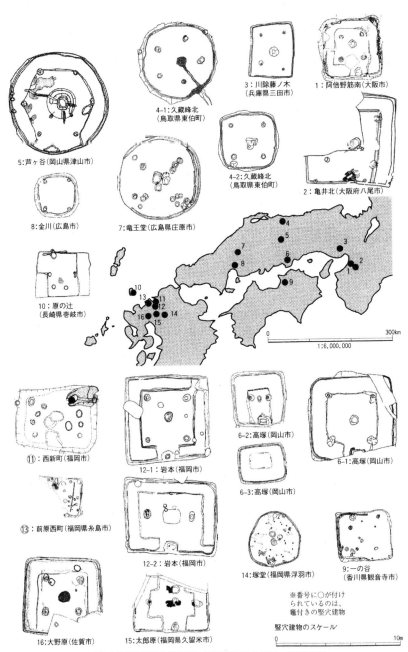

5：芦ヶ谷(岡山県津山市)

4-1：久蔵峰北
(鳥取県東伯町)

3：川除藤ノ木
(兵庫県三田市)

1：阿倍野筋南(大阪市)

4-2：久蔵峰北
(鳥取県東伯町)

2：亀井北(大阪府八尾市)

8：金川(広島市)

7：竜王堂(広島県庄原市)

10：原の辻
(長崎県壱岐市)

1：6,000,000

⑪：西新町(福岡市)

12-1：岩本(福岡市)

6-2：高塚(岡山市)

6-1：高塚(岡山市)

⑬：前原西町(福岡県糸島市)

6-3：高塚(岡山市)

12-2：岩本(福岡市)

14：塚堂(福岡県浮羽市)

9：一の谷
(香川県観音寺市)

※番号に○が付け
られているのは、
竈付きの竪穴建物

竪穴建物のスケール

0　　　　　　　10m

16：大野原(佐賀市)

15：太郎原(福岡県久留米市)

図1　古墳時代前期前半の竪穴建物の平面形 (寺井 2012 一部改変引用)

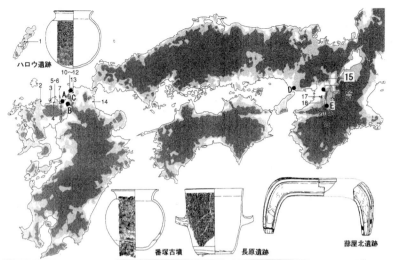

図2　馬韓系遺物・遺構出土遺跡（大阪府立弥生文化博物館2004一部改変引用）（数字は鳥足文土器出土遺跡）

A　西新町遺跡　B　薬師の森遺跡　C　奴山伏原遺跡　D　出合窯跡　E　南郷遺跡群

1　ハロウ遺跡　2　相賀遺跡　3　御床松原遺跡　4　井ノ浦古墳　5　井原塚廻遺跡　6　井原上学遺跡
7　**吉武遺跡群**8　梅林古墳　9　夜臼・三代地区遺跡群　10　在自上ノ原遺跡　11　在自下ノ原遺跡
12　在自小田遺跡　13　冨地原川原田遺跡　14　番塚古墳　**15　蔀屋北遺跡**　16　メノコ遺跡　17　瓜破遺跡
18　長原遺跡　19　城山遺跡　20　八尾南遺跡　21　星塚1号墳　22　布留遺跡　23　柚之内古墳群

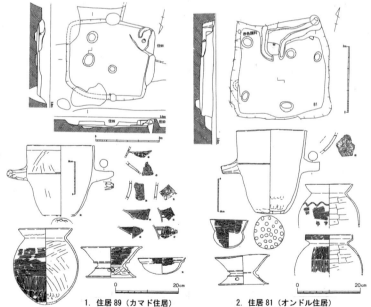

1.　住居89（カマド住居）　　　　2.　住居81（オンドル住居）

図3　福岡県西新町遺跡の住居（1/120）と出土土器（1/8）（亀田2003一部改変引用）

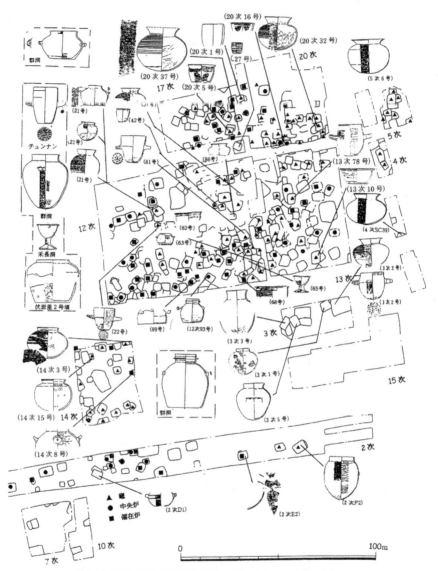

図4 福岡県西新町遺跡の韓半島系遺構と遺物（武末2010―部改変引用）

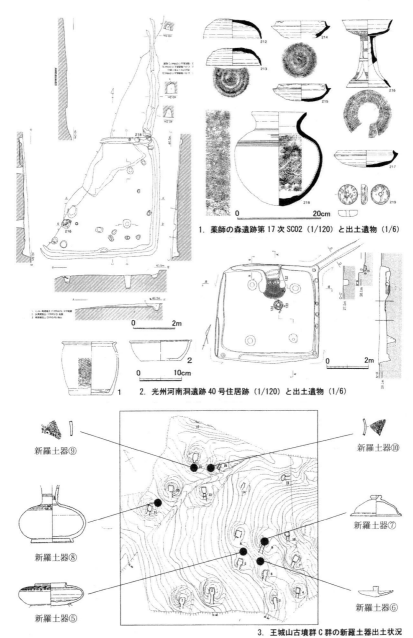

1. 薬師の森遺跡第17次SC02（1/120）と出土遺物（1/6）

0　　　　20cm

2. 光州河南洞遺跡40号住居跡（1/120）と出土遺物（1/6）

0　　　　10cm

0　　　　2m

0　　　　2m

新羅土器⑨

新羅土器⑩

新羅土器⑧

新羅土器⑦

新羅土器⑤

新羅土器⑥

3. 王城山古墳群C群の新羅土器出土状況

図5　福岡県乙金地区遺跡群の遺構・遺物と関連資料
（1：上田2013、2：湖南文化財研究院2008、3：上田2016、いずれも一部改変引用）

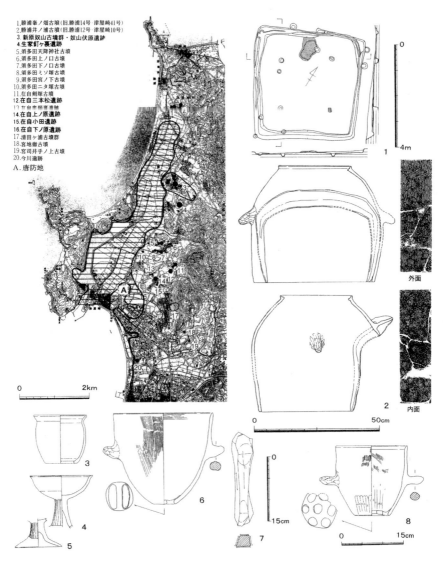

図6 福岡県宗像津屋崎海岸部地域の韓半島系考古資料出土遺跡と遺物（池ノ上 1998、いずれも一部改変引用）
（分布図：1/70,000、遺構：1/100、遺物：2：1/10、2拓本：1/5、その他：1/6）
1～7：生家釘ヶ裏遺跡 SC188住居、8：同 SD200 自然流路

以下は分布図の凡例：

1.勝浦峯ノ畑古墳（旧勝浦14号・津屋崎41号）
2.勝浦井ノ浦古墳（旧勝浦12号・津屋崎10号）
3.新原奴山古墳群・奴山伏原遺跡
4.生家釘ヶ裏遺跡
5.須多田天降神社古墳
6.須多田上ノ口古墳
7.須多田下ノ口古墳
8.須多田ミソ塚古墳
9.須多田宮ノ下古墳
10.須多田ニタ塚古墳
11.在自剣塚古墳
12.在自三本松遺跡
13.在自東郷原遺跡
14.在自上ノ原遺跡
15.在自小田遺跡
16.在自下ノ原遺跡
17.清田ヶ浦古墳群
18.宮地嶽古墳
19.宮司井手ノ上古墳
20.今川遺跡
A.唐防地

0   2km

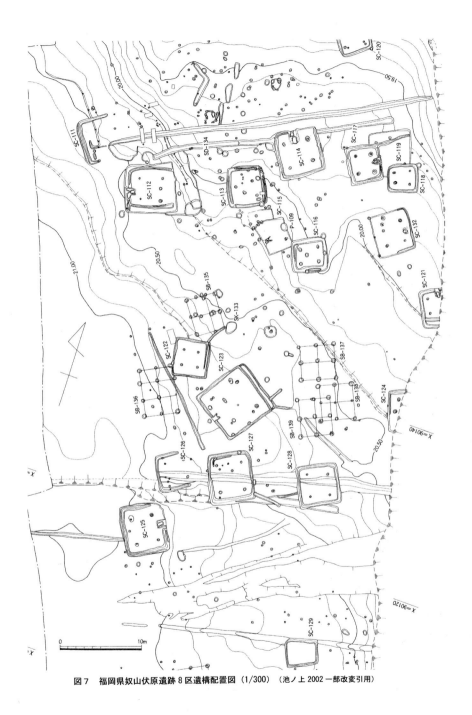

図7　福岡県奴山伏原遺跡8区遺構配置図（1/300）（池ノ上2002一部改変引用）

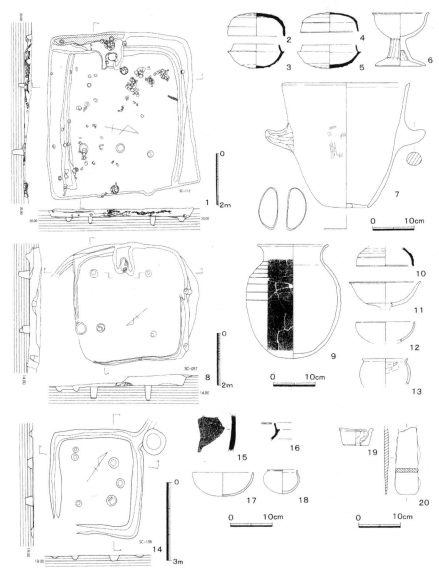

図8　福岡県奴山伏原遺跡の韓半島系考古資料（遺構：1/100、遺物：1/6）（池ノ上 2002 一部改変引用）
1〜7：奴山伏原遺跡 SC112 住居、8〜13：同 SC57 住居、14〜18：SC108 住居、19：SC58 住居、20：SC56 住居

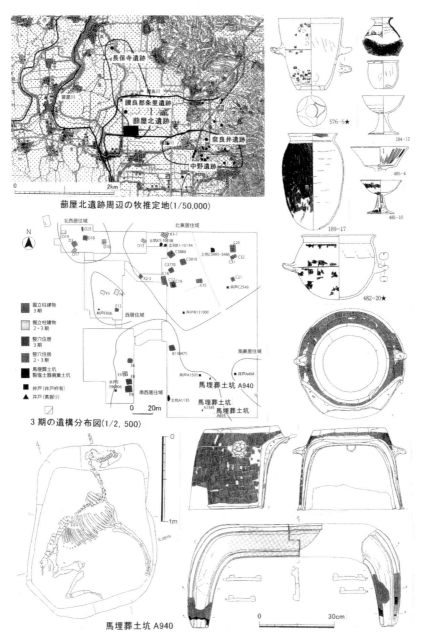

図9　大阪府蔀屋北遺跡3期の遺構・遺物（馬土坑：1/30、遺物：1/10）
（藤田 2011、大阪府教育委員会 2010、いずれも一部改変引用）

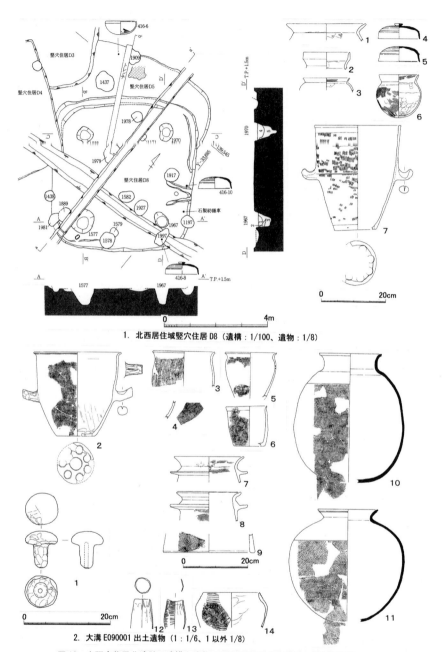

1. 北西居住域竪穴住居 D8 （遺構：1/100、遺物：1/8）

2. 大溝 E090001 出土遺物 （1：1/6、1 以外 1/8）

図 10　大阪府蔀屋北遺跡の遺構と遺物 （大阪府教育委員会 2010 一部改変引用）

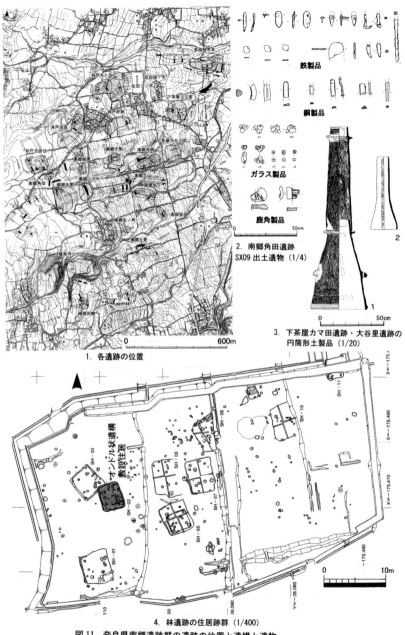

2. 南郷角田遺跡
SX09 出土遺物 (1/4)

鉄製品

銅製品

ガラス製品

鹿角製品

3. 下茶屋カマ田遺跡・大谷里遺跡の
円筒形土製品 (1/20)

1. 各遺跡の位置

4. 林遺跡の住居跡群 (1/400)

図11　奈良県南郷遺跡群の遺跡の位置と遺構と遺物
（奈良県教育委員会 1996、木下 2006、坂 2010、いずれも一部改変引用）

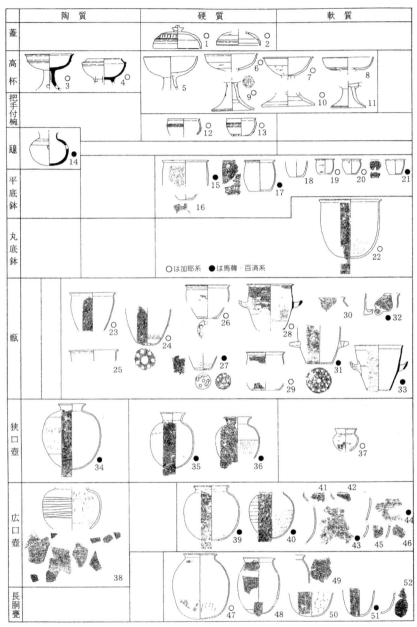

図12　奈良県南郷遺跡群の韓半島系遺物（1～14：1/4、15～52：1/8）（酒井 2006）

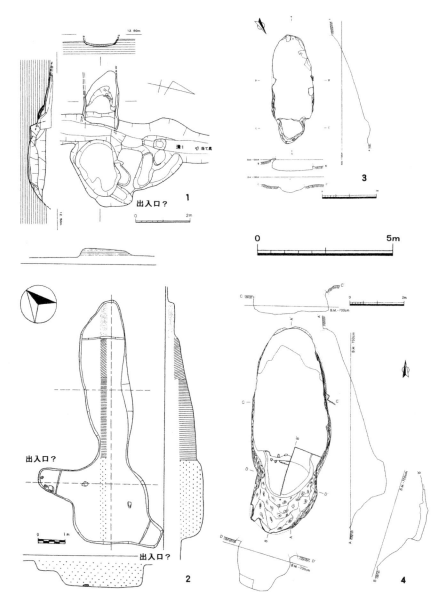

図13　兵庫県出合窯跡と関連資料（2：崔夢龍ほか1989、3・4：崔秉鉉ほか2006）

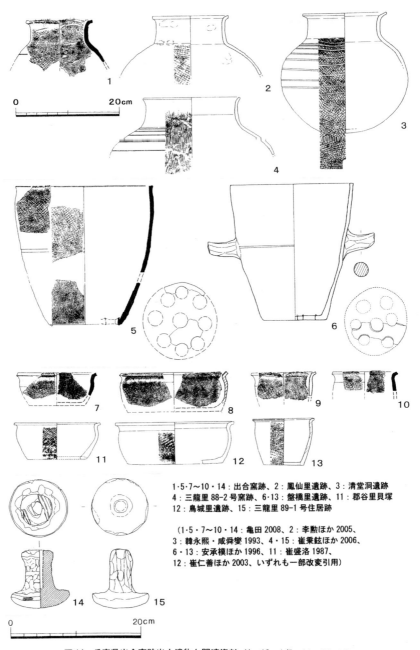

図14　兵庫県出合窯跡出土遺物と関連資料（1~13：1/5、14・15：1/4）

以下は図中の注記である。

1・5・7~10・14：出合窯跡、2：鳳仙里遺跡、3：清堂洞遺跡
4：三龍里88-2号窯跡、6・13：盤橋里遺跡、11：郡谷里貝塚
12：鳥城里遺跡、15：三龍里89-1号住居跡

（1・5・7~10・14：亀田2008、2：李勳ほか2005、
3：韓永煕・咸舜燮1993、4・15：崔秉鉉ほか2006、
6・13：安承模ほか1996、11：崔盛洛1987、
12：崔仁善ほか2003、いずれも一部改変引用）

토론문

〈마한의 마을과 생활〉에 대한 토론문 1

송만영 숭실대학교

발표자들의 견해에 따르면, 마한은 대략 800년간의 지속 기간을 갖는 지역 정치체로 그 공간적 범위는 남한의 서반부에 해당된다. 이번 발표는 그 중에서도 호남지역 2~5세기의 마을 자들이 중점적으로 다루어졌기 때문에 경기, 호서 지역이라든지 또는 점토대토기 단계의 마한 마을에 대한 내용들은 빠져 있다. 이하에서는 이번 학술대회의 주제와 관련된 내용에 대해서 질문드리고자 한다.

1. 마한의 마을 구조

1) 발표자는 취락유형을 일반취락과 거점취락, 중심취락으로 구분하고, 거점 취락을 다시 일반 읍락 수준의 거점취락과 국읍 수준의 거점취락으로 세분하고 있다. 영산강유역에서 4세기 전반에 거점취락이 출현하고 5세기 중반을 전후하여 중심취락이 출현한다고 하였는데(이영철 2013a: 309쪽), 국읍의 출현 상한을 4세기 전반으로 이해해도 되는지, 그리고 국읍보다 위계적으로 상위인 중심취 락은 역사적으로 어떻게 이해하는 것이 좋을지 설명을 부탁드린다.

2) 3~4세기 마한 소국의 국읍으로 지목한 담양 태목리 취락과 관련하여 국읍

의 조건으로 지나치게 취락의 규모만을 강조한 듯하다. 기왕의 몇몇 연구에서는 취락 차원의 방어시설, 엘리트들의 공동묘역, 대규모 물류 창고, 취락민 전체가 참여하는 의례 공간, 전문적인 수공업 생산체계, 외래 물류의 집중 등이 고려되고 있는 점을 참고하면, 태목리 취락이 과연 국읍의 위상을 가지고 있는지 의심스럽다. 보완 설명을 부탁드린다.

3) 4세기까지 읍락과 국읍에서 취락 전체를 관장하는 1인의 우두머리는 출현하지 않은 것으로 이해하고 있다. 그렇지만, 이러한 주장은 나라마다 각각 長帥 또는 渠帥가 있어 세력이 강대한 사람은 스스로 臣智라 하고, 그 다음은 邑借라 하였다 라는 중국 문헌과 배치된다. 이와 관련하여 발표자는 3세기로 편년되는 보성 석평유적 44호 주거지에서 우두머리를 상정하고 있지만, 이를 취락 전체를 대표하는 1인 지배자가 아닌 취락 내의 문제를 조정 해결하는 조정자로서의 우두머리로 역할을 축소하였다(이영철 2013b: 119쪽). 부연 설명을 부탁드린다.

4) 취락 자료를 대상으로 연구한 결과와 무덤 자료를 대상으로 연구한 결과가 항상 일치하지 않는 경우가 있다. 발표자 역시 마한의 취락 연구 결과가 동시기의 고분 자료 연구 결과와 다소 상이하다고 언급하였는데, 구체적으로 몇 가지 사례를 부탁드린다.

2. 마한 주거구조의 지역성

1) 발표문은 마한 주거 구조의 지역적 변이를 검토하여 호남 지역에 분포한

마한 소국의 개별 위치를 파악하려는 데에 목적이 있는 듯하다. 그렇지만 평면 형태를 포함하여 주거 구조의 지역적 변이는 공간상에서 스펙트럼과 같은 양상을 보여주기 때문에 연구 목적을 달성하기 어렵다. 출토 유물과 고분 자료도 이와 크게 다르지 않을 것이라 추측된다. 그래서 취락과 고분 자료의 위치를 지도에 표시하고 공간 분석을 통해서 소국의 위치를 비정하는 방법이 더 효과적일 수 있다고 판단되고, 또한 그러한 연구 성과들이 많다(임영진 2013; 김승옥 2014). 다만 그 연구 결과를 보면 동일한 자료를 참고하였음에도 불구하고 그림이 매우 다른 모습을 보이는데, 발표자는 이러한 차이가 왜 발생했다고 생각하는가.

2) 발표자의 취사시설 구분안(표 2)을 보면 부뚜막 Ⅱ형(점토, 석재)과 쪽구들(석재) 간의 구분 근거로 축조 재료에서만 차이를 보인다. 취사시설의 구조에서는 차이점이 없는지 설명을 부탁드린다.

3) 장타원형 수혈의 기능: 가옥 내 복층 구조에 올라가기 위한 매개체(사다리)를 지지해 주는 수혈이라고 이해하였는데, 모식도를 참고할 때, 복층 구조가 가능한 수혈 깊이인지, 외주공이 확인되었는지, 그리고 사다리를 지지할 구조라면, 장타원형 수혈의 방향은 주거지의 장축 방향과 일치해야 할 것 같은데 왜다른지, 그리고 수혈 상부에 퇴적된 탄화목제는 사다리가 분명한지 검토가 필요하다.

3. 마한의 주거 생활

1) 마한지역의 주거 평면으로 '呂'·'凸'자형이 포함된다고 보았다. 그런데 일찍이 '呂'·'凸'자형 주거를 예계로 파악하여, 연천-양평-남한강을 연결하는 선을 中心으로 서쪽을 마한문화, 동쪽을 예계문화로 이해하는 견해(박순발 1997: 26-31쪽)와는 차이를 보인다. 더욱이 춘천 율문리, 원주 가현동 등 영서지역이 마한의 주거 분포권에 포함되어 있는 (그림 2)를 참고할 때, 그 근거는 무엇인지 궁금하다.

2) 부뚜막에 한 점의 솥이 걸리더라도 (그림 7)의 전주 동산동 128호 주거지 사례와 같이 솥이 놓이게 될 지각의 앞 쪽에 불꽃이 집중될 가능성이 높다. 따라서 산화된 기벽 색조 역시 솥이 횡으로 2개 걸리는 경우와 마찬가지로 솥 바닥 중심부에서 약간 이격된 위치에 형성될 가능성이 높다. 혹시 발굴 자료 가운데 부뚜막에 올린 솥의 개수에 따라 산화면 위치를 비교 분석한 사례가 있으면 소개해 주기 바란다.

3) "居處作草屋土室, 形如冢, 其戶在上, 擧家共在中, 無長幼男女之別" 이라는 구절은 가옥 내부에 칸막이 시설이 없이 모든 가족이 함께 기거한다는 의미로 읽힌다. 전주 송촌동 유적의 칸막이 시설에 대해서 부연 설명을 부탁드린다.

4. 일본열도 고분시대의 마한계 취락

1) 외래계 유구, 유물을 통해 외래인의 활동 궤적을 추적하는 것은 매우 어려운 일인데, 이와 같은 측면에서 가메다 선생님의 연구는 시사하는 바가 매우 크다고 할 수 있다. 왜냐하면 가까운 예로 점토대토기 단계의 마한 지역에도 遼東

기원의 壁附爐址가 설치된 취락들이 일부 관찰되기 때문이다. 사실 한국고고학에서는 '이주민들의 마을 찾기' 연구는 주제의 중요성에 불구하고 활성화 되어있지 않다. 발표자의 연구 경험을 바탕으로 연구 주제의 중요성이라든지 연구관점에 대해서 조언을 부탁드린다.

2) 외래 유물의 입수에는 외래인 뿐만 아니라 교역에 종사하는 재지인들의 역할도 고려해야 할 필요가 있다. 菅生小学校裏山 유적 사례도 언급하셨지만, 외래 유물만 출토된 경우에는 누가 그 역할을 담당하였는지가 구분 가능한지 궁금하다.

〈참고 문헌〉

김승옥, 2014, 「취락으로 본 전남지역 마한 사회의 구조와 성격」, 『백제학보』 11, 백제학회.

박순발, 1997, 「한강유역의 기층문화와 백제의 성장과정」, 『한국고고학보』 36, 한국고고학회.

이영철, 2013a, 「거점취락의 변이를 통해 본 영산강유역의 고대사회」, 『한일취락연구』, 한일취락연구회, (서경문화사).

이영철, 2013b, 「호남지역 원삼국~삼국시대의 주거 · 주거군 · 취락구조」, 『주거의 고고학』, 제37회 한국고고학전국대회 발표 요지, 한국고고학회.

임영진, 2013, 「고고학 자료로 본 전남지역 마한 소국의 수와 위치 시론」, 『백제학보』 9, 백제학회.

〈마한의 마을과 생활〉에 대한 토론문 2

송공선 호남문화재연구원

이번 국제학술회의는 문헌에서 확인되는 마한소국을 지금까지 조사된 고고학적 자료와 연구성과를 토대로 마한의 마을 구조와 생활을 추론해보는 자리라고 할 수 있습니다. 매우 광범위하면서도 세부적으로 정밀하게 다루어져야할 주제입니다. 이와 관련된 여러 발표자의 논고 중에서 저는 〈마한 주거구조의 지역성〉과 〈마한의 주거생활〉에 대해 저의 간략한 소견과 질의를 다음과 같이 하고자 합니다.

1. 「마한 주거구조의 지역성」

장타원형수혈의 여러 가지 기능에 대한 가능성 중 발표자는 복층구조 등과 관련된 懸梯의 하단부로 추정하였습니다. 아직 앞으로 가능성에 대한 검증이 필요하겠지만, 본 발표문에서 담양 태목리유적 IV-55호주거지를 예로 제시하였습니다. 발표자가 제시한 장타원형수혈의 기능과 그에 따른 주거구조는 기본적으로 장타원형수혈이 확인되지 않는 주거지보다 규모가 더 클 가능성이 매우 높습니다. 그렇다면 외부에서 볼 때 취락 내에서 규모에 따른 위상이 어느 정도 될 것으로 보입니다. 발표자의 간단한 부연설명을 듣고자 합니다.

2.「마한의 주거생활」

1) 발표자는 마한의 곡물 섭취방식이 시루를 이용함으로써 원삼국시대에 '죽 형태'에서 삼국시대에 '찐 형태'로 변화하였다고 하였습니다. 아마도 여기에서 발표자를 비롯한 여러 연구자들에 의한 지금까지의 연구를 통해 볼 때, 곡물을 화력으로 가공하는 방법 중 '죽 형태'는 물과 곡물을 혼합한 상태로 가열하는 것(삶는 방식)입니다. 반면, '찐 형태'는 장란형토기와 시루를 이용하여 물과 곡물을 완전히 이원화한 후 물의 증기로 가열하는 것(찌는 방식)이라고 정리할 수 있겠습니다. 다시 말해, '삶는 방식'에서 '찌는 방식'으로 취사가 변화하였고, 곡물을 섭취하기 위해 다른 가공방법에 따라 결과물이 '액체 또는 반액체' 상태에서 '고체'상태로 변화라고 표현 할 수 있을 것으로 보입니다.

그러나 여러 곡물 중 '쌀'로 '밥'을 조리한다고 할 때, '죽 형태'의 가공방법으로 조리시간을 좀 더 투여하면 시루를 이용한 '찐 형태'와 같은 결과물을 만들어낼 수 있다는 것은 현재 우리의 일상적인 '밥 짓기'에서도 확인할 수 있습니다. 발표자의 원삼국시대 시루를 이용하기 이전에 곡물 섭취를 '죽 형태'로 했을 것이라는 추정에 대해 부연설명을 듣고 싶습니다.

2) 노지에서 부뚜막으로 취사시설의 변화는 일정한 공간에서 화력의 집중도를 통한 열효율의 극대화를 이룬 큰 변화라고 보입니다. 먼저 발표자는 부뚜막에서 확인된 솥받침의 수와 걸리게 되는 솥의 수가 상응하는 것으로 판단하는지 궁금합니다. 저는 솥받침 2개가 확인되는 부뚜막시설에 필연적으로 2개의 솥이 설치되었을 것으로 보기 어렵다고 판단합니다. 그 예로 익산사덕 23호주거지는 부뚜막 내에서 두 개의 솥받침 위에 원저호가 확인된 사례가 있으며, 다른 유구에서 횡으로 정렬된 2개의 솥받침의 중심 간격이 15~20㎝의 경우가 많

아 2개의 장란형토기가 한 번에 시설되기 어려운 간격이 아닌가 합니다. 그리고 솥 2개를 걸을 수 있다는 것은 한 번에 여러 가지 또는 다량의 곡물을 조리할 수 있었다는 것을 의미하는데 이는 곧 조리된 곡물을 섭취하는 인원수와 연관된다고 할 수 있습니다. 그렇다면 한강유역권과 충청권, 호남권의 솥의 개수가 다르게 나타나는 현상을 어떻게 설명할 수 있는지에 대한 발표자의 설명을 듣고 싶습니다.

　3) 마한의 주거지내 공간 분석은 지역별 다른 평면형태에 따른 공간구조가 조금씩 상이하게 나타나지만, 유물의 출토양상에 따른 공간의 성격은 동일하는 것으로 보입니다. 주거지내의 공간분석은 단순히 내부에서 사람의 동선 및 활동내용을 파악하는 것을 넘어 출입구, 부뚜막 및 배연시설과 같이 취락 내 다른 주거지들과의 상관성도 고려해야만 하는 구조와 공간들도 존재하게 됩니다. 특히, 외부와 연결통로인 출입구의 파악은 주거지 내에서 사람의 동선을 추론하는데 굉장히 중요한 작업일 것으로 판단됩니다. 呂凸자형주거지처럼 출입구가 확실하거나 또는 산경사면과 같이 입지의 자연환경 제약요소가 뚜렷한 경우 출입구의 파악이 용이하겠지만, 충적대지와 같이 저평한 곳에서 출입구 파악은 어려움이 많습니다. 지금까지 출입구를 파악하는데 기본적으로 부뚜막 시설과 반대방향이나 유물이 출토되지 않거나 극소량으로 확인되는 곳을 대부분 추정하게 되는데 이에 대한 발표자의 소견을 듣고자 합니다.

〈마한의 마을과 생활〉에 대한 토론문 3

정일 대한문화재연구원

금년도 학술회의는 2016년도에 진행했던 "동북아시아에서 본 마한토기"의 연구성과를 바탕으로 "마한의 마을과 생활"이라는 주제로 마한사회의 마을에 대한 논의의 장으로 생각된다.

마한사회의 취락에 대해서는 몇몇 문헌기록이 남아 있으나 그 실체를 파악하기에는 부족한 면이 많다. 문헌기록에 언급된 내용을 마한이 존속했던 전 시기의 모든 지역에 동일하게 적용할 수는 없는 것이기 때문이다. 마한 사회의 토기문화가 점토대토기- 경질무문토기- 타날문토기- 경질토기로 변화하였듯이 마한인의 생활패턴, 주거구조, 마을경관, 읍락의 규모 등도 주변 여건에 맞게 상당한 변화를 가졌을 것으로 판단된다.

최근에 많은 취락 발굴조사와 연구는 마한사회를 이해하는데 중요한 역할을 하였다고 생각된다. 금번 발표는 호남지역의 원삼국시대 이후의 마한의 마을자료를 이해하는데 많은 도움이 될 거라 생각되며 몇 가지 발표 자료에 대해 궁금한 내용을 제시해보고 함께 고민하고자 한다.

1. 마한의 마을구조

마한취락의 유형을 분류하면서 거점취락은 읍락, 국읍 수준의 두 가지 구조로 설명하고 있습니다. 본문에는 거점취락 중 읍락은 산 능선이나 단독구릉에 입지하고 국읍은 충적지상에 입지하고 있어 차별성이 있다. 국읍은 읍락 보다 주거 단위의 종류와 수가 차이가 있고 오랫동안 존속한 것으로 보인다. 두 가지 취락 형태의 발전 정도가 차이를 보이는 것이 단순한 시기적인 것인지 아니면 한정된 자연환경에 의해 지속되지 못하고 취락의 중심이 이동하는 것인지 궁금하다.

그리고 두 유형 모두 1인의 우두머리는 존재하지 않고 주거군의 대표자가 모여 결정하는 방식으로 집단운영되었다고 보고 있습니다. 일반적으로 한 가구 수를 3~4명 정도로 계산한다면 천명에서 만 명의 인구가 생존하게 됩니다. 이렇게 많은 인구에 대한 통제가 주거군을 대표하는 몇몇에 의해 집단운영 체계로 가능한 것인지에 대해서는 여전이 의구심이 듭니다.

2. 마한 주거구조의 지역성

호남지역 전반에 대해 권역별 주거 현황을 구분하면서 무안 양장리유적을 함평만권으로 설정하고 계시는데 양장리유적은 영산강본류에 가까운 곳에 위치하고 있어 일반적으로 영산강하류권으로 구분하고 있습니다. 지역권을 설정하는데 있어 수계, 자연지형 외에도 호남서부지역은 토기군에서 지역적인 차이가 있다. 그러나 동부지역 같은 경우는 서부지역과 주거에서는 문화적인 차별성은 있으나 동부지역 자체적으로 토기의 지역권 설정이 가능한지는 어려운 측면이 있는 것 같다.

한편, 섬진강상류로 분류된 임실, 순창 등지에서 방형계 주거지가 다수 확인되는 점이 주목됩니다. 특히 순창지역은 영산강과 섬진강이 만나는 지역으로 순창지역 원삼국시대 주거지 8개소에서 방형계가 우세하고 순창 대가리 향가에서만 26기중 1기가 원형으로 확인되고 있습니다. 현재까지 자료로 본다면 동부지역이면서도 서부지역의 주거문화가 강하게 나타난다고 볼 수 있습니다. 이러한 이유가 무엇인지 생각해 봐야 합니다.

두 문화가 만나는 지역에서는 다양한 주거유형과 집단의 이주가 상시적으로 이루어졌음을 짐작케 합니다. 담양 태목리에서도 원형계가 군집하는 주거유형을 이주 집단으로 상정한 것과 동일하다고 생각됩니다. 문화적 접이지대에는 주민의 교류, 이주, 영향 등 다양한 시각을 가지고 접근해야 할 필요성이 있다.

마한 주거의 연대설정과 관련하여 Ⅰ기의 연대를 2세기 중반에서 3세기를 전후한 시점으로 설정하고 있습니다. 동부지역의 경우 점토대토기- 경질무문- 타날문토기로의 변화과정이 확인되지만 서부지역에서는 명확하지 않아 2세기대 설정에 대해 이견이 많습니다. 최근에 영산강상류의 주거지를 검토하면서 취락의 상한을 기원후 3세기 중엽경으로 하향하면서 기존에 보고된 유적의 편년을 재설정한 연구가 있습니다(전세원 2016). 이에 대한 반발도 있지만 기원후 2세기대의 주거유적을 설정하는데 나름의 기준이 필요한 것 같습니다. 이를 위해서 점토대토기, 경질무문토기 등이 출토되는 유구에 대해서 관심을 가질 필요가 있다고 봅니다. 광주 평동유적에서는 송국리형주거지, 수혈에서 점토대토기, 경질무문, 타날문토기가 다양한 공존관계로 출토되고 있다. 마한 주거지의 2세기 설정에 대해 송국리형주거지의 하한과 더불어 경질무문토기, 타날문토기의 상한문제까지 다양한 검토가 필요하다고 생각된다.

마한 주거문화의 경계와 관련하여 섬진강유역의 순천만, 광양만권 까지만 영향을 주고 경남서부에서는 4주식이 발견되지 않는다고 하였습니다. 사주식주거지가 영남지역에서는 일반적인 출토경향은 아니지만 집단이주나 마한주거의 영향으로 간헐적으로 확인되고 있습니다. 분포권은 포항, 대구, 기장, 양산, 창녕, 거제 등 영남 동부지역에 집중되고 경남 서부지역에서는 함양 우명리 정도가 확인되고 있다. 경남서부지역은 전남 동부지역과 문화적인 동질성이 많은 지역으로 마한의 집단이주가 아닌 자연스런 주거형태가 채용되었을 것으로 생각됩니다. 전남 동부지역에서도 4주식 주거지의 등장이 4세기 후반 해안지역을 중심으로 먼저 확인되고 내륙으로 확산하듯이 경남 서부지역의 해안이나 강변을 중심으로 마한주거의 영향을 받은 주거집단의 존재 가능성도 있다고 볼 수 있다.

3. 마한의 주거생활

부뚜막구조에서 연소부가 횡으로 2개 놓이고 하나의 연통으로 연결되는 부뚜막 구조에 대한 설명과 분포권이 특정지역에 한정되는지에 대해서 궁금하다

주거지의 공간활용에 대한 것으로 토론자도 주거지 조사에서 흔하게 확인되는 장타원형수혈에 대한 여러 고민을 했지만 칸막이시설, 물 저장혈 정도로만 생각한 것 같습니다. 본문에서도 여러 가지 기능에 대해서 설명하셨지만 앞선 발표의 복층구조물을 시설하는 계단(懸梯) 구조물 까지 포함한 다각적인 접근이 필요하다.

⟨마한의 마을과 생활⟩에 대한 토론문 4

임동중 아시아문화연구소

1.「중국 山東地域 先秦時期 주거지」에 대한 토론문

중국 산둥지역에서 확인되는 대표적인 유적을 통해 문화별 주거지의 특징에 대해 정리해주셔서, 신석기시대의 주거문화의 변화양상에 대해 이해하는 데 많은 도움이 되었습니다. 저는 발표문을 이해하는 데 있어 한 가지 부연설명을 부탁드리고 싶습니다.

신석기시대 주거지의 종합적 특징을 설명하시면서 대형주거지에 대해 언급하신 부분이 있습니다. 8,500~7,500년 사이에 존재한 '후리문화'에서부터 60㎡가 넘는 대형주거지가 확인되고, 대문구문화에서는 20~30㎡ 정도 크기의 대형주거지가 확인되고 하셨습니다. 그러나 여기에서 해석의 차이가 보이는 것 같습니다. 후리문화의 대형주거지는 60㎡가 넘는 주거지 임에도 불구하고 '대·중형 주거지가 큰 가족들이 같이 거주와 생활하는 장소일 것이고 소형 주거지가 그들의 부속 건축이다.'라고 해석하였고, 대문구문화의 주거지는 20~30㎡임에도 불구하고 '귀족 계층이 전용하는 대형 주거지'라고 해석하셨습니다. 대문구문화를 앞서 설명할 때는 분묘까지 설명하신 것으로 보아, 단순히 주거지의 규모만 비교해서 해석하지는 않았을 것으로 보입니다. 혹시 주거지 내의 구조적인 차이, 주거지의 분포양상, 또는 출토된 유물의 차이 등에서 계층을 설명할 수 있는 부분이 있는지 설명 부탁드립니다.

2. 「일본열도 고분시대의 마한계 집락」에 대한 토론

북부 규슈에서 긴키지역까지 서일본을 중심으로 '마한계'로 볼 수 있는 유구와 유물이 확인되는 유적을 중심으로 설명해주셨습니다. 3세기대부터 6세기까지 마한과 지속적인 교류가 있었음을 확인할 수 있었습니다. 발표문의 이해를 위해 두 가지 질문을 드리고 싶습니다.

먼저 발표하신 내용을 토대로 보면 3세기에서부터 5~6세기까지도 마한계 유물이 확인되고 있는 것으로 보입니다. 3~4세기대는 일본에서 처음 '마한계'로 볼 수 있는 유적과 유물이 출현하는 시점이기 때문에 이주나 교류를 쉽게 상정해 볼 수 있을 것 같습니다. 하지만 5~6세기 이후에는 새로운 이주나 교류가 아니더라도 내부적인 마한문화의 변화, 발전, 확산으로 해석할 수도 있을 것 같습니다. 그런데도 5~6세기까지 이주나 교류로 보신 이유에 대해 질문드리고 싶습니다.

다음으로 처음에 언급하셨던 대벽건물지와 관련된 질문입니다. 대벽건물지는 앞에서 언급하셨다시피 기존의 연구 성과를 통해 '백제계'로 인식하시고 이번 발표에서는 제외하셨습니다. 대벽건물지는 한반도에서도 5세기대에 등장하는데요. 공주, 부여를 중심으로 익산까지만 확인되고 있습니다. 물론 순천 검단산성에서도 확인된 바가 있지만 영산강유역에서는 아직 확인되지 않고 있습니다. 앞서 발표해주셨듯이 일본에서 '마한계' 유구가 주로 확인되는 곳은 북부 규슈에서 긴키지역까지입니다. 그런데 대벽건물지는 '마한계' 유구와 유물이 분포하는 외곽지역인 긴키지역에 주로 확인되고 있어 분포상의 차이가 있는 것으로 생각됩니다.

소개해주신 긴키지역의 나라현 난고유적군에서도 대벽건물지가 5세기대에 확인되고 있는 것으로 알고 있습니다. 난고유적은 앞서 발표문에서도 소개해주셨다시피 '마한계' 유구와 유물이 확인된 곳입니다. 그렇다면 이러한 '마한계'와 '백제계'의 유구가 유적군 내에서 함께 확인될 때 분포상 차이가 나는지, 시간적인 차이가 나는지 질문드리고 싶습니다. 이와 더불어 벽주건물지가 유적 내에서 차지하는 위상, 위계 등이 있는지도 함께 질문드리고 싶습니다.

3. 「마한의 마을 구조」에 대한 토론

3~4세기의 대표적인 취락 유적을 분석하여 마한의 마을 구조에 대해 구체적으로 잘 정리해서 말씀해 주신 것 같습니다. 특히 취락의 규모, 밀집도와 중첩도, 구조 등을 통해 거점취락, 일반취락으로 구분하여 구체적으로 잘 정리해주셨습니다. 저는 이와 관련하여 두 가지 질문을 드리고자 합니다.

먼저 〈그림1〉에서 제시한 '마한 취락의 유형 구분'에서는 거점취락과 일반취락을 제시하시고, 〈그림2〉에 제시한 '마한·백제 취락 유형별 위계 구도'에서는 중심취락, 거점취락, 일반취락으로 구분하였습니다. 이는 중심취락은 백제와 관련이 되어야만 나타날 수 있는 것으로 이해됩니다. 다른 논문에서는 언급하셨지만 3~4세기 영산강유역을 중심으로 설명하시다 보니, 여기에서는 언급하지 않으신 것 같습니다. 이후의 중심취락의 등장과 경관 변화에 대해서도 간략하게 설명 부탁드립니다. 이와 더불어 담양 태목리유적을 거점취락으로 보셨는데요. 혹시 유적 내부에서 구조적으로 담양 태목리유적이 주변의 일반취락과 차이가 보이는지에 대해 함께 설명 부탁드립니다.

나음으로 '취락 전체를 아우르는 우월적 규모의 주거지'에 대한 질문입니다. 담양 태목리 사례를 들어 '취락 전체를 아우르는 우월적 규모의 주거지는 없었 다'라고 하셨습니다. 분석하는 방법의 차이는 있을 것 같지만 시기별로 나누어 보면 각 시기에 따라 상대적으로 규모가 큰 주거지가 있음을 확인할 수 있습니 다[1]. 물론 '전체를 아우르는' 정도에 대한 해석의 차이는 있을 수 있을 것 같습니 다. 하지만 시기별로 규모 차이가 있는 주거지가 3세기부터 보인다고 가정하면 빠르면 4세기 후반, 늦으면 5세기 이후에 등장하는 초대형 주거지의 등장을 이 전 세력의 성장이라고 볼 수 있을 것 같습니다.

4. 「마한 주거구조의 지역성」에 대한 토론

호남지역을 서부와 동부로 구분하여 각각의 지역적인 차이점과 시기적인 변 화양상에 대해 정리해 주셨습니다. 이중 지역적인 차이점을 평면형태, 장단비, 취사시설 기둥 배치 등으로 설명해주셨습니다. 특히, 장단비를 통해서 호남 서

---

1) 다음은 담양 태목리유적과 화순 용강리유적의 단계별 주거지 면적 변화를 나타낸 box-plot 이다. 단계별로 1기는 아니지만, 상대적으로 규모가 큰 주거지가 확인됨을 알 수 있다.

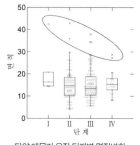

담양 태목리 유적 단계별 면적변화

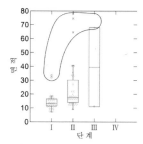

화순 용강리 유적 단계별 면적 변화

부지역과 동부지역이 차이점을 설명하신 부분이 있는데요. 호남 서부지역의 주거지는 방형이, 동부지역은 장방형과 세장방형이 주를 이루고, 이는 사주식 주거지의 분포 범위와도 관련성이 높을 것으로 추정하셨습니다. 또한, 4주를 세우는 형식은 장방형 또는 세장방형보다 방형 주거지에서 선호되었던 건축양식이었을 것으로 추정하셨습니다. 같은 말일 수 있으나 저는 반대로 이해하고 있습니다. 상대적으로 정방형에 가까운 사주식주거지가 많이 확인되는 곳은 장단비가 1에 가깝게 나타나고, 그렇지 않은 곳은 반대 경향이 확인된다고 이해하고 있습니다. 실제로 사주식주거지와 비사주식주거지의 장단비를 비교해보면 사주식 주거지가 상대적으로 정방형에 가까움을 확인할 수 있습니다[2]. 결국 <그림 3>과 같은 차이는 사주식주거지가 권역내에 얼마나 많이 존재하는지에 따른 차이로 볼 수 있을 것 같습니다.

다음으로 추가적인 부연설명 부탁드리고자 합니다. 시기적인 변화양상에서 Ⅲ기에 호남지역에 백제와 가야 등 외래문화요소가 유입되어 주거 구조에 변화가 발생한다고 하셨습니다. 특히, 가장 늦은 시기에 취사시설 전체를 석재로 축조한 쪽구들이 등장한다고 하셨습니다. 이외에도 다른 구조적인 변화양상이 있

---

2) 영산강유역권에서 확인되는 원삼국~삼국시대 주거지를 사주식주거지와 사주식이 아닌 주거지의 장단비를 비교해보면 다음과 같이 확인됨을 알 수 있다.

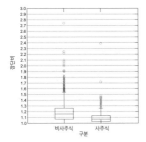

영산강유역권 주거지 장단비 비교

는지 부연설명 부탁드립니다.

5. 「마한의 주거생활」에 대한 토론

한강유역을 포함한 중부지역에서 영산강유역권을 포함한 호남지역까지 광범위한 지역의 취사시설, 내부 공간 활용 등의 분석을 통해 마한의 주거 생활에 대해 정리해 주셨습니다. 발표문을 이해하는 데 있어 두 가지 부연설명을 부탁드리고 싶습니다.

먼저 아궁이의 구조에서 호남권을 중심으로 2개 걸리는 사례가 다수이며 한강유역권과 충청권을 중심으로 한 중부지역에서는 솥이 한 개가 걸리는 사례가 압도적이라고 설명하셨습니다. 혹시 이러한 차이가 의미하는 바가 무엇인지 설명 부탁드립니다.

다음으로 '한국에서는 호남지역이더라도 솥이 1개 걸리는 사례와 2개 걸리는 사례가 동시에 확인되고 있어 일본측 연구와 동일하게 결론내리기 어렵다.'라고 하신 부분에서 일본측 연구에 대해 구체적으로 어떤 내용인지 부연설명 부탁드립니다.

『마한의 마을과 생활』 토론녹취록

좌　　　장 : 임영진(전남대학교)

발 표 자 : 이성주(경북대학교)

　　　　　이영철(대한문화재연구원)

　　　　　김은정(전북대학교)

　　　　　한지선(국립중원문화재연구소)

　　　　　王靑(중국 山東大學)

　　　　　龜田修一(일본 岡山理科大學)

토 론 자 : 송만영(숭실대학교)

　　　　　송공선(호남문화재연구원)

　　　　　정일(대한문화재연구원)

　　　　　임동중(아시아문화연구소)

임영진 : 안녕하십니까? 준비가 되었으므로 토론을 시작하겠습니다. 토론 진행을 맡은 저는 전남대학교 임영진입니다. 발표자와 토론자, 그리고 통역을 맡은 분들이 앞에 나와 계시는데, 발표하신 분들과 통역하신 분들은 이미 소개가 되었으므로 토론을 맡은 분들을 소개해 드리도록 하겠습니다. 제 우측으로 숭실대학교의 송만영 교수님 오셨습니다. 다음으로 호남문화재연구원 송공선 선생님입니다. 그 옆에 대한문화재연구원의 정일 선생님, 그리고 전남문화재연구소에 계시다가 아시아문화연구소로 옮겨가신 임동중 선생님입니다.

오늘 학술회의 주제는 〈마한의 마을과 생활〉로서 일반인들도 호기심을 가질 수 있는 주제였습니다. 기대했던 대로 흥미로운 발표가 이루어졌고 토론 역시 흥미진진할 것으로 생각됩니다.

마한의 마을에 대해서는 중국 사서에 간단하나마 그 규모나 구조에 대해 소개되어 있지요. 삼국지나 후한서에 보이는데 내용에 있어서는 부족한 점이 많지요. 그래서 문헌자료를 중심으로 이루어진 연구는 한계가 있을 수 밖에 없었는데 요즘 마을 단위의 대규모 발굴조사가 이루어지면서 많은 고고학 자료가 쌓여 왔고 오늘 같은 훌륭한 발표가 이루어질 수 있었다고 생각됩니다.

오늘은 그동안 이루어졌던 고고학적 조사, 연구 성과를 중심으로 토론이 진행되겠는데요, 전공자들도 계시지만 일반인들도 계시기 때문에 토론을 잘 이해하실 수 있도록 마한에 대한 개략적인 내용을 먼저 말씀드릴 필요가 있을 것 같습니다.

마한의 공간적 범위는 경기, 충청, 전라에 해당하는데 중국의 기록에 따르면 54개 소국들이 산재한 것으로 되어있습니다. 그러나 우리는 각 소국의 위치가 어디에 해당하는지 정확하게 밝혀내지 못하고 있습니다. 앞으로 풀어나가야 할 과제일 것입니다. 시간적으로는 아직도 학계에서 적지 않은 논의가 계속 되고 있습니다. 그러나 시작 시점은 기원전 300년을 전후한 시기로서 이때부터는 韓이라고 하는 것이 형성되었고, 이어 진·변한이 성립됨으로써 삼한이 구성된 것으로 정리 되어 있습니다. 기존 韓은 진·변한과 구별되면서 馬韓으로 지속되는 것으로 알려져 있습니다. 마한이 소멸하는 시기에 있어서는 통설은 369년으로 보고 있습니다. 교과서에 소개되어 왔던 연대입니다만 근자에 들어서는 5세기 중엽경으로 보는 견해도 있고, 6세기 초 혹은 중엽으로 보는 연구자도 있는데 어떤 견해를 취하더라도 전남지역에서는 가장 늦은 시기까지 마한 사회가 지속되었다는 것이 분명합니다. 그래서 그런지 오늘 발표에서도 경기, 충청권에 대한 소개는 상대적으로 간단했던 편이고 호남지역을 중심으로 발표하게 된 것 같습니다. 호남지역에서 학술회의를 하기 때문에 그런 것은 아니고, 이 지역의 자료가 많기 때문에 상대적으로 다양한 논의가 이루어질 수 밖에 없었을 것입니다.

지금 3시 30분이 조금 지난 것 같은데요. 토론은 5시 30분까지 하게 되어있습니다. 토론이 끝나면 멀리 가실 분들이 계시기 때문에 시간을 잘 지켜야 되지 않을까 싶습니다만 일단 단상에 계신 분들의 종합토론이 끝난 뒤에는 청중 가운데 두세분 정도 질의를 받을 수 있도록 하겠습니다.

아울러서 토론 방식을 말씀 드리겠는데 여러분이 가지고 계시는 자료집 뒷부분을 보시면 네 분의 토론문이 실려 있습니다. 통상 발표자 한분 한분에 대해서 지정토론을 하는 경우가 많은데요, 이번에는 조금 다른 점이 있습니다. 여섯분 발표하셨지만 네 분의 토론자들을 모시되 각 토론자들은 여섯 분에 대한 발표문을 읽고 거기에 대해 토론문을 작성하셨습니다. 최대한 종합적인 토론이 될 수 있도록 한 것인데 시간적인 한계가 있고 또 겹치는 내용들이 있을 수 있습니다. 그래서 제가 네 분의 토론 자료를 다 모아서 소주제별로 나누어 진행하도록 하겠습니다. 토론 자료집은 참고하시되 최대한 토론자들의 발언과 답변에 집중해 주시기 바랍니다.

그럼 종합토론을 시작하도록 하겠습니다. 크게 개별 주거지, 마을의 구조, 마을의 성격, 그리고 시간이 허락되는 대로 마을과 주거지의 기원과 확산에 대해서도 논의해 볼까 합니다. 먼저 주거지의 개별 구조에 관한 내용인데요. 평면형태에 대해 정리하고 넘어가도록 하겠습니다. 오전 첫 발표에서 이성주 교수께서 한국 주거지의 변화를 소개해주셨는데 아쉽게도 뒷부분이 시간 부족으로 충분히 발표되지 못했습니다. 그래서 그걸 좀 보완하고 정리하는 의미에서 먼저 발언을 해주셨으면 합니다. 특히 한국 주거지의 평면형태가 가지고 있는 시간적, 공간적 의미에 대해 정리해 주시면 감사하겠습니다.

이성주 : 제가 발표하면서 간단히 말씀을 드렸는데요. 기본형이 원형이나 방형도 노지를 중심으로 해서 활동할 수 있는 공간이 정해지고, 그것을 감쌀 수 있는 벽이 정해지는 것이 원형이나 방형인데, 여기에서 장방형으로 변화하는 것은 여러 가지 의미가 있다, 같이 살 수 있는 사람이 많아진다, 다음에 취락에서 할 수 있는 많은 활동들이 주거지 안으로 들어올 수 있다, 이렇게 큰 변화가 발생합니다. 그런데 시간이 흘러가면 일반적인 가족이 사는 주거지 말고 다른 건물들이 많이 생겨나거든요. 그러므로 그에 따라서 다양한 평면형들이 나타날 수 있고 규모도 다양해질 수 있습니다. 예를 들어 제작소라던가 제례의 장소라던가 아니면 공동의 집회소 같은 것들은 전혀 다른 평면을 갖고 축조가 된다고 생각합니다. 그러

기 시작하는 것이 대체적으로 청동기시대 중기, 송국리 단계 이후로 생각됩니다.

임영진 : 감사합니다. 큰 흐름에서 보면 원형계에서 방형, 장방형계로 변해 가지만 시기에 따라서, 여러 가지 기능에 따라서 변수가 많기 때문에 일반화하기는 어려울 것입니다. 발표자료집 240페이지를 봐주시겠어요? 한지선 선생의 발표문 〈그림 2〉를 보시면 〈마한의 주거 평면 분포도〉, 이렇게 되어있습니다. 마한권역으로 인정되고 있는 경기, 충청, 전라지역에서 조사된 주거지의 평면형태를 정리하셨는데 뭔가 잡히는게 있지요? 경기지역은 육각형이 중심이면서 앞부분에 특별한 출입시설이 부가된 것도 볼 수 있고, 충청, 전라지역에서는 방형 위주인데, 남해안 일대와 섬진강 일대는 원형을 이루고 있습니다. 이러한 분포 문제에 있어서 여러 가지 질의가 나왔는데 송만영 교수와 정일, 임동중 선생께서 이 문제에 대해서 질의를 하셨어요. 먼저 송만영 교수께서 말씀해 주시죠.

송만영 : 숭실대학교 송만영입니다. 일반적으로 우리가 사주식주거지라고 하면 마한 주거지라고 생각하는데요. 그 다음에 일반적으로 중도식주거지, 이렇게 표현합니다만 呂자형, 凸자형 주거지는 예계로 보는데, 일찍이 박순발 선생께서는 주거지 형태의 분포를 기준으로 연천-양평-남한강, 그 계선을 중심으로 해서 동쪽은 예계문화, 서쪽은 마한문화, 이렇게 보고 있습니다. 한지선 선생의 주거평면 분포도를 보게 되면 춘천, 그 다음에 원주 가현동 지역까지를 마한으로 보시는 건지, 또 경상도쪽을 보면 진주 평거동 표현이 되었거든요. 그런데 이게 마한의 영역을 표시한 것인지 아니면 마한의 주거를 표시하다 보니까 그것과 관련된 것을 표시한 것인지 궁금하고요, 한지선 선생께서는 박순발 선생의 의견과는 다른데 凸자형 주거지도 마한의 주거지로 보시는건지, 만약에 그렇게

보신다면 영서지역까지 마한의 영토에 해당하는지에 대한 답변 부탁드립니다.

임영진 : 시간 관계상 제가 요약하지 않도록 하겠으니 바로 답변해 주시면 좋겠습니다.

한지선 : 질문 감사드립니다. 저도 예계문화권이라고 생각합니다. 여기서 관심 있게 볼 것이 제가 아까 말씀드린 것처럼 진주 쪽, 마한이 아닌 지역을 넣었던 것은 선생님께서 예상 하셨던 것처럼 관련 자료의 분포를 표시하다 보니가 거기까지 나아간 것이고요. 그 다음에, 발표 서두에 말씀드렸지만 마한이라고 하는 것은 시공간적인 차이가 있다고 생각합니다. 물론 연천, 춘천 쪽은 예계문화권이고요, 주거지의 양상이 굉장히 뚜렷합니다. 평면형태를 보시면 충청 이남권에서 보이는 방형, 원형계는 확인이 되지 않습니다. 呂자형, 凸자형 출입구가 노출되는 주거지가 나타나고 있는데, 이것이 예계문화권의 하나의 중요 단서라고 인정하고 있습니다. 제 지도의 경우는 마한으로 썼지만 마한 54개 소국이라고 했던 넓고 광대한 지역에서 도드라지는 특성들이 이런 것들이 있다는 것을 보여드리기 위한 것으로 이해해 주시기 바랍니다.

임영진 : 경기 남부지역 주거지의 경우는 어떻습니까?

한지선 : 물론 呂, 凸자형 주거지가 나오는 권역까지는 예계문화권이지만 마한문화권, 안성천이라든지 그런 유역권까지 섞여서 확인되고 있거든요. 그래서 명확하게 끊을 수 없지만 사실 백제가 국가 성립기 이후로 확장하는 과정에서 呂, 凸자형 주거지가 대전이라든가 그 이남에서 나오고 있기 때문에 사실 그렇게 끊는 건 조금 어려움이 있습니다. 아무튼 제가 말씀드렸지만 백제도 마한 54개국의 일부로 소국에 해당하였던 단계를 고려한다면 기록 그 자체를 순수하게 받아들여서 저희가 권역의 특성을

한 눈에 볼 수 있는 도면이 이제까지 없어서 여러 가지 조금 무리하게 한 게 있고요, 저 개인적으로는 呂, 凸자형 주거지는 예계문화권의 중도유형문화에 해당한다는 것에 동의하고, 그렇게 써왔습니다.

임영진 : 감사합니다. 이 분포도가 특정 시간을 기준으로 한 것이 아니고 상당한 시간을 압축해서 표현한 것이기 때문에 시간성을 감안할 필요가 있는데요, 경기지역을 보시면 김포, 인천, 1, 2번 같은 경우는 방형이고, 한강을 거슬러 올라간 내륙권에서 呂, 凸자형 주거지가 분포되는 특징을 보이고 있습니다. 이게 문화의 계통하고도 관련이 되겠지만 백제의 건국, 발전과도 관련되기 때문에 앞으로 시간에 따른 분포 상태의 변화를 정리해 볼 필요가 있을 것 같습니다. 다음에는, 정일 선생께서 김은정 선생께 질문하신 것이 있으신데 부탁드립니다.

정 일 : 취락의 지역권을 설정하는데 어디를 기준으로 하는가에 따라 결과가 상당히 많이 달라진다, 그런 의미의 질문입니다. 물론 저도 많이 고민을 하고 있는 부분입니다. 그런데 무안이 함평만권으로 다 들어가 있습니다. 무안에서도 양장리같은 경우는 영산강 하류에 분포합니다. 같은 권역으로 분류가 되어 있습니다. 그러니까 주거지 형태라든지, 평면이라든지 4주공 이런 것들이 전부다 함평면권에 포함되는 결과가 되게 됩니다. 함평만권 같은 경우에는 4주식 주거지가 가장 먼저 등장하는 지역이고, 거기에서 확산이 되는 것으로 이해되고 있는데 양장리는 양상이 조금 다릅니다. 양장리유적을 이쪽으로 설정하는게 맞는 것인지 설명 부탁드립니다.

김은정 : 질문을 받고 보니까 제가 이 부분을 좀 더 고민 했었어야 하는 것 같습니다. 제가 지역권을 설정 할 때 망설였던 지역인데 그 부분은 수정을 해야 할 필요가 있는 것 같습니다.

임영진 : 아마 영산강 수계에 대한 지리적인 인식이 확실하지 않아서 그러신 것 같은데 재검토해서 조정하실 필요가 있는 것 같습니다. 다음으로 넘어가겠습니다. 임동중 선생도 김은정 선생께 질문이 있으시죠?

임동중 : 저는 질문보다는 김은정 선생께서 분석하신 자료에 대해서 저의 견해를 말씀드리려고 합니다. 분석하신 자료 216페이지에 호남 동부와 서부의 박스플롯을 통해서 주거지의 장단비를 검토한 내용이 있는데요. 분석 결과 서해안과 남해안 등 주변 경관이 열린 지역은 주거 평면형이 정방형에 가깝다고 하셨습니다. 실제적으로 제가 박스플롯을 274페이지에 제시한 것처럼 사주식과 비사주식의 비율상의 차이로 보고 있습니다. 사주식이 주로 많이 확인되는 호남 서부지역에 주로 정방형의 주거지가 보이고, 사주식이 상대적으로 적게 보이는 호남 동부지역은 상대적으로 세장한 형태로 이해하고 있습니다. 결과적으로 이 박스플롯은 똑같을 것 같은데요. 어떻게 보면 저는 반대로 이해하고 있다는 점을 말씀드리고 싶습니다. 그리고 여기서 구체적으로 216페이지에 제시한 영산강상류권과 지석천권에서 사주식주거지가 많음에도 불구하고 약간 세장한 쪽으로 많이 나타난 것이 영산강상류권에는 예를 들어 담양 태목리라는 사주식이 적게 나오는 유적 분석 결과가 반영된 것 같고요. 지석천권 같은 경우는 사실 사주식주거지가 거의 없습니다. 여기에 쓰였던 분석 자료가 화순 용강리일 것 같은데요. 그 점을 감안한다면 이 박스플롯에 그려진 방형이나 세장방형 이런 것이 결국 사주식 주거지가 어느 정도 분포했는지와 상당히 밀접한 관계가 있다고 생각됩니다.

김은정 : 임동중 선생께서 이해하신 것과 제가 이해한 것이 비슷한데 지금 해석의 차이가 있는 것 같습니다. 사주식과 평면형태가 서로 밀접한 관련성이 있다고 보면 되지 않을까 하는 정도로 이해하시면 좋을 것 같습니다.

임영진 : 평면형태에 대한 문제입니다만 세부적으로, 통계학적으로 들어가면 논의가 길어질 것 같으니 주거지 내부 공간 문제에 대해 이야기해 볼까 합니다. 이 문제에 있어서는 주거지 중간에서 흔히 발견되는 길다란 수혈이 어떤 용도인가를 먼저 논의해 보고자 합니다. 그동안 무려 천여기의 주거지에서 이런 시설이 확인되있는데 아직까지 그것이 어떤 용도로 쓰였는지 누구도 설득력 있는 이야기를 못해주고 있습니다. 이것은 주거지의 구조상 상당히 중요한 공간과 관련된 것인데, 이성주 교수의 발표에서는 청동기시대까지 노지를 중심으로 사방이 비슷한 성격의 공간을 가지고 있다가 철기시대부터 노지가 한 쪽 벽에 붙어서 공간적으로 다양하게 분화되었다고 말씀해 주셨는데, 마한의 주거지에 있어서는 이 장타원형수혈이 또 하나의 관건이 될 것 같습니다. 몇 분이 거기에 대해서 언급하셨는데 먼저 송만영 교수께서 말씀해 주시기 바랍니다.

송만영 : 장타원형수혈의 기능에 있어서 여러 가지 언급이 있었는데 오늘 발표에서는 두 가지 정도였던 것 같습니다. 하나는 복층으로 올라가는 사다리 지지대 역할, 그리고 칸막이 시설입니다. 그런데 둘 다 아무리 생각해도 이해가 안되는 부분이 있습니다. 먼저 김은정 선생이 복층의 구조에서 사다리를 지지하기 위한 역할이라고 했는데 226페이지 〈그림 8〉 모식도를 참고하자면 복층구조가 가능한 수혈의 깊이인지, 많은 주거지에서 외주공이 나오는지, 사다리를 지지하는 구조라면 장타원형 수혈의 장축 방향이 주거지의 장축 방향과 일치를 해야 하는데 그렇지 않습니다. 그리고 수혈 상부에 퇴적된 탄화목재가 사다리가 분명한지 파악할 필요가 있습니다. 두 번째는 한지선 선생께서 송공선 선생의 논문을 인용해서 칸막이시설의 기능을 언급했는데요, 삼국지 위지동이전 마한조를 보더라도 한 집안의 식구들이 생활을 할 때 어린아이, 어른, 남자, 여자의 구

별이 없다, 이런 내용이 있습니다. 저는 그 부분을 칸막이 시설이 없다, 그런 의미로 이해했습니다. 그래서 실제로 그것이 칸막이 역할인지, 다른 시설을 한 것인지 추가적인 설명을 부탁드립니다.

임영진 : 두 분께 질문을 하셨고, 정일 선생과 송공선 선생도 한지선 선생께 비슷한 질문을 하셨습니다. 한지선 선생님, 마저 질문 받고 일괄로 답변 하시는 것이 좋겠습니다. 먼저 정일 선생님.

정　일 : 장타원수혈에 대해서는 여기 계신 분들 모두 여러 고민을 하셨을 것이고, 저는 개인적으로 수혈이 대부분 중앙부에 위치하는데 하나는 물과 관련된 시설로 봅니다. 식기나 손을 씻는 그런 간단한 시설로 생각하는데, 왜냐하면 송국리형주거지에 있는 타원형구덩이가 나중에는 점차 없어지고 주공만 있다가 송국리 마지막 단계의 방형계 주거지로 연결한다면 물과 관련된 시설, 그렇게 아니었을까 추정하고 있습니다. 두 개가 나란히 있는 것은 어느 정도 공간을 분할하는 시설이지 않을까 생각합니다.

임영진 : 질의 겸 본인 의견을 내셨는데, 송공선 선생, 질문해 주시죠.

송공선 : 저는 미시적으로 주거지 내부공간에서 출입구 방향이 어디일까? 이 부분은 주거지 군이 형성되어 있는 군락에서 하나의 공용 공간과 관련 될 수 있기 때문에, 물론 구릉 사면이나 산 사면에 위치한 군락은 자연 지형을 반영하는 경우가 많겠지만 저평한 지역에 위치한 주거군의 출입시설은 어느 방향에 있느냐가 상당히 변수가 많은 것인데 취사시설이나 토기의 출토현황을 봤을 때 출입구 방향을 어느 방향으로 보는 것이 좋을지 궁금합니다.

임영진 : 김은정, 한지선 선생 두분께 세분이 의견을 내셨는데 발표 내용을 반박하는 것이라기보다는 다양한 가능성에 대해 말씀하셨습니다. 김은정 선

생께서 먼저 답변해 주시겠습니까.

김은정 : 지적하신 사항들은 차후 더 면밀한 검토가 이루어져야 한다는 것은 인정합니다. 다만 이 시점에서 발표자가 추정해볼 수 있는 부분을 가능성 제시 정도로만 답변하고자 합니다. 저는 복층구조로 올라가는 어떤 시설 또는 깊은 수혈주거지에서 밖으로 나가기위한 시설 정도로 정리할 수 있을 것 같습니다. 여기서 복층구조라 하면 일반적으로 2층 정도로 생각해 볼 수 있지만 이때 당시에는 혹시 단층 구조이면서 허리나 가슴 정도의 높이에 오는 선반형태의 복층이 아닐까? 그런데 우리가 선반이라 하면 약한 구조라고 생각할 수 있는데 약한 구조가 아니라 사람이 올라갔을 때 무너지지 않는 정도의 시설물을 머릿속으로 떠올려보면 좋을 것 같다, 이렇게 생각했고요. 장타원형수혈의 복층구조이면 주거지 장축방향과 일치해야 한다고 지적하셨는데 저는 역으로 만약에 복층구조에 어떤 곡식이나 물건들을 보관 한다거나 사람이 올라간다거나 했을 때 주거지에서 세장한 것 보다 방형이나 장방형 형태의 복층 구조가 좀 더 안정적이기 때문에 오히려 세장한 형태보다는 방형이나 장방형 형태의 복층 구조가 당시 생활에 유리했을 것이라고 이해를 했습니다.

그리고 두 번째는 장타원형 수혈의 위치를 전반적으로 보면 부뚜막이 있는 쪽보다 출입구가 있었을 것으로 추정되는 부분에 치우쳐 시설되어 있는게 많은데 외부에서 주거지 안으로 들어가려고 할 때 약간 단시설이 있고 거기에 사다리가 있고 그 밑으로 내려갈 수 있는 그런 구조를 머릿속으로 그려봤습니다. 이 부분은 좀 더 철저한 고증을 통해서 기능이 확정되어야할 것으로 생각됩니다.

한지선 : 저도 김은정 선생과 크게 다르지 않습니다. 오늘 이 장타원형수혈이 1200기나 있다는 것에 깜짝 놀랐습니다. 제가 주목했던 것은 전주 송촌

동에서 나란히 장타원형수혈이 위치한 것입니다. 수혈이 하나있을 때와 두 개 있을 때는 다른 기능을 떠올릴 수 있고, 주거지 한 가운데를 지나 가는 것들이 상당히 인상적이었기 때문에 이런 것도 가능하겠다, 이렇 게 생각했었고, 제가 주로 연구하고 있는 중부지역에 이러한 양상은 확 인되지 않고 일부 방형주거지에서 모서리 벽체쪽에서 장타원형수혈이 확인된 바가 있었는데 혹은 저장기능을 생각해 볼 수 없을지, 아무튼 가 능성은 다양한 것 같습니다.

지금은 아직 가설을 세우는 단계이기 때문에 전공자들이 모여서 여러 가지 것들을 고민해 볼 필요가 있을 것 같습니다. 그리고 출입구 방향 에 대해서는 제가 연구하고 있는 중부지역의 경우 출입구에 대한 고민 이 거의 없었습니다. 방형이나 원형주거지에 있어 기본적으로 수혈식이 기 때문에 출입구가 상부로 드나들 수 있는 구조였을 것이기 때문에 평 면에서 확인되는 출입구는 없을 것으로 보는데 출입구가 있는 주거지라 든가 그런 주거지의 상황을 보면 대부분 부뚜막에서 멀리 떨어진 부분 에 설치가 되고 출토유물 자체가 비어있는 공간에 있어야 하는데 그러 한 것을 따져보면 한강유역권에서는 방형주거지 모서리에 있는 부뚜막 의 반대편 하단 모서리쪽이 대부분 출토유물이 없어요. 그래서 대각선 반대편 쪽이 출입구일 수 있겠다 이렇게 생각합니다.

임영진 : 주거지 내부의 공간분할에 있어서는 생활 패턴과 관련하여 좀더 정치한 분석을 할 필요가 있는데 많은 논란이 있는 것들은 간단하게라도 집을 직접 지어서 검증해 보는 노력이 있어야 할 것 같습니다. 이 점에 있어 서는 몽고 파오도 참고가 된다고 봅니다. 한 가족이 이동생활을 하면서 일년 열두달을 지내는 공간인데 그 크기가 일반적으로 선사시대 주거지 와 거의 비슷합니다. 직경 5~6m 정도인데, 그 공간 안에서 온갖 활동들

이 다 이루어지니까 그 내부 공간이 어떻게 분할되어 어떤 활동들이 이루어지는가, 그런 것을 참고해 볼 필요가 있지 않을까 생각합니다.

　　다음은 취사시설 문제로 넘어가도록 하겠습니다. 먹고사는 문제이기 때문에 상당히 중요하고 흥미진진한 내용입니다. 한지선 선생께서도 독특한 그림을 통해서 새미있는 해석을 해주셨는데 그에 대한 논의에 앞서서 이성주 교수의 발표에서 시간관계상 제대로 듣지 못했던 토기 기종구성의 변화가 갖는 의미에 대해 설명을 들을 필요가 있을 것 같습니다. 부탁드립니다.

이성주 : 사실 청동기시대까지 취사 전문 용기가 어떤 것인가를 특정 짓기가 어렵습니다. 그렇지만 청동기시대까지 중원의 취사용기는 鬲이 대표적인 취사용기였을 것입니다. 그 후 시루가 확산된 것 같은데 이게 철기시대에 같이 들어오는 단계가 잘 아시는 광주 신창동, 사천 늑도 단계입니다. 그리고 이때 온돌과 온돌에 덧붙어 있는 부뚜막이 들어오는데 이게 벽에 붙는다는 것입니다. 벽 가까이 가면 지붕이 낮아지기 때문에 행동의 제약이 있었을 것입니다. 그래서 그로 인해 활동 영역이 넓어지고 벽 가까이에서 취사활동을 하는 자체가 상당히 중요한 의미가 있다고 생각합니다. 이때가 되면 취사용기와 함께 식기, 이러한 것들이 늘어나기 때문에 식사와 취사가 집 안에서 이루어진 것이 확실해 집니다. 그 이전 단계에는 그것을 특정하기가 어렵습니다.

임영진 : 감사합니다. 기종의 변화가 부뚜막의 위치 변화가 관련되었다는 말씀이신데 구체적인 질의에 있어서는 크게 부뚜막 자체와 관련된 내용, 예를 들어 솥의 수가 몇 개고 위치가 어디냐, 이런 문제와 음식 조리 방법 등으로 나눌 수 있겠는데, 송만영 교수께서 먼저 말씀해 주시기 바랍니다.

송만영 : 호남지역의 취사시설을 분류한 것을 보면 김은정 선생은 노하고 부뚜

막, 쪽구들, 이렇게 크게 분류하고 부뚜막을 Ⅰ유형, Ⅱ유형으로 나눴는데 부뚜막 Ⅰ유형은 중간에 연도부가 없는 거죠. 불을 때면 연기가 바로 나가는 구조이고요. 부뚜막 Ⅱ유형의 경우 일정한 연도부가 있는 것입니다. 형태는 一자형, ㄱ형 등이 있는데 쪽구들의 기술 내용하고 비교를 해보면 전혀 구조상으로 차이가 없습니다. 다만 재료 차이가 있습니다. 쪽구들은 석재로만 이용했고 부뚜막은 점토를 이용했다고 이야기하고 있는데 저는 반대입니다. 예를 들어 쪽구들을 만들 때 석재로만 만들 수는 없어요. 왜냐하면 석재로 완벽하게 틈을 막지 못하기 때문에 석재로 기본 틀을 만들고 중간에 빠진 부분은 점토로 마감할 수 밖에 없습니다. 쪽구들도 점토와 석재를 이용하여 만들 수 밖에 없다고 생각합니다. 시간이 지나서 점토가 남지 않은 경우가 있을 수도 있을 것입니다. 그래서 재료상에 문제가 없다고 한다면 결국 부뚜막과 쪽구들은 구조상에서 차이가 없다, 그렇게 생각합니다. 그래서 구조적인 측면에서 쪽구들이 부뚜막의 Ⅱ유형으로 모아지면 어떨지 생각합니다.

김은정 : 호남지역에서는 쪽구들이 발견된 사례가 많지 않아서 제 속성들을 일반화시키기에는 어려움이 있습니다. 부뚜막 Ⅱ형과 쪽구들이 같은 형태라고 말씀하시는 것 같은데 여기서 축조 재료를 석재로만 명시한 것은 주재료가 그렇다는 것을 강조한 것입니다. 구조적인 측면에서 차이가 있느냐고 물어보시면 현재까지 특별한 차이는 없고 쪽구들을 부뚜막 Ⅱ형으로 포함시켜 세부 형식을 분류해도 큰 무리는 없을 것으로 여겨집니다. 다만 시기적인 차이가 발생해서 이를 강조하다 보니까 부뚜막과 쪽구들을 나눈 측면이 있습니다.

임영진 : 송만영 교수의 견해에 대해 특별히 다른 의견이 있는 것은 아닌 것 같습니다. 다음에는 송공선 선생께서 말씀해 주시죠.

송공선 : 한지선 선생이 마한의 음식 조리 형태에 있어서 죽 형태와 찐 형태를 말씀하셨습니다. 죽 형태라는 것은 물과 곡물을 혼합한 상태에서 가열하는 방식이고, 찐 형태는 물과 곡물을 분리한 상태에서 가열하는 방식이기 때문에 차이가 많습니다. 그런데 지금 현재 우리가 가장 많이 먹는 밥을 예로 들면 물과 쌀은 섞인 상태로 가열하면 일단 죽이 되지만 더 가열하면 밥이 됩니다. 밥은 찐 상태에서도 만들 수 있습니다. 발표에서 조리 시간의 문제를 거론하였고 곡물의 종류에 따라 다를 수 있다고 말씀하셨는데 중부지방을 보면 원삼국시대에는 잡곡, 그 다음이 두류이고, 삼국시대는 잡곡, 쌀, 이런 순서입니다. 어쨌든 주로 섭취하는 음식은 잡곡이고 조리 시간은 비슷할 것인데 왜 원삼국시대에는 죽 형태이고 그 다음에는 찐 형태로 변화되었는가에 대해 또 다른 이유가 있지 않을까 하는 생각에 질문 드립니다.

한지선 : 원삼국시대 죽 형태에서 삼국시대 찐 형태로 가는 것은 전반적으로 맞는데요, 죽 형태가 삼국시대에 없어지는 것은 아닙니다. 평저토기가 노지에서 사용하게 되면서 죽 형태의 음식물을 조리하게 되는데 그런 역할들이 심발이라고 하는 평저 발이 아궁이 앞에서 그 용도를 대신하고 있는데요, 무문토기 하단에 나타나는 탄착흔이 심발형토기에서 많이 나타나고 있다는 것, 그래서 죽을 대표로 하는 수분이 줄어드는 요리가 삼국시대에도 있는데 부뚜막의 도입이 획기적이어서 노지가 없어져버립니다. 그래서 노지로 조리할 수 있는 상황 자체가 없어져 버립니다. 노지와 부뚜막의 이원화된 조리 시설이 부뚜막 하나로 되겠죠. 그렇다면 왜 찌는 요리가 발달이 되느냐. 그것은 계기적으로 그렇기 때문에 이렇다라기 보다는 지금으로서는 시루와 장란형토기, 그리고 부뚜막의 세트가 폭발적으로 확산됨으로써 찌는 요리가 발달했다는 것을 현황적으로

이해하고 난 다음에 그것을 해석하기 위해 작물 조성을 보려는 것입니다. 확실히 쌀이 조리시간이라든지 장기 보관의 용이성도 있고 쪄서 보관한 상태에서 그것을 말린 후 그것을 심발같은 곳에 넣어 불려 끓여 먹거나 그런 2차적인 행위가 있었을 것으로 생각합니다. 기본적으로 장란형토기는 솥이라고는 하지만 그 솥 안에 음식물을 끓이는 행위를 한 것은 아닙니다. 많은 사례를 보아도 장란형토기에 탄착흔이 나오는 경우가 없습니다. 그렇다면 장란형토기는 위에 시루를 올리고 물만 끓였던 용기였을 것이고 실제 조리용기는 아닐 것입니다.

임영진 : 죽 형태와 찐 형태는 그 자체로 크게 다를 뿐만 아니라 우리가 섭취할 때 느끼는 식감이 크게 다릅니다. 현재 우리는 죽을 먹는다는 것이 정상적이 아닌 상태를 의미 하는데 청동기시대에 쌀이 나오는데 쌀을 죽 형태로만 섭취하였을까요?

한지선 : 청동기시대에 쌀이 굉장히 많이 나옴에도 불구하고 시루의 출토량이 상당히 빈약합니다. 그래서 쌀과 시루라는 찌는 요리를 직접적으로 연결하기는 어렵고 그런 것들이 취사 용기와 시설이 함께 결합되지 않으면 사실 찌는 요리로의 발전 자체를 포괄적으로 음식문화로 이해하는 것은 별개로 봐야할 것 같습니다.

임영진 : 감사합니다. 사실 이와같은 논의는 그다지 오래 전에 시작된 것이 아닙니다. 불과 10년 전만 하더라도 출토되는 토기의 종류, 지역과 시간에 따른 차이, 이런 것에 대한 연구가 중심이었는데 이제는 그것을 어떻게 사용하였는가에 대한 문제로 초점이 바뀌어 가고 있습니다. 앞으로 보다 더 다양한 실생활에 관한 내용이 밝혀지기를 기대해 봅니다.

다음에는 이 문제와 관련하여 부뚜막에 걸린 솥의 수가 하나냐 둘이냐, 횡이냐 종이냐 하는 문제가 제기되어 있는데, 참고로 한지선 선생의 발표문 243쪽을 보시면, 흔히 발굴되는 부뚜막을 모식화해서 그린 그림인데, 실제로 시골에서 사용했던 부뚜막하고 크게 다른 점은 찾아보기 어렵습니다. 244쪽의 솥의 지역성을 보면 지역에 따라 약간 차이가 있는 것을 볼 수 있는데 이 차이가 어떤 의미가 있는 것인가 하는 질문들입니다. 송만영, 정일, 임동중 신생 세분이 모두 한시신 신생께 질문하었습니다. 세분이 모두 질문해 주시고 한선생이 종합적으로 답변해 주시기 바랍니다.

송만영 : 부뚜막에 걸린 솥의 숫자에 따라 산화되는 위치가 다르다고 주장 했습니다. 발표문을 보면 하나인 경우 솥의 중앙부 하단에 형성이 되고 두 개인 경우 솥 두 개의 사이에 불꽃이 위치하기 때문에 측면부에 형성 된다, 그렇게 말씀 하셨습니다. 그런데 실제로는 모식도를 보면 지각 위에 있는 솥의 중앙부분에 불꽃이 형성되는 것이 아니라 앞부분에 형성이 되는 것이거든요. 땔감을 땔 때 지각을 중심으로 앞에 집어넣게 됩니다. 전주 동산동의 경우 밝게 표시된 부분이 있어요. 그 부분이 지각 앞쪽에 형성이 되거든요. 그 부분이 가장 열을 많이 받은 부분입니다. 그래서 당연히 솥의 중앙 하단부가 아니라 앞쪽이기 때문에 두 개이거나 한 개이거나 똑같지 않겠느냐하는 생각입니다. 그래서 실제로 발굴자료 가운데 그런 사례가 있는지 설명 부탁드립니다.

정　일 : 노지의 변화가 토기의 변화를 가져왔다라는 인식을 받았습니다. 그렇다면 호남지역에 보이는 세장형의 장란형토기가 결국 노지 때문에 발생이 되고 5세기 때에 변화를 겪는 것은 그때 당시 부뚜막이 변화를 가지면서 서울, 경기 역시 그런 장란형토기로 변화된 것으로 인식이 됩니다.

임동중 : 저도 비슷한 의문을 가졌는데 발표 하시면서 사례까지 모두 설명해 주셔서 따로 질문을 드리지 않아도 될 것 같습니다.

한지선 : 송만영 선생님 말씀처럼 아궁이 앞에서 불을 때지만 사실은 하나 있을 때는 토기 정면에 불을 때고 불이 양쪽으로 갈라집니다. 그런데 솥이 두 개일 때는 갈라지기는 하지만 가운데로 또 빈공간이 생기기 때문에 지나가거든요. 그래서 산화면이 정면과 측면에 나타난다는 말씀을 드린겁니다. 정면에 없다는 것은 아니고 정면과 측면에 나타나는 것들이 솥이 두 개 꽂혔을 때 관찰한 결과였습니다. 이것이 꼭 솥이 아니더라도 솥받침, 특히 토제로 있는 솥받침의 경우 굉장히 극명하게 나타납니다. 하나만 있는 솥받침의 경우 아궁이쪽과 뒷면을 반등분해 보면 앞쪽은 빨갛고, 하얗게 산화가 되고 뒷면은 토기의 색깔을 유지하고, 두 개의 솥받침의 경우 정면과 측면의 산화부분이 발달되고 있는 양상이 확인되고 있어서 그러한 것으로 이해를 할 수 있겠습니다. 다만 송공선 선생의 질문인데요, 솥받침이 두 개 있다고 해서 솥을 두 개를 꽂았을 것인가 하는 문제는 명확하게 알 수는 없습니다. 다만 솥을 두 개를 꽂기 위해 솥받침을 두 개 놓은 것이지 일부 모식도에서 솥받침 사이에 장란형토기를 놓는 것도 볼 수 있었는데 하나만 꽂았을 수도 있지만 실제로 두 개의 솥받침이 있었을 때 두 개의 솥이 실제로 출토되는 양상들이 호남지역에 많이 확인되고 있어서 일단 개념적으로 솥받침 두 개 있는 것들을 두 개의 솥을 걸기 위한 의도가 있었다, 그렇게 생각합니다. 그리고 호남지역은 정말 세장합니다. 장란형 토기를 그렇게 만든 것 자체가 두 개를 꽂고자 하는 의도가 반영된 것이 아닌가 합니다.

임영진 : 감사합니다. 토론을 시작한지 한시간이 되어갑니다만 큰 주제 네가지 가운데 첫 번째 주제를 벗어나지 못하고 있습니다. 앞으로 질의와 답변을 좀 더 압축해서 해 주시기를 부탁드립니다.

　　발표에 언급된 내용 가운데 저장시설과 관련된 내용이 있습니다. 이성주 교수께서 시기별, 지역별 저장시설의 차이에 대해 언급해 주셨는데 농작물의 생산력은 계속 높아지는 방향으로 발전하였는데 그것은 재배작물의 순화, 경작도구의 개량, 관개방식의 발전, 이런 것들이 이루어졌기 때문일 것입니다. 이에 따라 증대 되는 잉여 생산물을 비축하는 방법도 개선되어 나갔을 것인데 주거지 내부에 저장하였을지, 마을 내에 저장하였을지, 그리고 사회가 커지면 개별 주거에서 이용할 수 있는 식량과 공용 식량이 구분되었을 것인데 어떻게 구분하여 저장했을지, 이런 문제를 논의해봤으면 좋겠습니다. 먼저 이성주 교수께서 시기별, 지역별 저장 방식의 차이에 대해 개략적으로 말씀해 주시면 좋겠습니다.

이성주 : 저장을 하는데 지하식 수혈 저장과 지상 고상 창고를 쓰는 방식은 전세계적으로 많이 보이는 것 같습니다. 다만 기후의 차이에 따라서 달리 쓰는 것 같습니다. 이 두가지 패턴이 독립된 저장시설로 많이 쓰이는데 가옥 안에서 어떻게 저장 되는지 이것이 잘 연구가 안되어 있죠.

임영진 : 주거 내부 저장에 대해서는 김은정 선생이 거론하셨는데 요약 설명을 부탁드립니다.

김은정 : 주거 내부에서 저장을 적극적으로 했을만한 증거는 찾지 못했습니다만 주거 내부 저장을 생각해 보면 기둥구멍을 제외하고 다른 구덩이가 있으면 그것을 저장 수혈로 생각을 하고는 있는데 그거는 불분명하다고 봅니다. 보통은 토기 내부에서 곡물자료들이 나오기 때문에 주거 내에서 조리를 하기 위해서 조금씩 외부 저장시설에서 가져와 잠깐 보관하는 정도로 생각을 하고 있습니다. 주거지 바닥에서 한곳에 모여 곡물자료가 출토되는 경우도 종종 있는데 그것들은 초본류로 만든 바구니 등에 보관하지 않았을까, 이 정도로 생각하고 있습니다.

임영진 : 주거내 저장은 이루어졌을 것이지만 잔존물을 통한 확인은 쉽지 않은 것

같습니다. 저는 20년전에 광주 쌍촌동에서 주거지를 발굴했는데 상당히 큰 항아리가 깨져 출토되었고 그 안에서 탄화물이 나왔어요. 그래서 그 분석을 의뢰했더니 밤이었습니다. 상당히 큰 밤이었는데 중국 기록에 마한에서는 큰 밤이 나는데 그것이 마치 배와 같이 크다는 기록이 있어서 그런 기록과도 상통하는 예가 될 수 있을 것 같습니다. 경기권의 주거지에서도 큰 항아리들이 나오고 있어서 토기를 이용한 저장은 흔히 이루어졌던 것 같습니다. 앞에서 주거 내 장타원형수혈의 기능을 다락이나 선반 같은 곳으로 올라가는 계단과 관련된 것일 가능성에 대해 논의하였는데 선반이나 다락에 곡물을 저장했다고 하더라도 이를 입증하기는 쉽지 않을 것입니다. 이영철 원장께서는 마을 구조에 대해 발표해 주셨는데 저장시설로 추정되는 일정한 패턴 같은 것은 보이지 않습니까?

이영철 : 제가 말하는 마한시기의 저장형태를 보면, 주거군으로 표현을 했습니다만 주거군 단위마다 소형의 수혈들이 무리를 지은 사례들이 꽤 많습니다. 이성주 선생님 발표에서 잠깐 그런 비슷한 말씀을 하셨지만 수혈 구덩이를 파고 주거군 단위로 저장 시설을 갖추고 있었다고 생각합니다. 마을 전체의 저장과 관련된 시설을 말하자면 일부 3~4세기대 취락을 보면 집자리가 그룹을 형성하고 있는 가운데 그러한 경우 구릉 정상부에 한칸×한칸, 두칸×두칸의 지상건물지가 꼭 한동이나 많으면 두동이 있는 사례가 있습니다. 아마 그러한 것들은 마을에서 공동 관리하는 곡물을 저장했던 시설이지 않을까 생각하고 있습니다.

임영진 : 고맙습니다. 저장시설 문제는 우리보다 발굴 사례가 많은 중국과 일본의 사례를 청해 듣고 논의를 계속해 나가도록 하겠습니다. 먼저 중국의 사례에 대해 王青 교수께서 소개해 주시면 감사하겠습니다.

王 青 : 산동성의 신석기시대를 중심으로 말씀 드리겠습니다. 아침 발표에서 후

리문화의 서하유적에서 나온 저장시설이 아주 명확한 것으로 볼 수 있습니다. 저장시설은 대부분 도기가 많고 도기 중에서 盤이라는 도기가 많이 사용되고 더 이른 신석기시대에는 釜가 많습니다. 이 부는 대체로 벽 주변에 모여져 있는데 후리문화의 서하유적에서는 10개의 부가 발견되었고 종류는 큰 것과 작은 것으로 나누어지는데 큰 것은 1m, 작은 것은 50㎝ 정도입니다. 큰 것은 저장용으로 사용된 것으로 보이고 작은 것은 불에 탄 흔적이 확인 되는 것으로 보아 취사용으로 사용된 것 같습니다.

66페이지 〈그림 3〉을 보시면 여기 거주면은 후리문화의 거주면입니다. 거주면에 발견되는 유물을 통해 공간 분할을 알 수 있습니다. 그림에서 오른쪽 아래부분 28번 주변에서 많은 토기들과 석재들이 발견되었습니다. 이 공간이 저장 공간으로 보입니다. 그리고 저장 공간의 왼쪽에 있는 공간이 수면지역으로 추정됩니다. 그리고 13번, 12번이 있는 지역이 공동 활동공간으로 보이고 위쪽 19번이 있는 쪽은 역시 수면공간입니다. 그리고 위쪽으로 5번, 3번, 2번, 7번이 있는 쪽은 취사를 하는 공간입니다. 후리문화는 아까 말씀드린 것처럼 한 가족이 사는 것이 아니라 여러 세대가 사는 가옥으로 공동 공간이라는 표현을 습니다. 그리고 20번 주변은 주방신을 모시는 공간으로 보았습니다.

임영진 : 감사합니다. 소개해주신 후리문화 저장시설은 기원전 4~5000년에 해당하는 것이어서 시간적으로 많은 차이가 있는데 춘추전국시대 이후가 되면 거의 지상주거로 바뀌므로 시간적인 차이는 있지만 이런 자료를 참고로 해서 마한 수혈 주거 내부의 저장시설을 추정해 볼 수 있겠습니다. 중국에서는 마을 단위의 옥외 저장시설은 별도로 확인된 바가 없는가요?

王　青 : 산동성 서진시기의 발굴중에 촌락 전체가 완전하게 발굴된 경우가 거의 없습니다. 그래서 실외에 어떤 저장 공간이 있었는지 잘 알 수 없는 상

황입니다만 이성주 선생님이 발표하신 내용 가운데 아미성에 있는 주거지 사이에 불에 탄 흔적이 확인된 예가 있는데 그곳이 벼 등의 곡물을 저장했던 공간이 아닌가 생각하고, 집 사이에 창고와 같은 저장 공간이 있었을 것으로 봅니다.

임영진 : 다음은 亀田 선생님, 일본 사례에 대해 소개 부탁드립니다.

亀田修一 : 먼저 야요이시대에 대해 말씀 드리겠습니다. 지금까지 말씀해주신 바와 비슷합니다. 주거지 내부와 외부에 저정시설이 있습니다. 주거지 내에서는 구덩이를 파서 저장시설로 이용하고 있고 토기를 이용한 저장은 벽체 위에 선반시설을 하고 그 위에 토기를 이용하여 저장하거나 지붕에서 끈을 이용하여 저장하는 방식이 있습니다. 저장 수혈의 경우 구덩이 형태가 주거지 내에 대부분 있는 것이 아니라 일부에서만 확인됩니다.

　주거지 밖에 있는 저장시설은 야요이시대의 경우 한국에서도 많이 발견되는 바와 같이 평면 원형에 단면 주머니 형태의 저장 수혈이 확인되고 보통 창고라고 할 수 있는 외부 주공이 확인됩니다. 저장수혈의 평면 형태가 반드시 원형은 아니고 지역에 따라 장방형도 확인됩니다. 이런 저장수혈의 경우 야요이시대에 끝나는 것으로 보입니다. 지상 창고의 경우 마을 전체적으로 확인되는 경우도 있고 한곳에 밀집되어 확인되는 경우도 있습니다. 유명한 요시노가리 유적의 경우 주거지 밖에 창고들이 모여있는 그런 양상이 확인됩니다.

王　靑 : 65페이지 〈그림 2〉에 보시면 H118, H105, H89 이런 것들이 둥근 형태의 수혈인데 이러한 수혈들이 집 옆에서 발견되는 것으로 보아 저장시설로 추정됩니다. 한국의 신석기시대에도 방형의 주거지 옆에 수혈이 있는 것을 보았습니다. 중국 동북지역에서는 많이 보이는 현상인데 집 주변에 구덩이를 파고 겨울에는 야채 등을 저장하고 여름에는 항아리에

음식을 담아 저장하는 방식입니다.

임영진 : 중국에서는 집 밖에 수혈 저장시설이 지금도 사용되고 있던데 제법 규모가 크죠?

王　靑 : 동북지역보다 서북지역 저장 수혈이 훨씬 큽니다. 신석기, 청동기시대에 2~3m의 깊이입니다.

임영진 : 지하 2~3m 깊이의 움은 마한지역에서도 많이 확인되고 있지요. 익산 사덕이 대표적일 텐데 그 기능에 대해서 몇 가지 논의가 있었지만 저장시설로 보는 것이 일반적인 것으로 생각됩니다. 이 문제와 관련하여 공주 장선리 수혈이 사적으로 지정되어 마한의 대표적인 주거 형태라고 교과서에도 실려 있는 것 같던데 저는 저장시설이었을 가능성이 더 높다고 생각하지만 구체적인 논의는 시간상 어려울 것 같습니다.

　　방금 龜田 선생님께서 일본 야요이시대의 주거 내부와 주거 외부의 저장 시설에 대해 말씀해 주셨는데 특히 큐슈 요시노가리 유적은 고고학자 뿐만 아니라 일반인들도 흔히 방문하는 중요한 역사공원으로 되어 있죠. 문헌기록에 나오는 히미코의 야마타이국의 중심지가 아니겠는가 하는 주장도 있습니다만 그곳에는 주거지군과 별도의 군을 이루는 창고 공간이 있습니다. 우리도 주거 유적을 발굴할 때 참고해야 할 중요한 유적이고, 마한 지역에서도 찾아 볼 수 있는 유적이 아닌가 생각합니다.

　　오늘의 두 번째 논의 주제는 마을의 구조 문제입니다. 마을의 입지, 마을 내부의 공간 구조, 마을 구조의 변화, 마을과 직결되는 무덤 등으로 나누어서 이야기해보고 싶은데요. 먼저 이영철 원장의 발표에서는 크게 다른 입지들이 보이는데 이게 어떤 의미가 있는지 종합하여 설명 부탁 드립니다.

이영철 : 특별한 차이는 없는 것 같습니다. 구릉에도 살고 충적지에도 살고 고루고

루 살았는데 시기와 지역적 환경에 따라서 제가 말씀드리는 자연취락 수준에서 거점취락으로 성장 발전하는 가운데 지금까지 발굴된 자료로 보면, 충적지에서 보면 태목리와 유사한 그런 스타일의 큰 거점 취락이 확인되는 경향이 크고요, 전주에서 동산동에서 나오고 장성에서도 확인되지 않습니까. 대부분 강안 충적지에 취락들이 형성이 되었는데 용계동이라든가 순천 덕암동같이 단독 구릉에 환호를 두르고 큰 거점 취락이 형성된 경우가 있어서 그런 것을 보면 지형에 따라 확실히 구분할 수 있을까 싶습니다.

임영진 : 입지의 차이는 존재하지만 그것이 지역적으로, 시간적으로, 기능적으로 어떤 의미를 갖는가를 단언하기는 쉽지 않다는 말씀인 것 같습니다. 그 다음에는, 하나의 마을에 주거군을 비롯하여 여러 가지 시설들이 공존할텐데 구체적인 논의를 위해 이성주 교수께서 일반적인 마을 내부 구조에 대해 개괄해 주시면 좋겠습니다.

이성주 : 일단 취락 안에 여러 가지 시설들, 예를 들어 일반 주거지 이 외에 창고군이라든가 큰 건물이라든가 이런 것들이 밀집되기 시작하는 시점은 아마 송국리단계 같은데 그 다음에는 그런 것들이 잘 보이지 않습니다. 늑도유적이나 신창동유적의 경우 다른 일반취락에서 볼 수 없는 생산과 관련된 활동 등 그러한 시설들이 밀집이 됩니다. 근데 사실 이 무렵부터 국읍이라고 생각하는 것이 형성되는 것 같습니다. 이 국읍은 방어취락, 처음에는 환호와 목책이 들어갑니다. 그와 비슷한 국읍의 취락이 형성이 된 그 무렵에 목관묘가 진변한 지역에 들어서게 됩니다. 이러한 양상들이 그때에 일반적인 것이었다는 생각이 듭니다만 마한지역에서는 확실하지 않았습니다.

임영진 : 마한 지역에서는 이영철 원장께서 담양 태목리유적을 도식적으로 설명해 주셨는데 요약해주시면 좋겠습니다.

이영철 : 이성주 선생님 말씀대로 국읍 정도 되려면 방어시설을 두르고 그래야 하는데 저도 맞다고 생각합니다. 그런데 본론에도 나와 있습니다만 마한에 성곽도 없고 그런데 이게 딱 천편일률적으로 저희가 생각하는 기준의 잣대가 다 동일하지 않았던 것 같습니다. 지역의 환경에 맞게 국읍의 경관도 달리 되었지 않았느냐 그렇게 생각합니다. 국읍은 이런 것들을 세트로 갖추어야 한다라는 것은 아니지 않느냐, 개인적으로 그렇게 생각합니다. 왜냐하면 만약에 국읍이라 해서 그러한 것들을 세트로 갖추어야 한다고 하면 이 수많은 유적이 마한 지역에서 조사되었음에도 경관이 일치되는 것들이 드물거든요. 환호를 두른 그런 취락들은 여러군데에서 드러나고 있습니다. 그러한 것을 국읍 정도의 경관으로 이야기 하려면 그 주변지역에 대한 조사가 더 이루어져야 할 것으로 생각합니다.

임영진 : 모든 마을에 대해 내부 공간 배치를 파악하기는 어렵지만 방어시설을 비롯한 공통적인 것이 있을 것이고 서로 다른 특징도 가지고 있을 것으로 보는 것 같습니다. 한지선 선생의 발표 내용 가운데 주거지별 기능의 차이 문제를 마을 외부의 공간 배치 문제와 관련해서 언급한 것이 보이는데 부연 설명을 해 주시겠습니까?

한지선 : 이 부분은 이영철 선생님의 논문을 인용한 부분이라서 이영철 선생님께서 말씀해주시는 것이 더 좋을 것 같습니다.

이영철 : 보성 석평유적을 분석했던 것은 출토유물을 보니까 유물의 재질이나 종류, 이런 것들이 시기적으로 조금 달리하고 있었기 때문에 그런 것을 생산활동유형이라고 제 나름의 유형을 설정해서 이른 단계에는 어떤 것들이 주로 있었고, 그런 것들이 점차 사회 변화와 발 맞춰서 생업활동도 선택적으로 바뀐다, 그런 생각을 했었습니다. 내부구조와 관련해서 하나 말씀 드리고 싶은 것은 우리가 취락하면 흔히 나오는 유구의 종류가 주

거지, 수혈, 구 정도가 보편적인 것 같습니다. 우리가 조금 조심해야 할 것이 취락의 경관 구조를 복원하려고 보았을 때, 주거지라고 했을 때 우리가 지금 사는 아파트처럼 그런 가옥으로 다 생각해서는 안된다고 생각합니다. 주거지 중에는 소위 말하는 주막도 있었을 것이고, 위서동이 전에 3일 낮밤을 술을 먹고 놀았다는 기록도 있지 않습니까? 시장도 있었을 것이고, 그런 것들을 취락이나 주거지를 연구하는 사람들이 좀 분별해 내서 구체적으로 복원해 내는 그런 작업들이 진행되었으면 하는 희망이 있습니다.

임영진 : 한지선 선생이 인용한 이영철 원장의 견해는 한 유적에서 찾을 수 있는 여러 유형일 것이고, 한 마을 안에서도 그런 기능들이 분화되어서 활동하고 있었다, 다른 마을에서도 그랬을 가능성도 생각해 볼 수 있고, 그렇지 않은 마을이 그런 마을하고 어떠한 차이가 있다고 볼 수 있는가 등등을 논의할 수 있는 자료가 될 것 같습니다. 이 문제에 있어서는 송공선, 임동중 선생이 질의가 있는데 말씀해 주시지요.

송공선 : 김은정 선생의 발표에서 장타원형수혈의 기능에 있어, 천여기 가운데 실제적으로 나오는 경우는 그렇게 많지는 않습니다. 따라서 특별한 공간일 가능성이 있는데 태목리 유적의 모식도를 생각해 봤을 때 복층구조이면 상당한 규모일 것 같은데 혹시 지금까지 살펴본 바로 이러한 주거지가 혹시 그 위상과 관련되었을 가능성은 없는지 여쭤보고 싶습니다.

김은정 : 장타원형수혈이 확인되는 주거지를 보면서 주거지 평면형태, 규모, 기둥배치, 이런 것들과 어떤 관련이 있을까 살펴봤는데 사실 이런 것과 별 상관 없이 채용했던 시설이 아닐까 생각합니다. 좀 더 면밀한 검토를 진행해야 하겠지만 현재까지는 어떤 위상보다는 기능에 무게를 둬야하지 않을까 생각합니다. 주거 면적이 큰 경우에 장타원형 수혈이 두 개 또는

그 이상이 발견되기는 하는데 이거는 장타원형 수혈이 발견된 주거지가 위상이 높다고 하기보다 면적이 큰 주거지가 위상이 높은 것이 아닌가 그런 생각이 듭니다.

임영진 : 임동중 선생도 계층 문제에 대해 질문이 있으시죠?

임동중 : 王 교수께서 우리문화의 내형주서지는 큰 가족들이 같이 서우하는 상소로 설명하시고 대문구문화의 대형주거지는 귀족계층 전용이라고 설명하셨습니다. 상대적으로 후리문화의 대형주거지가 크게 나타나는데요, 그렇다면 계층이라는 부분을 설명할 수 있는 구조, 주거분포, 출토유물상에 있어서 어떠한 차이가 있는지 설명 부탁드립니다.

王 靑 : 후리문화에서 60㎡인 것을 대형이라고 하고 대문구문화에서는 20㎡인 것을 대형이라고 합니다. 이러한 대형이라는 용어가 동일하게 사용되는 것은 문제가 있다고 생각하는데요, 그렇기 때문에 이것을 나누어 생각해야 한다고 생각합니다. 대문구문화의 대형 주거지는 중말기에 출현하는데요, 실제로 당시 수혈 주거지가 발견되는 것이 드물고 주거 상태가 좋지 않기 때문에 주거지 안에서 귀족들이 사용했을 것으로 추정할 수 있는 유물을 실제로 발견한 것은 없습니다. 그렇지만 대문구문화 중기 말이 되면 대형 무덤들이 만들어지는데 거기서는 특별한 물건들이 많이 나옵니다. 이러한 상황을 봐서 분명히 계층화가 이루어졌고, 귀족이 존재했다, 그런 것을 추정하게 합니다. 그렇다면 이러한 가옥 중에서 대형 가옥들은 귀족이 사용했지 않았을까 추측을 하고 있습니다.

임영진 : 대문구문화는 신석기시대에 해당하지만 무덤을 통해 계층의 차이를 추정할 수 있고, 주거지 규모와도 관련시킬 수 있다, 이런 말씀인 것 같습니다. 그 다음에, 이제 분기 문제를 조금 논의해 보고자 하는데요, 김은정 선생께서 분기를 세분해서 특징, 변화 시점, 이런 것을 말씀해 주셨

고 이에 대해 정일 선생께서 문제를 제기하셨는데, 꼭 필요한 질문이면 해주시고 그렇지 않다면 시간 관계상 양해를 구하고자 하는데요.

정 일 : 네, 괜찮습니다.

임영진 : 감사합니다. 시간문제, 편년문제로 들어가면 헤어나오기 어려워집니다. 시간관계상 이 문제는 다음 기회에 논의해 볼 수 있도록 하겠습니다. 그 다음에, 마을과 고분 문제인데 이성주 교수께서 신라, 가야지역에서 조사된 마을유적과 고분과의 관계에 대해서 소개를 해주셨습니다. 송만영 교수께서 이영철 원장께 이 지역의 관련 자료를 알려달라고 하셨어요. 이 문제에 있어서는 담양 태목리 유적의 발굴 자료를 토대로 도식적으로 설명해주셔서 다른 마을 자료를 요구한 것 같습니다만 이 지역에서는 발굴된 사례를 찾아보기 쉽지 않습니다. 그래서 양해해 주시면 이것도 넘어가고자 합니다.

　오늘 논의의 세 번째 문제는 마을 성격 문제입니다. 어찌 보면 가장 논란이 많은 주제이고 궁금해 하는 주제입니다. 마을의 성격 문제에서는 먼저 마을의 위계 문제가 중요할 것입니다. 마한 소국 내 마을의 위계 문제에 있어서는 네 분이 토론 의견을 내셨는데 모두 이영철 원장 발표문에 집중되었습니다. 송만영 교수께서 네 분의 의견을 포괄해서 제기해 주시면 감사하겠습니다.

송만영 : 중심취락은 5세기 중반에 출현을 하는데 제가 질문하고 싶었던 것은 54국이 있고 백제가 등장하면서 국읍보다 상위의 중심취락이 등장하거든요. 이것이 국읍이라고 하는 것이 시대에 따라서 크기의 차이도 있고 성격 차이도 있고 그렇지 않습니까. 예를 들어 광주 동림동 취락이 국읍의 연장선상에 있는 것인지, 아니면 그 시기에 소국들이, 물론 백제가 있지만 그 시기에 여러 소국들이 통합의 과정을 겪으면서 어떤 소국들의 중심에 있는 취락인지 그것이 궁금해서 질문드립니다.

이영철 : 취락을 가지고 중심취락이라든가 거점취락이든가 이런 용어를 많이 쓰는데 이게 약간 혼란스럽기는 합니다. 왜냐하면 제가 말하는 중심취락이라고 하는 것은 청동기시대 취락 연구자나 삼국, 삼한시대 연구자나 중심취락을 제가 말하는 거점취락과 동일하게 사용하고 계시거든요. 저는 5세기 선우로 중심취락이라는 용어를 사용하고 있습니다. 그 선에는 소위 말하는 마한의 소국과 관련된 읍과 관련된 중심지들을 다 거점취락으로 설명을 드리다가 5세기 무렵에 갑자기 중심이라는 용어를 쓰는 것은 영산강유역 지역사회 전체적으로 변동이 일어난다고 봤습니다. 거기에 핵심이 동림동유적을 지목했는데 가장 중요하게 경관이라고 생각합니다. 지방도시라고 최근 표현을 하고 있습니다. 그 경관은 동림동일대에서 기존에 있던 마한과 관련된 흔적이 굉장히 미약합니다. 새로운 신도시와 같은 경관이 만들어지는 것은 백제 중앙정부와 관련해서 지방에 거점지를 만들었다는 의미에서 저는 중심취락이라고 했고 그 중심은 영산강유역권에서 중심점 역할을 했던 취락이다, 이렇게 이해주시면 감사하겠습니다.

임영진 : 광주 동림동유적의 시작 시점, 그리고 동림동유적에서 출토된 자료와 백제의 관련성, 그것을 부정하는 사람은 없을 것입니다. 만약에 동림동유적을 중심취락으로서 기존 마한 소국의 중심지와 다른 것으로 설정하면, 일반취락과 거점취락만 남게 됩니다. 그렇다면 마한 취락은 위계가 두 단계로 압축된다, 이렇게 볼 수밖에 없겠는데요?

이영철 : 4장에서 국읍 수준의 거점취락과 일반 수준의 거점취락으로 구분 했었고, 그 다음에 하위취락의 단계로 크게 세가지 정도로 구분이 가능한데 그것의 근거는 위서동이전에 나오는 취락과 관련된 자료입니다. 이에 근거해서 이 정도로 구분해 볼 수 있지 않느냐라는 생각입니다.

임영진 : 광주 동림동 유적이 백제와 관련해서 신도시 수준으로 조성되었다면 백제와 영산강유역 마한 사회의 관계에 있어서 대단히 중요한 변화 과정을 반영하는 것으로 볼 수 있을 것입니다. 이 문제는 나중에 고분이나 출토유물을 망라해서 종합적, 본격적으로 논의하는 기회를 가질 수 있도록 하는 것이 좋겠습니다.

그 다음에는, 논란이 남아 있는 것이 소국의 위치 문제입니다. 송만영 교수께서 이영철 원장과 김은정 선생께 질문을 하셨는데 마한 소국의 위치 문제도 간단한 문제가 아니지요. 과연 호남지역에 마한 소국이 몇 개나 있었느냐 하는 문제부터 시작해서 그 위치가 어디냐에 이르기까지, 그리고 그것은 주거지나 마을만 가지고 논의할 수 있는 문제가 아니지요. 고분과 연계하고 출토된 유물과 연계해서 복합적으로 논의해야 할 방대한 내용이기 때문에 송만영 교수께서 양해해 주시면 이것도 나중에 별도 주제로 해서 본격적으로 다루는 것이 좋을 것 같습니다.

오늘 논의의 마지막 주제입니다만, 지배 방식 문제에 있어서 이영철 원장께서는 발표문 말미에 '마한 시기의 취락 경관 속에서 특정한 공간에 차별화된 외관을 갖춘 주인공의 거주지는 확인되지 않고 있다. 이러한 현상이 무엇을 말하고 있는지는 논의되어야 한다.'고 하였습니다. 논의해 보고 싶은 의지를 강하게 표현한 것이라고 생각하는데 많은 분들이 이에 대해 질문을 하고 있습니다. 송만영, 정일, 임동중 선생의 의견이 거의 비슷합니다. 어느 분, 한분이 대표로 말씀해 주시죠.

정 일 : 이것은 여러번 발표와 토론이 이루어진 내용입니다. 주거군 내에서 우두머리가 존재하느냐 그렇지 않느냐 하는 문제입니다. 제 생각에는 가능한 집단과 그렇지 않은 집단도 있을 것으로 생각하는데 발표 내용은 거점취락 내에든 일반취락 내에든 모두 존재하지 않는 것으로 말씀하셨

기 때문에 그에 대한 설명 부탁드립니다.

이영철 : 제가 발표를 시작할 때 동이전을 인용하면서 시작을 했습니다. 거기에 보면 지위와 관련해서 기록이 나옵니다. 신지도 있고 읍차도 있고, 그렇다면 뭔가 지위를 가졌던, 신분을 가진 자들이 존재한 것은 분명한데 제가 분석한 최소한 이 지역의 취락 자료나 농시기의 고문 자료를 봤을 때 소위 고총단계의 특정 1인을 지목할 수 있는 그런 상황이 찾아지지 않았어요. 그래서 봤더니, 176페이지에 문헌 기록을 넣었는데 이런게 중요하지 않은가 싶습니다. '그 풍속은 기강이 적어, 나라의 읍에 비록 주인이 있지만 읍락에 섞여 살고 능히 제도하거나 다스림이 능하지 못하다'는 것입니다. 분명히 신분적으로 우월자는 뽑는 것 같은데 그와 함께 하는 취락 구성원들 사이에서 확실한 계급의 구별이나 차이를 갖지 못하고 있었다고 표현하는데 저는 이런 것들이 고고학 자료들이 보여주는 것으로 보이는데 신지도 있었고 읍차도 있었던 것은 맞는 것 같은데 그것을 변별력을 가지고 추출해 내기가 현재로서는 어렵기 때문에 그렇다면 다스림이 능하지 못했다는 것은 특정 개인이 의사 결정을 해서 집단을 운영했다기 보다는 같이 의논해서 하는 그런 방식의 공동체 사회가 아니었을까 하는 생각입니다.

임영진 : 이영철 원장이 언급하신 관련 문헌 기록은 3세기 후엽의 마한 사회를 반영하고 있는데, 구분되는 지배자의 종류와 명칭이 나와 있습니다. 일반적으로 사회발전 단계를 band, tribe, chiefdom, state 등으로 나누는 것과 관련해서 한국에서는 지석묘 사회를 chiefdom 사회로 보는 견해가 대세를 이루고 있지 않을까 싶습니다. 하지만 chiefdom 사회만 하더라도 구성원 가운데 분명하게 구분되는 지도자가 있고 그 지도자는 거소에서부터 의관, 자기의 의견을 전달하고 관리하는 관료에 이르기까지

상당히 발전된 시스템을 갖추고 있습니다. 따라서 만약 청동기시대 지석묘 사회가 chiefdom 사회라면, 그리고 삼국시대가 ancient state 단계라면, 그 중간에 끼어있는 삼한 사회는 어떻게 봐야 하는 것인가? 이영철 원장의 견해에 따르면 오히려 chiefdom에도 미치지 못하는 단계라는 결론이 나오는 것 같은데 마한 사회의 변화를 감안해 볼 필요가 있을 것입니다. 아무튼 간단한 문제가 아니므로 본격적인 논의가 필요한데 시간 관계상 여기서는 더 이상 논의하기는 어려울 것 같습니다.

시간이 지체되었지만 양해를 해주신다면 한가지 문제만 더 논의를 하고자 합니다. 마한 주거지의 기원문제, 그리고 주변 확산문제인데 여기에 대해서도 많은 의견을 주셨어요. 시간 관계상 제가 임의로 필요하다고 생각하는 것을 질문하겠습니다. 김은정 선생의 Ⅲ기 주거지의 변화에 있어서 백제와 가야 외래문화의 유입, 이런 것들을 검토하셨는데 Ⅰ기 주거지의 기원은 어디로 보십니까? 王 교수가 중국 자료를 많이 소개해 주셨는데 王 교수께서 답변해 주셔도 좋지 않을까 싶습니다.

王　靑 : 몇 년동안 임영진 교수님과 교류하면서 마한문화와 산동문화가 어떤 공통점이 있는가 보게 되었습니다. 먼저 첫 번째로 산동과 마한의 주거지 모양을 보면 후대로 갈수록 방형이 많아지는 경향이 있습니다. 임교수님께서 산동대학에 오셨을 때 용산문화의 흑도를 보시고 마한의 흑도와 공통점이 있다고 하시면서 놀라셨습니다. 그렇지만 이에 대해 지금 구체적인 연구는 진행되지 않고 있지만 필요하다고 생각합니다.

임영진 : 王 교수께서 오늘 발표해주신 자료들은 마한보다 천년 이상 앞서는 자료이기 때문에 주거지가 구조적으로 유사하다 하더라도 시간적으로 연결시키기 어려운 문제가 있습니다. 그런데 제가 모두에 마한의 시작 시기를 기원전 3세기경으로 보는 것이 일반적인 견해라고 말씀 드렸는데

이후 단일 방향으로 발전해 나갔다고 보기는 어렵습니다. 그 가운데 특히 기원후 1세기와 2세기는 관련 자료들을 찾아보기 어렵습니다. 그 이전의 마한 문화가 지속되면서 오늘 논의된 Ⅰ기 마한주거지와 연결되지 않습니다. 그래서 그 사이의 갭이 왜 나타난 것인가에 대한 논의가 필요하고 상당한 시간을 뛰어 넘어서 새로운 마한 문화가 나타나는데 있어서 그 기원이 어떻게 될까? 이런 것이 궁금한데 여전히 앞으로 해결해 나가야할 과제로 남길 수 밖에 없을 것 같습니다. 마지막으로 확산 문제에 대해 송만영 교수께서 龜田 교수님께 질문을 드리도록 하겠습니다.

송만영 : 제가 지금 공부하고 있는 중부지방에도 산동 중국계토기, 그리고 낙랑계 토기가 있는데 지금까지 유물에만 집중했던 것 같습니다. 유물을 가져온 사람, 집단, 마을에 대해서는 거의 관심이 없었습니다. 그래서 이번 학술대회가 시사하는 바가 크다고 봅니다. 예를 들어서 점토대토기 단계의 경우 고지성 취락에 벽구, 노지가 설치되어 있는 주거지의 경우, 이런 상태로 왔겠구나, 그런 생각이 드는데요. 유물만 출토된 경우도 있습니다. 龜田 선생님의 유적 사례에서 보면 마한계의 유구가 아니고 유물만 출토되는 경우가 있거든요. 대개 유물이라는 것이 외부 사람들이 가져오는 경우도 있지만 재지 사람들도 얼마든지 교역을 통해 가져올 수 있거든요. 그래서 유물쪽에서 이것이 과연 마한 사람이 가져온 것인지, 아니면 교역 활동을 하고 있는 일본 사람이 가져온 것인지, 이것을 어떻게 알 수 있는 것인지 질문 드리고 싶습니다.

龜田修一 : 일본은 섬이기 때문에 도래인들의 이주로 생각하고 있습니다. 도래해서 왔다가 다시 나가는 경우도 있는 것 같습니다. 그래서 그런 경우를 어떻게 증명할 것인지 고민이 많습니다. 그래서 기본적으로 유구와 유물을 중심으로 하는데 생활했던 주거, 무덤, 의례 등을 종합적으로 살펴

봐야 한다고 생각합니다. 그래서 일본인들이 한반도에 와서 물건을 가지고 갔는지 아니면 한반도 사람들이 물건을 가지고 온건지 아니면 일본에서 한반도 사람과 일본 사람이 결혼해서 생활한 경우도 있을 것인데 앞서 말한 세가지 내용을 종합적으로 검토해 볼 필요가 있습니다. 이 문제는 마한과 백제와 관계가 된다고 생각하는데 특히 백제 안에도 중국에서 이주해온 사람이 꽤 있다고 생각합니다.

임영진 : 감사합니다. 亀田 교수님은 일본 내 한국 관련 유적, 유물에 대해서 가장 오래 전부터 연구해 오신 분입니다. 일본에서는 한국 관련 자료들을 한국계, 그와 관련된 사람들을 도래인으로 칭하고 있는데 우리 입장에서 보면 그 사람들은 도래인이 아니라 도왜인이 되겠지요. 입장에 따라 명칭이 달라지는 것이 당연한 것이겠는데 亀田 교수님은 일본의 도래인에 대해서는 최고의 권위자이십니다. 여담이지만 8월 18일의 더운 여름에 회의 일정을 잡은 것은 亀田 교수님을 모시기 위한 것이었는데 마지막 말씀을 주목할 필요가 있을 것입니다. 우리는 한국 관련 유물이 일본에서 나오면 응당 한국에서 일본으로 건너간 사람들을 염두에 두게 되는데 마한권을 비롯한 한국 여러 지역에 출토되는 외래계 유물이 있으면 교류나 교역을 중심으로 논의를 하는 경향이 있습니다. 이것은 균형 잡힌 시각이 아닐 것입니다. 우리도 좀 더 여러 가지 가능성을 염두에 두고 다양한 각도에서 입체적인 연구를 해야 할 것입니다. 한국 내의 새로운 자료에 대해서도 외부 주민의 이주를 포함하여 단순 교류, 혼인, 망명 등 다양한 가능성을 고려해서 정확한 역사상을 구현해 낼 수 있도록 하여야 할 것입니다. 시간이 지나고 있지만 약속 드린대로 청중 가운데 몇분 질문을 받도록 하겠습니다.

청중 1 : 전북대 김낙중입니다. 고분을 주로 연구하는 사람으로서 발표를 들으면서 무리라고 생각되는 것에 대해 제 의견을 말씀 드리고 답변을 듣고자 합니다. 우선 호남지역 마한의 대표적 주거지에 대해 4주식이라는 표현을 쓰시고 그것이 대표적인 기둥 배치형이라고 보시는데 218페이지 김은정선생 표를 보면 4주식이 50%를 넘는 지역이 백포만권 뿐이고 나머지는 비사주식이라고 표현하는 주거지가 많아요. 많은 깃이 주류라고 이야기해야 할 텐데 그러면 비사주식이 주류가 되는 것이죠.

그런데 저는 비사주식이라는 표현 자체도 문제가 있다고 생각 하는데 비사주식이 기둥구멍 네 개가 없는 표현이라고 생각되지만 특별히 지붕을 받치는 다른 기둥이 존재하지 않는 이상 기둥 구멍을 파지 않았을 뿐이지 기둥이 네 개 있었을 가능성이 충분히 있다고 생각합니다. 그래서 기둥 구멍이 있느냐 없느냐를 따라 표현이 달라질 수 있지만 기본적으로는 주거지 내에 기둥이 네 개 있을 가능성이 충분히 있다. 그래서 4주식에도 이런 기둥 구멍이 없는 형태도 포함될 가능성이 충분히 있지 않느냐 그렇게 생각 했습니다.

그리고 형식 가운데 벽주식이라는 것이 있습니다. 요즘에 벽주식이 중요한 이유는 백제와의 관련성을 논의하는 과정에서 주로 등장하는 용어이기 때문에 중요한데 217페이지 보면 곡성 오지리 3호 같은 경우 벽주식이라고 했어요. 제가 이해하는 벽주식 건물은 웅진기, 사비기에 전형적인 것이 등장했고 그것을 위주로 논의를 해오다가 최근에 개념이 확대되어 사용된 것 같은데 벽주식의 기본적인 개념은 벽이 지붕을 받친다는 전제가 있거든요. 그래서 우리가 일반적으로 목조건물에서 생각하는 보가 있는 것은 벽주식이 아닌 것이 되죠. 그런데 곡성 오지리의 경우 벽 둘레에 있는 기둥만으로 지붕을 받치는 구조이냐, 이런 측면에서 봤을 때 애초에 사용했던 벽주식과는 다른 구조일 가능성이 큽니다. 그래서 앞으로 벽주식과 백제를 관련시켜 이야기 하려면 그런 구조의 차이를 좀 더 나눠서 상부 구조가 어떤 식으로 형성되는가, 이런 것을 구별 한 다음에 연관 관계를 논의할 필요가 있지 않나 그렇게 생각합니다.

임영진 : 고맙습니다. 답변하실 분을 특정하지 않았으니 시간 관계상 제가 답변 드리도록 하겠습니다. 질문이라기보다도 기초자료를 분류하는데 있어서 일관된 원칙과 일관성 있는 명명이 필요하다는 원론적인 지적입니다. 그런데 일반적으로는 그것을 몰라서 못하는 것이 아니고 과거로부터 이어져 왔던 용어를 채용하는 한편 새로운 관점에서 다른 자료를 구분하고 명명하다 보니까 이게 일관성이 떨어지게 되는 것입니다. 이것은 여러 분야 연구자들이 갖는 공통적인 문제일 텐데 언젠가는 과감하게 정리할 필요가 있을 것입니다. 한분 더 질문을 받도록 하겠습니다.

청중 2 : 안녕하십니까. 저는 목포대박물관의 강귀형이라고 합니다. 저는 여러 주제 중에 주거 생활에 있어서 계절성 문제를 질문 드리고 싶습니다. 아무래도 취사 연구를 많이 해오신 한지선 선생님께 질문 드리겠습니다. 일반적으로 취락 내에서 부뚜막 시설을 갖추고 있는 수혈 유구를 우리는 주거지라고 말하고 있는데요. 오늘날 같이 무더운 여름에는 4벽이 둘러싸는 집 안에서 취사생활을 함에 있어서 찜질의 효과가 나타날 것 같은데요. 그래서 이런 부분을 염두에 두고 야외취사나 또 주거의 이주, 이런 식의 계절성을 언급하고 계시는데 실제 유적에서는 그런 것을 찾아보기 어렵습니다. 그래서 요새는 부뚜막을 갖춘 집에서 계절에 상관없이 살았구나, 이런 생각을 할 수 있는데요. 또 주거지 면적을 봤을 때 최소 주거지 면적이 5㎡ 미만의 주거지들에서도 부뚜막을 갖춘 경우도 있고 3㎡ 가량의 주거지에서도 부뚜막이 확인되는 경우가 있습니다. 이렇게 작은 주거지 내에서 취사생활을 한다면 뜨거운 열기에서 주거생활을 한다는 것이 어렵다고 생각합니다. 제 질문은 현재까지 자료에서 주거생활에 있어서 계절성과 관련된 자료가 있다면 보충설명 부탁드립니다.

임영진 : 오늘 거론되지 않았던 문제입니다. 답변 부탁드립니다.

한지선 : 계절성과 관련된 것은 그렇게 많지 않은 것 같습니다. 나란 여름에 불을 때는 것은 아마 안에서 하지 않겠죠. 저희 어머님께서도 시골에서 여름에는 내내 바깥에서 취사를 하셨어요. 다만 여름에도 불을 땠어요. 왜냐하면 습기를 제거하기 위해 그랬습니다. 특히 수혈이라고 했을 때는 그 습기가 상당했을 거라고 생각합니다. 지붕을 무덤 형태로 했다면 더욱 그랬을 것 같습니다. 야외노지는 확실히 있었을 것 같은데 예전에 남원 세전리 발굴을 하셨던 선생님께서 주거지 주면에 돌이 많았는데 지금 생각해보면 불 맞은 돌이 있었던 것 같다고 하신 적이 있습니다. 마을 단위 야외에서 뭔가 했을 가능성은 분명히 있겠죠. 그런데 지금은 주거지 당시 지면을 찾기가 상당히 어렵습니다. 그래서 그런 부분 때문에 찾는 것이 어렵지 않느냐 싶습니다. 토제 이동식 부뚜막이 일본 기내지역에서 상당히 나오고 있는 것도 참고가 됩니다. 백제에서는 전달린 장란형토기가 보고된 사례가 있는데 그런 것들이 이동식 부뚜막에서 사용되었을 것입니다. 그런 것을 감안하면 충분히 야외에서 취사가 이루어졌을 가능성이 있었을 것이라고 생각합니다.

임영진 : 계절성 주거 역시 새로운 시각에서 논의해야할 중요한 주제일 것입니다. 한때 송국리형 주거지가 발굴되기 시작하면서 화덕을 갖춘 주거지를 찾아볼 수 없었기 때문에 여름형 주거지로 보기도 하였습니다. 그렇다면 송국리 사람들은 겨울에는 어디에서 살았을 것인가를 밝혀야 하는 문제가 수반됩니다. 주거의 계절성 문제는 간단치 않은데 계절성을 반

영하는 결정적인 요소를 찾아서 논의를 진행하는 것이 필요할 것입니다. 좋은 질문 감사합니다.

시간 관계상 토론은 이것으로 마무리를 지어야 할 것 같습니다. 오늘 〈마한의 마을과 생활〉을 주제로 삼아 크게 집자리, 마을, 마을의 성격, 그리고 여러 요소들의 기원과 확산 문제 등 네 가지를 중심으로 토론을 했습니다만 늘 그렇듯이 아쉬움이 많이 남습니다. 특히 마을의 성격이라든가 기원, 확산 문제는 간단한 문제가 아니기 때문에 별도의 세부 주제로 잡아서 구체적으로 논의해 볼 필요가 있겠고, 그런 기회를 같이 가질 수 있도록 노력해 보자, 하는 정도로 해서 마무리를 할까 합니다. 이 시간까지 자리에 함께해 주시고 토론에 동참해주신 청중 여러분께 감사드리고, 늦은 시간까지 진지하게 발표와 토론을 해주신 여러 선생님들께 감사드립니다. 대단히 감사합니다.